Tübinger Reihe

Band 18

DGVT VERLAG

Hans Lieb

„Persönlichkeitsstörung"

Zur Kritik eines widersinnigen Konzeptes

dgvt
VERLAG

Deutsche Gesellschaft für Verhaltenstherapie
Tübingen
1998

Dr. phil. Hans Lieb
Psychotherapeutische Praxis
Luitpoldstr. 3-9
67480 Edenkoben

Die Deutsche Bibliothek - CIP-Einheitsaufnahme

Hans Lieb:
Persönlichkeitsstörungen : Zur Kritik eines widersinnigen Konzeptes / Deutsche Gesellschaft für Verhaltenstherapie, Tübingen. - Tübingen : Dgvt-Verl., 1998
(Tübinger Reihe, Bd. 18)
ISBN 3-87159-218-8

Deutsche Gesellschaft für Verhaltenstherapie (DGVT)
Postfach 13 43
72003 Tübingen

Satz: Iris Belz, Leinfelden-Echterdingen
Herstellung: Steinbauer & Rau, München

ISBN 3-87159-218-8

Inhaltsverzeichnis

„I am the person who has to live with me."

(W. Golding, zitiert in J.R. Baker, 1982)

„Die Verwendung des Begriffs ‚Person' ist gleichbedeutend mit einem Akt der Anerkennung bestimmter Verpflichtungen gegen denjenigen, den man so bezeichnet.

Die Auswahl derer, die wir so bezeichnen, ist zwar abhängig von bestimmten deskriptiv definierbaren Merkmalen, Personalität korreliert mit solchen Merkmalen, ist aber selbst nicht ein Artmerkmal, sondern ein Status, und zwar der einzige Status, der niemandem von anderen verliehen wird, sondern der jemandem natürlicherweise zukommt."

(R. Spaemann, 1996, S. 26)

1. Das Konzept der „Persönlichkeitsstörung"

Typischerweise wollen diese Patienten alles andere, als Persönlichkeitsprobleme therapieren lassen. (Beck & Freeman, 1993, S. 5)

Viele Menschen mit einer diagnostizierten „Persönlichkeitsstörung" sind jedoch nicht der Meinung, daß sie eine solche Störung haben. (Beck & Freeman, 1993, S. 35)

Alles, was uns zum Beispiel die Psychiatrie beschreibt an sogenannten „Charakterveränderungen" bei bestimmten seelischen Erkrankungen, kann niemals, und auch in den schwersten Fällen (z.B. von Paralyse) nicht, die *Person* des anderen betreffen. (Gebsattel, 1954)

Im vorliegenden Buch wird Begriff und Konzept der „Persönlichkeitsstörung" grundsätzlich kritisiert. Die Kritik geht davon aus, daß der Leser mit dem Konzept der „Persönlichkeitsstörung" zumindest grob vertraut ist bzw. sich in der zitierten Originalliteratur damit vertraut machen kann. In den letzten Jahren sind von renommierten Autoren dazu Standardwerke und Lehrbücher verfaßt worden, auf die hier verwiesen wird (vor allem Fiedler 1994a). Dennoch soll der kritischen Auseinandersetzung mit diesem Ansatz eine knappe Darstellung desselben vorangestellt werden.

1.1 Begriff und Klassifikation von „Persönlichkeitsstörungen"

Mit „Persönlichkeitsstörungen" sind wiederholt beobachtbare typische Verhaltensmuster von Personen gemeint, die vor allem in ihren Interaktionen als unflexibel, sozial wenig angepaßt und von üblichen Normen abweichend bezeichnet werden und die wenig Bereitschaft zeigen, diese Eigenarten als problematisch zu befinden. Die Klassifikation solcher „Störungen" hat im wesentlichen zwei Quellen. Zum einen ist sie eine Fortsetzung der jahrhundertealten Tradition psychiatrischer Klassifizierungen. Zum anderen ist die Beschreibung „gestörter Persönlichkeiten" ein Resultat therapeutischer Erfahrungen sehr verschiedener Therapieschulen. Hier hat sich nämlich gezeigt, daß es eine Gruppe von Personen gibt, deren Kernproblem nicht durch die Beschreibung bestimmter *Symptome* erfaßt wird, sondern irgendwie mit „der Personen selbst" zu tun hat. Vor allem in der Verhaltenstherapie hat hier die Anwendung störungsspezifischer Techniken gegen Symptome (z. B. gegen Angst, Depression usw.) wenig gefruchtet. Vielmehr scheint es so zu sein, daß die Symptome Teil einer Grundeigenschaft der jeweiligen Person sind, die daher in ihrer personalen Eigenart verstanden und behandelt werden muß.

Dieses Denken hat seinen Niederschlag in den bekannten diagnostischen Systemen gefunden, vor allem im DSM-III-R (Diagnostisches und statistisches Manual psychischer Störungen) und im ICD. Das DSM-III-R versucht Krankheiten „multiaxial" abzubilden, was bedeutet, daß eine Problematik gleichzeitig auf folgenden 5 Achsen beschrieben und bewertet werden kann: Als klinisches Syndrom (Achse I), als Ausdruck oder Teil einer „Persönlichkeitsstörung" (Achse II), mit oder ohne begleitende körperliche Störungen oder Zustände (Achse III), mit oder ohne schwere psychosoziale Belastungsfaktoren (Achse IV) und mit einer Bewertung des „höchsten Niveaus der sozialen Anpassung" (Achse V). „Persönlichkeitsstörungen" gehören also zur Achse II. Hier nun werden bestimmte „Prototypen von Gestörten" zusammengefaßt, von denen sich Praktiker und Forscher einig sind, daß es sie gehäuft gibt. Sie können mit bestimmten „klinischen Syndromen" der Achse I in engem Zusammenhang stehen, aber auch „Hauptdiagnose" sein. Bei der Definition oder Operationalisierung dieser Typen ist man insofern um Objektivität bemüht, als möglichst beobachtbare Kriterien definiert werden, anhand derer man die jeweilige „Störung" erkennen kann. Hier hat man vor allem interaktionelle Verhaltensweisen als Leitkriterien benutzt, wenngleich für die Vergabe fast aller Diagnosen auch typische innere Denkweisen oder Gefühlszustände herangezogen werden.

Das **Ziel** dieser Typisierungen ist einerseits ein rein klassifikatorisches und zum anderen ein therapeutisches. Das eher *psychiatrisch-klassifikatorische* ist bemüht, die „Persönlichkeitsstörungen" von den klassischen Psychosen oder Neurosen abzugrenzen bzw. zu untersuchen, welche „Persönlichkeitsstörungen" mit welchen anderen Krankheiten zusammenhängen. Wesentlich für diese Unterscheidung ist, daß eine diagnostizierte „Persönlichkeitsstörung" sich immer auf die Person als Ganzes bezieht und nicht nur ein klinisches Syndrom beschreibt. Ein für alle „Persönlichkeitsstörungen" charakteristisches Merkmal wiederum ist, daß diese „Persontypen" ihr auffälliges Verhalten ich-synthon erleben und beschreiben und nicht – wie etwa sogenannte „neurotische" Patienten – ich-dysthon. Ich-Synthonie bedeutet hierbei, daß ein Patient sich mit seinem als gestört bezeichneten Verhalten vollkommen identifiziert und dieses nicht im Sinne einer Selbstdistanzierung problematisiert. Zum Wissensbestand psychiatrischer Klassifikationen gehören die für diesen Bereich üblichen Forschungen der Epidemiologie (wie häufig treten bestimmte Typen auf) und der Nosologie (wie einheitlich sind sie zu identifizieren und mit welchen anderen Störungen gehen sie einher). Unter dem Begriff der sogenannten „Komorbidität" wird beispielsweise danach geforscht, welche Arten von Störungen gehäuft mit anderen auftreten und welche eher isoliert. Das *therapeutische Ziel* besteht darin, für diese Klientel besondere therapeutische Behandlungsformen bzw. therapeutische Strategien zu finden. Beispielsweise müsse auf die „Ich-Synthonie" dieser Gruppe anders eingegangen werden als auf die Ich-Dysthonie anderer Störungsformen. Vielfach werden typische therapeutische Krisen als Teil des interaktionellen Verhaltens bestimmter „Persönlichkeitsstörungen" verstanden – z.B. die Stagnation der Autonomieentwicklung bei einer „dependenten Persönlichkeitsstörung" oder die Frustration auf seiten der Therapeuten bei „Abwertungsstrategien" von Borderline-Patienten.

1.2 Die häufigsten „Persönlichkeitsstörungen"

Abbildung 1 faßt die „Persönlichkeitsstörungen" im DSM-III-R und deren interaktionelle Verhaltensmerkmale zusammen. Die dazugehörigen diagnostischen Kriterien sind im Anhang 1, Seite 195ff. zusammengefaßt.

Abbildung 1: *Übersicht über die „Persönlichkeitsstörungen" im DSM-III-R sowie wesentliche interpersonelle Verhaltensmerkmale. (aus Fiedler, 1994b, S. 786)*

Persönlichkeitsstörungen Gruppe A (sonderbar und exzentrisch)

Paranoide Persönlichkeitsstörung:
Neigung, die Handlungen anderer als absichtlich erniedrigend und bedrohlich zu interpretieren

Schizoide Persönlichkeitsstörung:
Gleichgültigkeit gegenüber sozialen Beziehungen und eingeschränkte emotionale Erlebnis- und Ausdrucksfähigkeit (unnahbar)

Schizotypische Persönlichkeitsstörung:
kognitive Eigentümlichkeiten (Beziehungsideen, seltsame Überzeugungen und Wahrnehmungen); im äußeren Verhalten seltsam und exzentrisch; Mängel in sozialen Beziehungen

Persönlichkeitsstörungen Gruppe B (dramatisch, emotional, launisch)

Antisoziale Persönlichkeitsstörung:
verantwortungsloses und antisoziales Verhalten (schon ab dem 15. Lebensjahr); nicht angepaßt, reizbar und aggressiv, rücksichtslos und ohne Reue

Borderline Persönlichkeitsstörung:
Identitätsstörungen (Unsicherheit über Selbstbild, sexuelle Beziehungen, Ziele); intensive, instabile und extreme soziale Beziehungen zwischen Überidealisierung und Abwertung, affektive Instabilität (Stimmungsschwankungen)

Histrionische Persönlichkeitsstörung:
übermäßige Emotionalität (starke, zur Schau gestellte Emotionen, leicht erregbar); übermäßiges Verlangen nach Aufmerksamkeit, Anerkennung und Lob)

Narzißtische Persönlichkeitsstörung:
übertriebenes Selbstwertgefühl von Großsartigkeit und Besonderheit; überempfindlich gegenüber Einschätzung durch andere; Mangel an Einfühlungsvermögen (anspruchsvoll, neidisch)

Persönlichkeitsstörungen Gruppe C
(ängstlich und furchtsam)

Selbstunsichere Persönlichkeitsstörung:
soziales Unbehagen und Rückzug; Angst vor negativer Bewertung; allgemeine Schüchternheit

Dependente Persönlichkeitsstörung:
abhängiges, unterwürfiges Verhalten; mangelnde Selbständigkeit und Entscheidungsunfähigkeit; Angst vor Verlassenwerden und vor Kritik

Zwanghafte Persönlichkeitsstörung:
Perfektionismus (nichts ist gut genug; sich verlieren in Regeln und Details); Starrheit (Beharren auf Vorgehensweisen, Unentschlossenheit, übermäßig Gewissenhaft)

Passiv-aggressive Persönlichkeitsstörung:
passiver Widerstand gegenüber Anforderungen und Leistungserwartungen im beruflichen und sozialen Bereich

---

Eine Bestätigung für die „Existenz" dieser Typen wird einerseits aus der internationalen Forschung abgeleitet, wonach diese Prototypen immer wieder vermittels der DSM-III-Kriterien zuverlässig identifiziert werden können. Im deutschen Sprachraum gibt es entsprechend praktikable diagnostische Anleitungen (z.B. Margraf et al. 1991 oder Wittchen et al. 1990). Zum anderen bürgt ein persönliches Evidenz-Erleben dafür, daß es diese „Typen" wirklich gibt. Jeder kennt Personen, mit denen man einfach nicht zurechtkommt, egal wie sehr man sich darum bemüht. „Nervensägen" werden sie z.B. in der „Psychologie heute" (Ausgabe 1/1996) genannt mit Tips, wie man sich von ihnen befreien könne.

Als Beispiel seien zwei genannt. Die „antisoziale Persönlichkeitsstörung" beschreibt das DSM-III-R so: Sie zeige ein Muster von verantwortungslosem und antisozialem Verhalten, beginnend schon in der Kindheit. Übliche Zeichen seien Lügen, Stehlen und Schulschwänzen in der Kindheit, später Nichterfüllung finanzieller Verpflichtungen, Unfähigkeit zur Übernahme von Verantwortung und zu Kontinuität im Beruf. Die so Benannten begingen oft antisoziale Handlungen wie Diebstahl oder sie belästigten andere Personen. Ihre Sexualpartner würden sie oft wechseln und intrapsychisch keine Reue wegen negativer Auswirkungen ihres Verhaltens auf andere empfinden.

Die „narzißtische" Persönlichkeitsstörung sei überempfindlich gegenüber Kritik, auf die sie i.d. R. mit Wut oder Scham reagiere. Ihr gehe es ständig um sich selbst, sie sei fixiert darauf, Bewunderung zu erlangen und nutze zwischenmenschliche Beziehungen für diese Ziele aus. Intrapsychisch hätte sie ein Gefühl von Großartigkeit bzw. von einem übertriebenen Selbstwert, wobei sie sich in Phantasien mit ihrem Erfolg, ihrer Schönheit oder anderen Idealen ihrer selbst beschäftige. Dieser Zustand korreliere anderen gegenüber mit starken Neidgefühlen und mit Mangel an Einfühlung. Auf die Schilderung weiterer Beispiele sei hier verzichtet und auf den bereits erwähnten Anhang verwiesen.

Zur Frage, wie diese Prototypen entstehen *(Ätiologie),* gibt es verschiedene Ansätze – biogenetische, sozialpsychologische, psychoanalytische und lerntheoretische. Ein Konglomerat solcher Ansätze stellt das in

Abbildung 2 dargestellte sogenannte Diathese-Streß- bzw. Vulnerabilitäts-Streß-Konzept dar (zusammenfassend in Fiedler 1994a).

Abbildung 2: *Das Diathese-Streß-Modell zur Erklärung von „Persönlichkeitsstörungen" (aus Fiedler, 1994c, S. 243)*

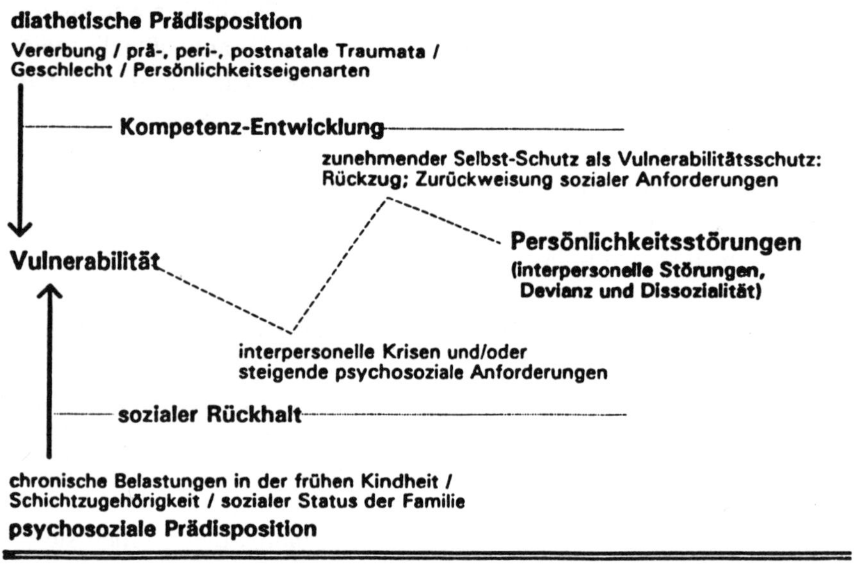

Man geht dabei von einer „Vulnerabilität" der Person aus, die durch ungünstige Prädispositionen (Vererbung, Traumata, Lerngeschichte) bedingt und – zur Entwicklung der „Persönlichkeitsstörung" – mit zusätzlichen Belastungen im Verlauf des Lebens konfrontiert ist. Diese wirken sich um so gravierender aus, um so mehr ein sozialer Rückhalt zur Bewältigung aktueller Krisen fehlt. Die „Störung" kann dabei entweder pathologisch als *Symptom* der Vulnerabilität bzw. als Ausdruck mangelnder Bewältigungskompetenz verstanden oder aber als *Ressource* im Sinne eines Selbstschutzes positiv gedeutet werden. Man sieht in der ressourcenorientierten Betrachtung die Eigenart „persönlichkeitsgestörter Menschen" dann als Bemühen, die Bedrohungen und Krisen des Lebens zu bewältigen bzw. sich vor Verletzungen zu schützen. So mag ein grandioses Selbstbild narzißtischer Personen nur die Kehrseite erfahrener Abwertungen bzw. ein Schutz vor einer Wiederholung derselben sein.

Anders als diese empathisch-ressourcenorientierte Sicht verstehen rein pathologieorientierte Konzepte „Persönlichkeitsstörungen" nicht als sinnvolles Verhalten von Menschen, sondern einfach als Ausdruck einer Krankheit. Zu einem eher verstehensorientierten Erklärungansatz gehört der heute wieder aufgegriffene Beitrag von Sullivan (1953). Er versteht interaktionelles Verhalten grundsätzlich als Versuch, zwei gegensätzliche Bedürfnisse zu vereinen: Das Bedürfnis nach Geborgenheit und sozialer Bindung sowie das Bedürfnis nach Unabhängigkeit und Autonomie. Diese interaktionelle Betrachtung versucht dementsprechend das Verhalten „persönlichkeitsgestörter Menschen" als Weg zu deuten, mit extremen Konflikten zwischen diesen Bedürfnissen zurechtzukommen, ggf. unter Vernachlässigung einer der beiden.

1.3 Therapie der „Persönlichkeitsstörung"

Für die **Therapie** dieser Klientel gibt es einerseits störungs- und therapieschulen*übergreifende* sowie störungs- und schulen*spezifische* Ansätze.

Alle Therapierichtungen nähern sich bei der Behandlung dieser Klientel aneinander an, weshalb gerade in diesem Bereich ein enger Austausch z.B. zwischen Psychoanalytikern, Verhaltenstherapeuten und sogenannten Interpersonellen Psychotherapeuten stattfindet. Fiedler (1994b, S 794) meint z.B., die modernen psychoanalytischen Ansätze bei der Behandlung der sogenannten „Borderline-Persönlichkeitsstörung" seien denen der kognitiven Verhaltenstherapie sehr ähnlich: Therapie im Sitzen, klare Strukturierung der therapeutischen Sitzung, ausgiebige Informationsvermittlung für die Patienten über die Art ihrer Probleme, Konzentration auf Ressourcen und auf Veränderungen im Umgang mit der Realität (statt genetischer Deutungen), Kontrolle des Ausagierens von Patienten, Konfrontation mit realen bedrohenden Gefahren, realistische Wahrnehmung anderer Personen und Aufzeigen von Möglichkeiten zur Befriedigung von zwischenmenschlichen Bedürfnissen.

Im Rahmen der Verhaltenstherapie werden die klassischen Therapieverfahren dieser Schule bei den einzelnen Problemtypen angewandt, z.B. das Selbstsicherheitstraining bei der „selbstunsicheren Persönlichkeitsstörung".

Das gleiche Vorgehen – Einsatz klassischer Techniken einer Therapieschule auf diese Klientel – geschieht in der kognitiven Verhaltenstherapie

(Beck & Freeman 1993). Hier werden wie bei anderen Problemlagen (z.B. bei Depressionen) die Prinzipien der kognitiven Therapie auf „persönlichkeitsgestörte Menschen" angewandt: Man versucht, die zentralen „irrationalen" Glaubenssätze bzw. kognitiven Schemata zu identifizieren, die dem jeweiligen „gestörten Interaktionsverhalten" zugrundeliegen bzw. aus denen diese hervorgehen. Mittels des vernunftorientierten Dialoges werden diese Glaubenssysteme dann diskutiert, in Frage gestellt und schließlich verändert, woraus neues Verhalten resultiert. Der wichtigste Beitrag der kognitiven Verhaltenstherapie liegt darin, die wesentlichen Grundannahmen bestimmter „Störungsbilder" zusammengetragen zu haben, so daß einzelne Therapeuten z.B. schon aus der Diagnose „paranoide Persönlichkeitsstörung" ableiten können, daß vermutlich folgender „Glaubenssatz" vorliegt: „Liege immer auf der Hut – mißtraue jedem"!

Von allen Schulen und insbesondere von der „interpersonellen Psychotherapie" (Benjamin, 1993; Anchin & Kiesler, 1982) wird auf die besondere Bedeutung der Beziehung zwischen Patient und Therapeut für den Behandlungsprozeß hingewiesen. Der Grund dafür liegt auf der Hand: Da die Probleme der Patienten vor allem im interaktionellen Verhalten liegen und diese ihr Interaktionsverhalten im Rahmen der „Ich-Synthonie" selten problematisch finden, resultiert daraus, daß die Problematik auch innerhalb der therapeutischen Beziehung zum Tragen kommt. Auch dem Therapeuten gegenüber ist der Patient mißtrauisch, selbstunsicher, dominant, auf Eigenlob und Selbstbespiegelung bedacht usw. Es ist nun eine Kunst des Therapeuten, den Patienten hier einerseits nicht zu frustrieren oder abzulehnen und andererseits ihm doch zu helfen, neue interaktionelle Verhaltensmöglichkeiten zu entwickeln. Therapieschulenübergreifend gilt es daher als notwendig, daß der Therapeut seine eigenen Reaktionen auf diese „Patiententypen" ganz besonders reflektiert und nicht spontan wie die übliche Umgebung des Patienten mit Gegenaggression, Mißtrauen, Ablehnung o.ä. reagiert. Es gibt daher **störungsspezifische** Hinweise, was der Therapeut bei welcher Klientel tun oder unterlassen sollte.

Vor allem für den Bereich der „Borderline-Persönlichkeitsstörung" (Dignostische Kriterien siehe Anhang S. 195ff.) gibt es spezielle Behandlungsansätze sowohl im psychoanalytischen wie im verhaltentstherapeutischen Bereich. Zu letzterem gehört die von Linehan (1989, 1994) entwickelte „dialektische Verhaltenstherapie" – eine Verbindung von Einzel-

und Gruppentherapie mit psychoedukativen Elementen (Informierung der Patienten über ihre Störung), Besprechung borderline-typischer Fragen wie Suizidalität und Beziehung zum Therapeuten sowie Konfrontation mit Selbstschädigungen und Abhängigkeiten.

Hier sind therapieschulenübergreifend wesentliche Fortschritte in der Psychotherapie erzielt worden, die im nächsten Kapitel auch entsprechend gewürdigt werden sollen. Im weiteren soll dann allerdings gezeigt werden, daß diese Vorteile nichts mit dem Begriff und Konzept der „Störung" von Persönlichkeiten zu tun haben. Vielmehr wird sich zeigen, daß die Rede von „gestörten" Persönlichkeiten diese positiven Entwicklungen sogar wesentlich beeinträchtigt.

2. Das Nützliche: Person und Interaktion

Für die Patienten sind die „Persönlichkeitsstörungen" akzeptabel und natürlich ... Der Achse II-Patient identifiziert sich mit den Problemen: „So bin ich", „der bin ich". (Beck & Freeman, 1993, S. 7)

Wo aber Gefahr ist, wächst das Rettende auch. (Hölderlin)

Die gegenwärtigen Klassifikationssystematiken sind im Bereich der „Persönlichkeitsstörungen" selbstkritisch, flexibel und perspektivisch *als antiquierte Diagnostik im Wandel und im Übergang* zu betrachten... Ich selbst verbinde mein Engagement in diesem Bereich mit der Hoffnung, daß es gelingen könnte, die Personenperspektive der „Persönlichkeitsstörungen" in Richtung Interaktionsperspektive zu verlagern. (Fiedler 1994a, S. 459, H.i.O.)

Widerspruch und Eigeninitiative des Patienten sind wesentliche Indikatoren für die Übernahme von Mitverantwortung für den weiteren Verlauf seiner Therapie. Und genau das (Übernahme von Mitverantwortung für den Therapieprozeß) war und ist primäres Ziel der personenkonzentrierten Verantwortungszuschreibung – nicht mehr, aber auch nicht weniger. (Fiedler, 1994a, S. 434)

Patienten handeln auch verantwortlich (nicht immer verantwortungsvoll, jedoch: verantwortlich), wenn sie sich bewußt nicht ändern wollen. Voraussetzung für verantwortliches (mitverantwortliches) Handeln ist jedoch, daß es gelingt, dem Patientenhandeln Sinn und Bedeutung zurückzugeben ... und dazu könnte aufklärende Diagnose und Ätiologieerklärung Voraussetzung und Hilfe sein. (Fiedler 1997, S. 24f.)

2.1 Personorientiertes Verstehen

Die Diagnose „Persönlichkeitsstörung" wird in Entlassungsberichten und Therapieanträgen immer häufiger benutzt; Veröffentlichungen hierzu nehmen zu. Daß die Rede von der „gestörten" Persönlichkeit inhuman, in sich widersinnig und im Grunde genommen nutzlos ist, soll in diesem Buch gezeigt werden. Daß sie eigentlich nicht in die Landschaft verhaltenstherapeutischen Denkens paßt, haben kritische Autoren gezeigt (z.B. Reinecker im Nachwort von Turkat 1996). Worin besteht ihr Nutzen? Was verdanken wir ihr?

Hilfreich und neu in der Verhaltenstherapie ist die mit dem Konzept der „Persönlichkeitsstörung" verbundene Verschiebung des Fokus von Verhalten und Symptomen auf die **Person** des Patienten oder – mit anderen Worten – die Verschiebung des Fokus von Achse I-Syndromen auf die Beschreibung von Persönlichkeiten auf Achse II im DSM-III-R (1989). Es geht darum, die Person in ihrer **Eigenart** zu **verstehen.** Positiv dabei ist das *ideographische* Bemühen, sie in ihrer individuellen Struktur zu erfassen. Diesem Verstehensversuch stehen nun die vorgegebenen *Persönlichkeitstypen* des DSM-III-R als Matrix zur Verfügung, mit deren Hilfe das Verhalten einzelner Personen nachvollzogen werden kann. So wird verstanden, was sonst sinnlos erscheint: Z.B. das widersprüchliche Verhalten sogenannter „Borderline-Patienten", wenn sie den Therapeuten einmal in den Himmel loben und dann wieder anklagen, im Wechsel zwischen Idealisierung und Abwertung. Oder es wird klar, inwiefern aus der „Außenperspektive" (Fiedler, 1994a) unsinnig erscheinenden Verhaltensweisen, wie Selbstverletzungen, aus der „Innenperspektive" sinnvolle Versuche sind, zwischenmenschliche Konflikte zu regulieren. Dieses Verstehen nützt, dem Patienten mitgeteilt, diesen dann ebenfalls, weil er sich fortan selbst besser als sinnvoll Handelnder begreifen lernt.

Fiedler (1997) berichtet von dankbaren Briefen als Reaktion auf die Veröffentlichung seines Buches über Persönlichkeitsstörungen. In diesen drücke sich Zufriedenheit Betroffener darüber aus, durch die dargestellten Diagnosen sich selbst endlich besser verstehen zu können. Er verweist explizit darauf, daß das durch eine diagnostische Zuordnung erlangte Verstehen Voraussetzung sei für die Fähigkeit zu verantwortungsvollem Handeln. Benutze man die Diagnose nicht zur bloß stigmatisierenden Kategorisierung, sondern dazu, vermittels ihrer und der dazugehörigen Erklärungsmodelle dem Patientenhandeln Sinn und Bedeutung zu verleihen, sei das schon in sich selbst ein Veränderungsprozeß. „Denn: Wiedergefundener Sinn für eigenes Handeln ist als therapeutisches Ziel gelegentlich hinreichend" (Fiedler, 1997, S.25).

Wenn in dieser Weise Sinnfindung und Verstehen selbst als Akt der Veränderung gesehen wird, befreit sich der Therapeut zudem auch von einem rein marktpolitisch gedachten „Auftragsverständnis" von Therapie, wonach er „nur" das vom Patienten im Sinne einer Symptomreduzierung vorgegebene Ziel zu erreichen versucht. Er kann nun den Patienten auf objektivere Weise „besser als dieser sich selbst" verstehen und daraus Ziele für die Therapie ableiten. Fiedler würde hier wohl von „psychoedukativer Führung" sprechen. Ein solches pädagogisches Element tritt zweifellos in die Psychotherapie ein, wenn man Symptome als Teil persönlicher Lebensmuster versteht und dieses Verstehen dem Patienten vermittelt. Auch die Biographie des Patienten bekommt eine grössere Bedeutung: Wie z.B. Turkat (1996) in seinem Modell der Entstehung „paranoider Persönlichkeiten" zeigt, gehen diese als sinnvolle Antworten auf bestimmte familiäre Interaktionsmuster aus der Biographie des Patienten hervor. Mit anderen Worten: Was bisher nur pathologisch erschien, wird nun vor einem bestimmten biographischen Kontext sinnvoll und verstehbar. Die Beschreibung bestimmter Typen von Persönlichkeiten hilft dann vor allem noch unerfahrenen Therapeuten, Einzelfälle (N=1) vor dem Hintergrund dieser „Typen" und ihrer oft ähnlichen Biographien zu verstehen.

Besonders hilfreich ist dieses Verstehen der Eigenarten von Patienten dann, wenn Therapeuten dadurch Schwierigkeiten in der therapeutischen Beziehung nicht mehr als Resultat eigenen Fehlverhaltens, sondern als typische interaktionelle Muster dieser „Typen" begreifen können. Hierzu gibt es zahllose Beispiele in der Literatur der „Persönlichkeitsstörungen". In vielen Psychotherapieanträgen oder Falldokumentationen zeigen Therapeuten, wie sie das Konzept der „Persönlichkeitsstörung" genau in diesem Sinne *verstehend* auf Patienten anwenden. (Es gibt aber noch viel mehr Beispiele dafür, wie der Fokus auf die „Störung" der Persönlichkeit genau das Gegenteil bewirkt.)

Ein positives Beispiel: Lebensunlust, Suizidalität und Selbstverletzung einer Patientin werden von einem Therapeuten so verstanden: „Sie entwickelte ein Selbstkonzept von Unwertsein und Schuld. Sie begann, ihren Körper zu hassen, weil sie ihn nur in Verletzung spürte. Dieses Muster behielt sie bis zu ihrer heutigen Selbstverletzung bei. Es ist eine paradoxe Art, für sich zu sorgen. Sie steht heute in starker Ambivalenz, weil sie soziale Beziehungen wünscht und braucht, gleichzeitig aber Angst davor hat, daß sie wie früher solche Beziehungen damit erkaufen muß, sich verletzen zu lassen." (Der Kenner weiß die dazugehörige Diagnose der Borderline-Persönlichkeitsstruktur).

Eine weitere Demonstration gelingenden Verstehens ist die Falldarstellung einer ambulant-kognitiven Verhaltenstherapie bei einem Patienten mit narzißtischer „Persönlichkeitsstörung" von K.H. Seipel (1996). Gemeinsam ist solchen positiven Beispielen, daß sie in ihrer Verstehensorientierung die **Motive** von Patienten für ihr „gestörtes" Verhalten zu erfassen suchen. Dies mag manchem als selbstverständlich erscheinen. Man darf aber nicht vergessen, daß bei der nomothetisch orientierten S-O-R-C-Erklärung von Symptomen in der klassischen Verhaltenstherapie gerade dieses Motiv-Verstehen oft verlorenging. In der Tradition Skinners hatten Therapeuten die Rede von inneren Motiven sogar ganz bewußt unterlassen, da diese zu den unbeobachtbaren inneren Variablen gehören. Unbemerkt geht mit dieser neueren Sicht, wonach der Patient als motiviert Handelnder aufgefaßt wird, auch einher, daß ihm nun die Verantwortung für sein Handeln zugesprochen werden kann.

2.2 Krisen in der therapeutischen Beziehung

Wie bereits angemerkt, hilft die Typisierung von „Persönlichkeitsstrukturen"[1], therapeutische Krisen besser zu verstehen oder zu verhindern. Fiedler (1994b) widmet diesem Thema einen eigenen Beitrag und zeigt am Beispiel der „dependenten Persönlichkeitsstörung", wie deren Verständnis therapeutische Krisen verhindern kann. Patienten mit dieser Diagnose erscheinen aufgrund ihrer Struktur sehr kompetent und in der therapeutischen Beziehung zur Mitarbeit hochmotiviert – zur Freude ihrer Therapeuten. „Erst sehr viel später wird verwundert zu konstatieren sein, daß diese scheinbar hochmotivierten Patienten nach vielen erfolg-

[1] Zu diesem Begriff vgl. Kapitel 6.6

reichen Therapieübungen und regelmäßig erfüllten Hausaufgaben immer noch oder schon wieder über ihre innere Leere und über Suizidphantasien berichten. Und erst noch viel später, vielleicht schon nach einer Phase des Ärgernisses über den Patienten, der alles mitmacht, ohne erwartungsgemäß zu profitieren, kommt dem Therapeuten vielleicht die Einsicht, daß hier nicht psychoedukativ-stützende Verhaltenstherapie sinnvoll gewesen wäre, sondern eine längere Phase der geduldigen Sinnfindungssuche und Bedürfnisanalyse an den Anfang gehört hätte ..." (Fiedler 1994a, S. 791). Mit anderen Worten: Zur Struktur der als gestört bezeichneten Persönlichkeiten gehören spezielle interaktionelle Verhaltensmuster, die früher oder später zu klassischen Krisen in der therapeutischen Beziehung führen. Bei Borderline-Patienten ist es die „plötzliche" Abwertung des zuvor hochgeschätzten Therapeuten, bei dependenten die plötzliche Stagnation trotz fleißiger Mitarbeit, bei „dissozialen Persönlichkeiten" die Krise, die auftritt, wenn der Therapeut in die „Falle" der Abwertung des sich „dissozial" verhaltenden Patienten getappt ist. Bei Fiedler (1994a) und Beck und Freeman (1993) finden sich zahlreiche Beschreibungen solcher interaktionellen Fallen und Krisen. Sie zeigen auch Wege, wie sie durch ein rechtzeitiges Verstehen der Person bzw. durch eine Vorwegnahme solcher Krisen vermieden werden können. Der wohl größte Wert besteht darin, daß der Therapeut in solchen kritischen Momenten der Verführung widersteht, diese Probleme tatsächlich zu einer Beziehungsfrage zwischen sich und seinem Patienten zu machen. Im Falle eines „schizoiden" Patienten wäre es z. B. fatal für die therapeutische Beziehung, wenn die symptomatisch zum Patienten gehörende „Hoffnungslosigkeit" für das Resultat einer problematischen therapeutischen Beziehung gehalten und dann in Verkennung des Persönlichkeitsstiles des Patienten „an der Beziehung gearbeitet" wird. Statt dessen versteht der Therapeut den Patienten und die *zu ihm* gehörende Beziehungsgestaltung (hier z.B. die Hoffnungslosigkeit als Schutz vor Nähe) und verhilft ihm dazu, diese nun auch seinerseits verstehen zu lernen. Auch Turkat (1996) gibt manchmal wertvolle (gelegentlich aber auch etwas banale) Hinweise darüber, wie sich der Therapeut auf bestimmte Interaktionsmuster von Patienten einstellen kann, die in die Kategorie bestimmter Persönlichkeits-„Störungen" passen – zur Erreichung eines befriedigenden Arbeitsbündnis und zur Verhinderung interpersonaler Krisen während der Therapie (Turkat, 1996, S. 53f.). Z. B. sei es bei

„passiv-aggressiven Persönlichkeitsstörungen" „wichtig, daß die Therapeutin bzw. der Therapeut keine dominante Rolle einnimmt, um keine passiv-aggressiven Reaktionen auszulösen." (S.94)

Eigenartigerweise beziehen die meisten Autoren aus der negativen Darstellung „gestörter" Persönlichkeiten auch ein Bild der „gesunden Persönlichkeit". Bei Fiedler (1994a) ist das z.B. die „sozial bezogene Autonomie" (S.418f.), obwohl, wie gezeigt werden soll, diese genauso gut oder besser ohne den Gedanken an *„gestörte"* Personen hätte entwickelt werden können. Es ist ein Vorteil für Therapeuten, wenn sie ihren Patienten mit einem klaren und explizit positiven Idealbild einer gesunden oder reifen Person gegenübertreten und diese daran messen können. In gewisser Weise haben sie dadurch etwas zu „geben", weil sie sich selbst und ihre Patienten notgedrungen anhand dieses Ideales „erziehen" und ihre Patienten mit diesem Leitziel konfrontieren können. Ähnlich hat das wohl Rogers mit seiner „Fully Functioning Person" getan und daraus seine therapeutische Kraft bezogen.

Aus manchen typisierenden Beschreibungen von Persönlichkeiten folgen auch ganz *spezifische Therapieziele,* die bei diagnostischer Zuordnung einer Person zu einem bestimmten Typus dann auch ohne langwierige Verhaltensanalyse aufgestellt und zum Nutzen der Patienten erreicht werden können. Bei „dissozialen" Personen gibt Fiedler beispielsweise als Ziele an: Die Erkenntnis typischer Auslöser für Impulskontrollverlust, die Verbesserung der Wahrnehmung interpersoneller Risikomerkmale für Impulskontrollverluste, die Einübung alternativer Fertigkeiten im Umgang mit aggressionsstimulierenden Situationen und schließlich auch die frühzeitige Beteiligung der Angehörigen an der Erprobung neuer zwischenmenschlicher Konfliktlösungsmuster. (1994b, S.404).

2.3 Interaktionelle Perspektive und therapeutische Selbstreflexion

Eine solche Fokus-bildende Strategie zielt *nicht* unmittelbar auf eine Veränderung der „Persönlichkeitsstörungen". Gegenstand der Behandlung sind konkrete Interaktionsprobleme und deren Interaktionsdynamik... Eher wird nur mehr *zusätzlich*

„Persönlichkeitsstörungen" sind komplexe Störungen des zwischenmenschlichen Beziehungsverhaltens. (Fiedler, 1994a, S. 363)

(mittelbar) erwartbar, daß sich mit veränderten Interaktionsmustern möglicherweise auch die Persönlichkeitseigenarten der Betroffenen ändern könnten. (Fiedler, 1994a, S. 377 H.i.O.)

Zu den hilfreichsten und, wie gezeigt werden soll, widersprüchlichsten Ansätzen im Bereich der Persönlichkeitsstörungskonzepte gehört die Idee, es handele sich hierbei um eine Beziehungsproblematik. Fiedler betont wiederholt, der Begriff der „Persönlichkeitsstörung" stelle eine *Personalisierung zwischenmenschlicher Probleme* dar. Die Idee, bei der Schilderung „problematischer Menschen" besser auf deren Beziehungen als auf Einzelpersonen zu achten, ist nicht neu. Anchin und Kiesler (1982) und die Tradition der Sozialpsychologin und Psychotherapeutin L.S. Benjamin (1993) haben diese Perspektive schon lange eingenommen. Als „interpersonelle Psychotherapie" kennt sie – zu Ende gedacht – keine problematischen Personen mehr, sondern nur noch problematische Beziehungen. (Der Begriff der „Persönlichkeitsstörung" führt aber, da Sprache immer auch Wirklichkeiten erzeugt, notwendig wieder aus dieser interpersonellen Betrachtung heraus – vgl. 4.1 und 5.) „Dabei richtet der Therapeut seine Aufmerksamkeit empathisch und sinndeutend zunehmend auf die in der Therapiebeziehung sichtbar werdenden typischen ... Interaktionsstile der Patienten, identifiziert und beschreibt sie so, wie sie sich *sinnhaft* für den Fortgang oder für die Stagnation des Therapieprozesses entfalten." (Fiedler, 1994a, S.393) Interpersonell arbeitende Therapeuten helfen Patienten, „frühere und aktuelle Interaktionsmuster und Beziehungsschwierigkeiten in einem Zusammenhang zu sehen" (ebd.). Zu jedem Verhalten eines „gestörten" Patienten gehört, denkt man dieses Konzept ernsthaft zu Ende, ein dazu passendes Verhalten eines Kompagnon: Zu jeder „histrionisch-hilflosen" Frau z.B. ein (meist männlicher) „Retter" (vgl. z.B. Beck & Freeman, 1993, S.193). Die eigene Reaktion des Therapeuten wird als Antwort auf die interpersonelle Strategie des Patienten verstanden, wie Beck und Freeman beispielhaft für die Beziehung zu „Narzißten" zeigen. Sie verlangen von Therapeuten deshalb Sensibilität für deren *eigene* Gedanken, Gefühle und Annahmen, vor allem der eigenen Allmachtsphantasien. „Therapeuten könnten z.B. anfällig dafür sein, mit allen Mitteln die Anerkennung des Patienten erlangen zu wollen. Die Frustration nimmt dann zu, wenn der Therapeut verschiedene Strategien zur Motivation des Patienten ausprobiert und u.a. die Struktur der Sitzungen erweitert oder einschränkt." (S.223) „Therapeuten sollten unbedingt auf ihre eigenen dichotomen Schuldzuweisungen achten, wenn sie die Stagnation der Therapie, schlechten oder ‚widerstrebenden Patienten' oder sich selbst, den ‚schlechten Therapeuten', zuschreiben." (Ebd. S.224).

Hier ist eine weitere positive Seite angesprochen, die aus der Beschäftigung mit „gestörten Persönlichkeiten" folgt: Die Notwendigkeit einer ausreichenden Selbstreflexion/Selbsterfahrung von Therapeuten. Sie ergibt sich einfach daraus, daß der Therapeut emotional mit seiner Persönlichkeit auf die des Patienten reagiert und, vermittels der sensiblen Wahrnehmung seiner eigenen interaktionellen Reaktionen, den Patienten besser verstehen lernt. Therapeuten müssen z.B. (Beck & Freeman, 1993, S.271) ihre eigene Angst davor erkennen und dann überwinden, bei dependenten Patienten das mögliche Therapieende anzusprechen. Dazu aber müssen sie ihre eigenen Katastrophengedanken erforschen, die ihre Ängste vor diesem Thema begleiten. Beck und Freeman verweisen auf typische Kognitionen, mit denen Therapeuten dann, wenn sie ihre Eigenbeteiligung an den interaktionellen Problemen mit Patienten nicht in ihre Eigenverantwortung nehmen, die „Schuld" allein den Patienten zuschreiben. Über selbstunsichere Patienten beispielsweise denken sie z.B.: „Der Patient bemüht sich nicht" oder auch „Ein anderer Therapeut würde besseres leisten." (S.249).

Fiedler (1994a) räumt auch mit dem Mythos der „schweren Behandelbarkeit" von Personen, die als persönlichkeitsgestört bezeichnet werden, auf: „Wenn man glaubt, ‚Persönlichkeitsstörungen' seien schwer zu behandeln, dann sind sie dies auch!" (S.354) Die Rede von der schweren Behandelbarkeit erweise sich vielmehr als Notlösung für Therapeuten, mit der sie „aus einem Problem der Therapeut-Patient-Beziehung ein Problem des Patienten" machen können. (S.356) Demgegenüber verbreitet er therapeutischen Optimismus. In diesem Zusammenhang beleuchtet und entlarvt Fiedler auch noch weitere Mythen der Psychotherapie (S.358f.), wie z.B. jene, Psychotherapie sei ewiges „Heilbringen" oder die widersinnige Verherrlichung sogenannter „Selbstheilungskräfte" von Patienten. Auch deren Belassen in ihren „Opferrollen" spricht er an, wobei er hier aber ebenso vor der Gefahr warnt, daß als persönlichkeitsgestört bezeichnete Patientinnen und Patienten nur noch als „Täter" gesehen werden. Er plädiert sehr dafür, das Umfeld der Patienten zu berücksichtigen und ggf. dieses als Therapeut auch selbst kennenzulernen (S. 360f.). Er spricht sich angesichts des Fokus auf die Person des Patienten dafür aus, von psychotherapieschulenspezifischen Einseitigkeiten abzurücken und hier (endlich) „über den Zaun der eigenen Methoden zu blicken".

Am Ende ihres Buches über die kognitive Therapie der „Persönlichkeitsstörungen" geben auch Beck und Freeman zusammenfassend wertvolle Hinweise und Vorschläge zum Umgang mit dieser Klientel (1993, S. 310f.). Darunter finden sich jeweils Plädoyers für eine individuelle Problemanalyse anstelle rein manualisierter Therapien, für eine besondere Beachtung der Therapeut-Patient-Beziehung und für eine gelegentliche Selbstöffnung seitens der Therapeuten zur Herstellung einer hilfreichen Arbeitsbeziehung zum Patienten. Sie geben auch die Empfehlung, „Widerstand" nicht als Teil des Patienten, sondern als Teil der Interaktion zwischen Patient und Therapeut, bzw. als interaktionelle Strategie des Patienten verstehen zu lernen. Sie liefern eine Begründung für die Wichtigkeit ausführlicher Selbstreflexionen der Therapeuten in der Arbeit mit dieser Klientel und, sehr konkret, für die Notwendigkeit, bei bestimmten „Störungstypen" als Therapeut klare Grenzen zu setzen. Solche Hinweise sind vor allem für Therapeuten wertvoll, die ansonsten im Bemühen um eine Achse I-Symptomreduktion, in ihrer Helferrolle, alle diese Aspekte zu übersehen geneigt wären.

Bei oberflächlichem Vorgehen begeht man nun aber angesichts dieser positiven Aspekte schnell den logischen Fehler, hier zwei Dinge ursächlich miteinander in Verbindung zu bringen, die nichts miteinander zu tun haben. Es *scheint* nämlich so, als ob alle diese positiven Aspekte tatsächlich aus dem Konzept der „Persönlichkeitsstörung" hervorgehen würden. Dem ist aber nicht so. **Keine der genannten positiven Aspekte hat logisch etwas mit dem Konzept der „Störung" von Persönlichkeiten oder von „gestörten Personen" zu tun!** Alles Gesagte gilt grundsätzlich für alle Menschen, die psychotherapeutische Hilfe suchen. Alles, was genannt wurde, kann gedacht werden und wurde gedacht, entwickelt und gefördert, **ohne** daß dazu auch nur ein Gedanke an eine „gestörte" Person vonnöten gewesen wäre. Es wird sich vielmehr umgekehrt zeigen, daß der Gedanke, Personen oder Persönlichkeiten seien gestört, die Kraft, die in den genannten Ideen liegt, mehr hemmt als fördert. Es stellt sich daher die wichtige Frage, warum in unserem Gesundheitssystem oder in bestimmten Therapierichtungen solche positiven Dinge sich nur entfalten und veröffentlicht werden können, wenn sie mit einem Pathologiekonzept einhergehen (vgl. hierzu Kap. 5.1). Warum z.B. wird der unbestreitbar wertvolle Versuch, „schizoid" bezeichnete Personen in ihrer inneren Logik und Dynamik zu verstehen, erst möglich, wenn man sie zuvor als gestört bezeichnet? Ist es nicht vielmehr so, daß das Verstehen eines Menschen besser ohne dessen Pathologieorientierung gelingt und – wie in 4.1 gezeigt werden soll – dieser Verstehensversuch allein schon beweist, daß wir es gar nicht mit einer „gestörten" Person zu tun haben können (weil wir die Störung ohnehin nicht verstehen könnten)? Wenn wir etwa das sogenannte „Eigenschaftsprofil der Persönlichkeitsstörungen" von Beck und Freeman in Tabelle 1 betrachten, in dem das Selbstbild, das Bild über andere Menschen, die Hauptannahmen über sich und die Welt sowie die interaktionellen Hauptstrategien bestimmter „Störungsbilder" dargestellt werden, dann fällt vor allem eines auf: Es handelt sich immer um Eigenschaften, Denkmuster und Strategien, die **wir in verschiedener Ausprägung alle** haben. Es muß einen spezifischen Grund geben (dem in Kapitel 5 nachgegangen wird), warum es in unserer (psychotherapeutischen) Gesellschaft offenbar unpopulär ist, Menschen mit gravierenden Problemen ohne pathologisierende Ausgrenzung zu verstehen. Der von Beck und Freeman geschilderte Weg, die kognitiven Schemata bestimmter Personentypen zu erheben und zu verändern, wäre **de facto** jedenfalls genausogut oder sogar besser gangbar, wenn in dieser Verstehensbegegnung zwischen Therapeut und Patient die eine Seite die andere nicht als gestört bezeichnen würde.

Tabelle 1: *Selbstbild, Fernbild, Hauptannahmen und Hauptstrategien verschiedener „Persönlichkeitsstörungen" (aus Beck & Freeman, 1993, S. 48/49)*

Persönlichkeitsstörung	Selbstbild	Bild über Mitmenschen	Hauptannahmen	Hauptstrategien
Selbstunsicher	Verletzbar durch Abwertung, Ablehnung	Kritisch	Es ist schlimm, abgelehnt, gedemütigt zu werden	Vermeidung von Situationen der Bewertung

Persönlichkeitsstörung	**Selbstbild**	**Bild über Mitmenschen**	**Hauptannahmen**	**Hauptstrategien**
	Sozial ungeschickt	Demütigend	Wenn andere mein wahres Ich *kennenlernen*, werden sie mich ablehnen	Vermeidung von unangenehmen Gedanken und Gefühlen
	Inkompetent	Überlegen	Ich kann unangenehme Gefühle nicht ertragen	
Dependent	Bedürftig	(idealisiert)	Ich brauche Menschen, um zu überleben, um glücklich zu sein	Baut dependente Beziehungen auf
	Schwach	Fürsorglich	Ich brauche ständig Unterstützung, Ermutigung	
	Hilflos	Unterstützend		
	Inkompetent	Kompetent		
Passiv-aggressiv	Selbständig	Aufdringlich	Andere beeinträchtigen meine Handlungsfreiheit	Passiver Widerstand
	Verletzbar durch Kontrolle, Einmischung	Fordern	Kontrolle durch andere ist unerträglich	Oberflächliche Ergebenheit
		Mischen sich ein	Ich muß Dinge auf meine Weise erledigen	Verstoß gegen Regeln
		Kontrollierend		
		Beherrschend		
Zwanghaft	Verantwortungsbewußt	Verantwortungslos	Ich weiß, was das Beste ist	Hält sich an Regeln
	Pflichtbewußt	Nachlässig	Einzelheiten sind wesentlich	Perfektionismus
	Anspruchsvoll	Inkompetent	Die Leute *sollten* mehr leisten, sich mehr Mühe geben	Bewertet, kontrolliert

Persönlichkeitsstörung	**Selbstbild**	**Bild über Mitmenschen**	**Hauptannahmen**	**Hauptstrategien**
	Kompetent	Zügellos		Stellt Forderungen („sollte"), kritisiert, bestraft
Paranoid	Gerecht	Mischen sich ein	Motive sind suspekt	Vorsicht
	Harmlos, edel	Boshaft	Sei auf der Hut	Sucht verdeckte Motive
	Verletzbar	Diskriminierend, böswillige Motive	Traue keinem	Beschuldigungen, Gegenangriff
Antisozial	Einzelgänger	Verletzlich	Berechtigt, gegen Regeln zu *verstoßen*	Angriff, Raub
	Autonom	Ausbeuterisch	Die anderen sind Sündenböcke und Dummköpfe	Betrügt, manipuliert
	Stark		Andere sind Ausbeuter	
Narzißtisch	Außergewöhnlich, einzigartig	Minderwertig	Da ich etwas besonderes bin, *verdiene* ich besondere Regeln	Benutzt die anderen
	Mir stehen Sonderregeln zu; ich bin überlegen	Bewunderer	Ich stehe über den Regeln	Übergeht Regeln
	Ich stehe über den Regeln		Ich bin besser als andere	Manipuliert
				Konkurriert mit anderen
Histrionisch	Bezaubernd	Verführbar	Menschen sind dazu da, um mir zu dienen oder mich zu bewundern	Theatralisch, charmant; Wutausbrüche, Selbstmordversuche

Persönlichkeitsstörung	**Selbstbild**	**Bild über Mitmenschen**	**Hauptannahmen**	**Hauptstrategien**
	Eindrucksvoll	Empfänglich	Sie haben nicht das Recht, mir das zu verweigern, was mir rechtmäßig zusteht	
		Bewunderer	Ich kann mich von meinen Gefühlen leiten lassen	
Schizoid	Selbständig	Aufdringlich	Andere Menschen haben nichts Gutes an sich	Hält Abstand
	Einzelgänger		Beziehungen bringen Verwirrung mit sich, sind unerwünscht	

3. Anthropologische Prämissen des Begriffs „Persönlichkeitsstörung"

Die genetisch bedingten Strategien, die dem Überleben und der Fortpflanzung dienten, waren bei der natürlichen Selektion vermutlich im Vorteil. Derivate dieser ursprünglichen Strategien sind bei Syndromen wie den Angststörungen und der Depression und bei „Persönlichkeitsstörungen" wie der dependenten „Persönlichkeitsstörung" in übertriebener Form zu beobachten. (Beck & Freeman, 1993, S. 19)

Es werden nämlich nicht nur einzelne Verhaltensweisen und Erlebensepisoden als „Störung" bezeichnet, sondern eine diagnostizierte Persönlichkeits-Abweichung bezieht sich immer *auf die Person an sich.* (Fiedler, 1994c, Hervorhebung im Original)

Die Ich-Synthonie verdeutlicht in prägnanter Weise, daß die interpersonellen Probleme persönlichkeitsgestörter Menschen auf Verhaltensweisen beruhen, die diese Menschen als Person kennzeichnen ... Persönlichkeitsbedingte Beziehungsstörungen werden wegen der Ich-Synthonie nicht zwingend absichtlich provoziert. (Fiedler 1994b, S. 789)

Jeder Mensch, wenn er seiner selbst inne wird, hat sich als Glied der Menschheit zu erkennen und zu bestimmen. In jeder Person begegnet uns die Menschheit, haben wir uns selbst zu gewahren. (Marx & Schüttauf, „Die Zeit", Nr. 15, 4.4.96, in einem Artikel über das neue Asylrecht)

Mit dem Begriff einer Person verbunden ist das Problem der persönlichen Identität... Man kann ... davon sprechen, daß eine Person dieselbe bleibt, d.h. daß sie einen bestimmten Charakter bewahrt und so durch die Zeit hindurch qualitativ identisch ist. (Rowohlt-Philosophie-Lexikon, S. 444)

Bevor die Kritik an der Denkfigur „gestörte Persönlichkeit" dargelegt wird, soll auf einige grundsätzliche metatheoretische bzw. anthropologische Grundaussagen hingewiesen werden, die damit unausweichlich einhergehen. Man kann nicht von „Persönlichkeitsstörungen" sprechen, ohne damit grundsätzliche Menschenbildannahmen auszudrücken und sie dem therapeutischen Dialog unterzulegen. „Jedes psychologische Forschungsprogramm enthält unvermeidbar anthropologische Aussagen und Festlegungen, auch wenn diese nicht direkt intendiert und explizit verbalisiert werden", stellen Groeben und Erb in ihrem „Bericht aus dem Psychologischen Institut der Universität Heidelberg" fest (Groeben & Erb 1991). Die jeweilige „Theoriesprachlichkeit (ist) unvermeidbar durch das anthropologische Vorverständnis getränkt und ‚transportiert' dieses folglich auch weiter: Psychologische Theorien sind demnach ohne einen Kern von Annahmen über das ‚Wesen des Menschen' nicht formulierbar" (ebd. S.2). Diese anthropologischen Kernannahmen müssen den Autoren zufolge erkannt, kritisiert und ggf. zurückgewiesen werden können. Dies muß im Hinblick auf die Nützlichkeit bestimmter Menschenbildannahmen für die Therapie einerseits und auf gesellschaftspolitische oder ethisch-moralische Wertvorstellungen andererseits geschehen.

Schon der Begriff der „Persönlichkeitsstörung" ist getränkt von darin implizierten Menschenbildannahmen. Sie entfalten ihre Wirkung in den Köpfen von Psychotherapeuten um so mehr, je weniger sich diese dessen bewußt sind. Welches sind also die anthropologischen Grundbotschaften, wenn wir von „gestörten Persönlichkeiten" sprechen? Gehen wir von der Sprache aus – nach Heidegger und Gadamer das „Haus, in dem wir wohnen" – so erscheinen hier zwei Begriffe wesentlich: Der Begriff der **Persönlichkeit**, der im Kern den der **Person** enthält sowie die Behauptung einer **Störung** derselben. Was meinen entsprechende Autoren also mit „Persönlichkeitsstörung"?

Zunächst ist auffällig, wie selten diese Frage in der Literatur explizit gestellt, geschweige denn beantwortet wird. Mit erstaunlicher Nachlässigkeit wird diese Frage entweder übergangen oder nur hemdsärmlig-pragmatisch beantwortet. Die schlichteste Antwort besagt, daß „es" sie einfach gibt – die „Persönlichkeitsstörungen". Mit einer solchen Existenzbehauptung „ontologisiert" man ein psychologisches Konstrukt einfach. So z.B. bei Beck und Freeman (1993), die in ihrem Buch schlicht von folgender Feststellung ausgehen: „Seitdem die Entwicklung der Psychotherapie schriftlich festgehalten wird, wird die Therapie mit Patienten unterschiedlicher ‚Persönlichkeitsstörungen' in der klinischen Literatur diskutiert" (S.3). Auch das jüngst erschienene Buch von Turkat (1996) über „Persönlichkeitsstörungen" beginnt mit einer solchen unbegründeten Existenzbehauptung: Wiederum in der Einführung behauptet Turkat einfach: „Etwa 50% aller psychopathologischen Fälle werden als ‚Persönlichkeitsstörungen' diagnostiziert." (S.13) Und: „Alles in allem stellen die ‚Persönlichkeitsstörungen' also für Forschung und Praxis eine bedeutende Herausforderung dar" (ebd.): Als ob man „alles in allem" einfach von deren Existenz auszugehen habe und alles andere Dummheit oder Ignoranz wäre!

Es gibt sie also einfach! Diese Art der Kreation angeblicher Realitäten wird danach Tradition und fortgeschrieben: In seinem Beitrag zur „kognitiven Verhaltenstherapie bei Persönlichkeitsstörungen" in Hautzinger (1994) hebt Freeman genauso an: „Charakter- oder Persönlichkeitsstörungen sind seit jeher ein Thema in der Psychotherapie" (Freeman, 1994, S. 219). Im Vorwort des Buches von Beck und Freeman stellt Hautzinger behauptend fest: „Persönlichkeitsstörungen sind tiefverwurzelte, anhaltende, recht starre Muster des Verhaltens, des Reagierens, des Denkens und Fühlens auf unterschiedliche Lebensbedingungen und Situationen" (Vorwort bei Beck & Freeman, 1993, S. XI). Dem unaufmerksamen Leser entgeht, daß hier eben keine Definition der „Persönlichkeitsstörung" vorgenommen wird, sondern daß recht alltägliche Eigenschaften von Menschen (nämlich in ihrer Lebensstrategie situationsunabhängig „starr" zu sein und dafür manchmal rigide genannt zu werden) einfach als Kernmerkmal einer bestimmten, als existent vorausgesetzten Spezies von Menschen zugeschrieben werden: den „Persönlichkeitsgestörten" eben. Eine Antwort auf die Frage, was denn eine *gestörte* Persönlichkeit/Person sei und was die Störung kennzeichne, im Unterschied zu nicht gestörten, ist das nicht. Man muß schon sehr kritisch und sprachsensibel sein, um zu bemerken, daß die Benennung von Verhaltens-, Gefühls- und Denkeigenarten von Menschen in keinster Weise eine Definition dessen darstellt, was mit einer „gestörten" Person gemeint ist.

Beck und Freeman (1993) äußern sich zur Persönlichkeit so: Man kann sie „sich als eine relativ stabile Struktur aus Systemen und Modi vorstellen. Systeme ineinandergreifender Strukturen (Schemata) sind für den Ablauf verantwortlich, der von der Wahrnehmung eines Reizes bis zum Ende einer Verhaltensreaktion reicht." (S. 28). „Zu den Basiskomponenten der Persönlichkeitsstruktur gehören aufeinanderfolgende verschiedenartige Schemata, die nach dem Fließbandprinzip funktionieren. Der Einfachheit halber sollte man sich die Funktionsweise der Strukturen als logisch-lineare Progression vorstellen" (S. 29). Fassen wir die anthropologische Quintessenz dieser Aussage zusammen: Es ist jene entseelte Art, von Personen und Menschen zu sprechen, die den Behaviorismus und auch die spätere kognitive Psychologie immer dann kennzeichnet, wenn sie das Handeln von Personen für ein früher maschinen- und heute computeranaloges Aufeinanderfolgen von Strukturen, Prozessen oder gar physiologischen Abläufen hält. Die Kritik an diesem Menschenbildmodell wurde vom Autor andernorts geführt (vgl. Lieb 1995b). Die Persönlichkeit erscheint hier als Maschine, bzw. in der Regel als informationsverarbeitende Maschine. Nun stellt sich die Frage nach den Definitionskriterien dafür, wann eine so verstandene Persönlichkeit *gestört* ist. Die Aufzählung bestimmter Eigenschaften oder bevorzugter Denk- und Handlungsweisen solcher maschineller Persönlichkeiten stellt gewiß keine Definition einer „Störung" derselben dar. Eine Persönlichkeit kann noch so starr, abhängig, aggressiv, ängstlich usw. sein – alle diese Eigenschaften drücken anthropologisch doch nur aus, daß es sich eben um eine Person oder eine Persönlichkeit handelt. Eine Definition der „Störung" von Personen suchen wir vergeblich.

Da wir also *in den Lehrbüchern der „Persönlichkeitsstörung"* eine Antwort darauf, was in den Persönlichkeitsstörungskonzepten mit Persönlichkeit bzw. Person und was v.a. mit deren Störung gemeint sein soll, nicht finden, sollen im folgenden allgemein bekannte psychologische und philosophische Antworten auf die Frage nach der Person referiert und zum Störungsbegriff eigene Überlegungen angestellt werden.

3.1 Was ist eine Person?

Viele Menschen mit einer diagnostizierten „Persönlichkeitsstörung" sind jedoch nicht der Meinung, daß sie eine solche Störung haben. (Beck & Freeman, 1993, S. 35)

Die Person schafft eine Distanz zwischen sich als Subjekt und allen ihren Bewußtseinsinhalten. (Spaemann, 1996, S. 77)

Person: 1. Bezeichnung für das Ich, das Selbst oder Subjekt, insofern es außer dem Bewußtsein und dem Selbstbewußtsein einen Körper besitzt, eine erkennende und handelnde Beziehung zu seiner Umwelt (d.h. auch zu anderen Personen) hat und eine individuelle Geschichte, durch die das betreffende Individuum sich zu einer eigenen Persönlichkeit entwickelt mit bestimmten Anlagen, Haltungen, Charakterzügen und Meinungen über sich und die Welt. (Rowohlt-Philosophie-Lex., S. 443)

Was heißt es anthropologisch, von einer Person zu sprechen? Aus philosophischer Sicht (Siep, 1983) kann der Begriff „Person" *metaphysisch* oder *moralisch-juristisch* verwendet werden. In der Psychologie kann er darüber hinaus als Beschreibung einer „Persönlichkeit" auch *methodisch*, d.h. strukturbeschreibend benutzt werden. In diesem Falle wird er in Verbindung mit der Benennung entsprechender Eigenschaften benutzt, um *Cluster von Verhalten* zusammenfassend zu benennen und einzelnen Individuen zuzuordnen. In dieser Weise dient der Begriff der „Persönlichkeit" in der klinischen Psychologie dann z.B. der Fokussierung auf „Kernprobleme" mancher Persönlichkeiten für die Therapie. Es ist aber wichtig, daß aus einer solchen Eigenschaftszuschreibung niemals ein Unterschied zwischen „gesunden" und „gestörten" Personen abgeleitet werden kann. Man dürfte allenfalls von Persönlichkeitsstrukturen sprechen – wenngleich auch dieser Begriff noch problematisch ist (vgl. Kapitel 6.6).

Als *metaphysischer* Begriff verweist er nach Dennet (1983) auf die *Einmaligkeit*, die *Intelligenz,* die *Bewußtseinsfähigkeit* und die *Empfindungsfähigkei*t jener handelnden Einheit, die Person genannt wird. Wird der Begriff verwendet und dann mit dem Gedanken einer „Störung" in Verbindung gebracht, geschieht human eigentlich etwas entsetzliches: Die Person wird sprachlich vernichtet, sie wird zur Unperson erklärt und auf eine Stufe mit a-personalen Lebewesen gestellt. Solche gibt es natürlich im tierischen Bereich, und es gibt eine nicht endende Debatte darüber, ab wann ein Mensch in seiner Entwicklung als „Person" anzusehen ist. Eine „Persönlichkeitsstörung" im metaphysischen Sinne wäre also die Rückführung der Person auf eine a-personale Stufe!

Moralisch-juristisch spricht der Begriff der Person – auf Locke zurückgehend – die Tatsache an, daß Handlungen Handelnden zugerechnet werden, die dafür auch *verantwortlich* gemacht werden müssen: „Man muß ihnen also mindestens Absichtlichkeit und das Bewußtsein, auch anders handeln zu können, unterstellen können" (Siep, 1983, S.11). In diesem Sinne würde die Rede von der „Persönlichkeitsstörung" bedeuten, Personen die Verantwortung für ihr Handeln abzusprechen. Es wäre eine A-Personalisierung im juristischen Sinne. In der Psychotherapie führt es zu nahezu unlösbaren Problemen, wenn ein Psychotherapeut einen Patienten in diesem Sinne von der Verantwortung für sein Handeln „freispricht", um sie dann aber wieder einführen zu wollen. (Daß und wie dies zu logischen Widersprüchen führt, wird in 4.1 gezeigt werden.)

In einem sehr fundierten Ansatz arbeitet der Philosoph Robert Spaemann (1996) heraus, daß wir immer dann, wenn wir von „jemandem" reden, diesen damit schon als Person anerkennen. Er zeigt, daß dieser Anerkennungsakt etwas Fundamentales ist und daß wir diesen nicht als einen zweiten nach einem vorausgehenden „Wahrnehmungsakt" vornehmen, so als würden wir zuerst einige Eigenschaften feststellen, um dann daraus zu schließen, es handle sich um eine Person. Mit anderen Worten: Die Anerkennung von Jemandem als Jemanden, von einer Person *jeweils als* Person ist ein grundsätzlicher Faktor in der Begegnung zwischen Menschen und geht jeglicher Entdeckung und Beschreibung bestimmter Eigenschaften oder Fähigkeiten derer, die wir als „Jemand" erfahren, voraus. Person-Sein definiert Spaemann als das „Haben eines Lebens" und meint damit, daß eine Person nicht durch bestimmte Eigenschaften gekennzeichnet ist, die sie lebt, sondern dadurch, *daß* sie sie lebt und in diesem Sinne „hat". Wir „führen" unser Leben – und das macht uns zu Personen. Wir „sind" nicht einfach das, was wir tun, sondern können zu dem, was wir tun, in eine innere Distanz gehen (und uns deshalb z.B. in Therapien auch verändern). „Die Person schafft eine Distanz zwischen sich als Subjekt und allen ihren Bewußtseinsinhalten. Der Zweifel kann einen Zwiespalt treiben zwischen alle diese Inhalte einerseits und das Subjekt, das sie hat, andererseits. Zwar kann es sich dieser Gehalte nicht einfach entledigen, ohne sich selbst zu vernichten, denn Sein ist nur das Haben dieser Gehalte. Aber indem es sie nicht *ist*, sondern sein Sein darin besteht, sie zu *haben*, ist es immer schon über alle diese Bestimmtheiten hinaus" (1996, S.77). Wir werden später sehen, daß es aufgrund eben dieser Differenz zwischen dem Subjekt und dem von diesem *gehabten Leben* (z.B. in Form bestimmter „Persönlichkeitsstile") unmöglich ist, von auf bestimmte Weise als „gestört" bezeichneten Verhaltens- und Denkweisen auf „gestörte Personen" zu schließen. Das wäre, nach Spaemann, ein unzulässiger Schluß von einem bestimmten Leben, oder einer bestimmten Art zu leben auf die Person selbst.

Explizit hat sich der Psychotherapeut Viktor Frankl mit dem Begriff der Person befaßt. Er stellte sich die Frage nach den Merkmalen, die wir allein der menschlichen Person im Unterschied zu anderen biologischen oder sozialen lebenden Systemen zuschreiben. Das Resultat hat er in „Zehn Thesen über die Person" zusammengefaßt:

1. Die Person ist ein In-Dividuum, d.h. etwas Unteilbares
2. Sie ist auch In-Summabile, d.h. nicht mit anderem verschmelzbar, weil sie nicht nur Einheit, sondern auch eine Ganzheit ist.
3. Jede Person ist ein absolutes Novum und damit gleichzeitig eine Singularität.
4. Sie ist geistiger Natur und steht als solche in einem Gegensatz zum psycho-physischen Organismus. Sie bedarf aber auch eines eigenen Körpers, um handeln und sich artikulieren zu können.
5. Die Person ist existenziell. Das bedeutet, daß sie kein faktisches, sondern ein fakultatives Wesen sei, das als *Möglichkeit* existiere. D.h., daß sie sich jeweils für oder gegen etwas entscheiden kann. Und sie entscheidet jeweils neu, was sie im nächsten Moment tun und sein wird.
6. Die Person ist „obligat-unbewußt": „Im Ursprung, im Grunde, ist der Geist unreflektierter und insofern eben unbewußter reiner Vollzug". D.h., daß die Person sich nicht außerhalb ihrer selbst stellen kann, sondern ihre eigene Existenz immer schon als Voraussetzung ihrer Existenz erfährt.
7. Die Person ist nicht nur Einheit und Ganzheit, sie stiftet auch Einheit: Eine leiblich-seelisch-geistige Einheit, die sie ausmacht. (Deshalb bleibt die Person z.B. auch sie selbst, wenn ein Teil ihres Körpers amputiert wird.)
8. Die Person ist dynamisch, insofern sie sich von ihrer eigenen psychophysischen Existenz geistig zu distanzieren vermag. In diesem Sich-selbst-Gegenübertreten offenbart sich die Person sozusagen vor sich selbst (wenngleich sie sich selbst nie verlassen kann – vgl. 6.).
9. und 10. zusammengefaßt: Die Person lebt und gründet sich in ihrer Existenz durch die Beziehung zu einem übergeordneten Sinn. Sie stiftet Sinn sowohl gegenüber ihrer Umwelt wie auch zu einer „Überwelt": „Ober er es will oder nicht – der Mensch glaubt an einen Sinn, so lange er atmet." (Frankl, 1972, S.118).

Bei den meisten Autoren, die den Begriff der „Persönlichkeitsstörung" verwenden, bleibt unklar, wie sie darin den Begriff der Person oder der Persönlichkeit verwenden. Aufgrund dieser Abstinenz in der Offenlegung ihres Verständnis der Person muß angenommen werden, daß sie ihn so verwenden, wie wir das im Alltag tun. Es ließe sich unschwer nachweisen, daß wir ihn hier v.a. im metaphysischen und juristischen Sinne verwenden. Dem metaphysischen Begriffsverständnis entspricht auch das Resultat sprachphilosophischer Untersuchungen zum Begriff der Person. So hat z.B. Dennet (1983), ein renommierter Vertreter der amerikanischen Sprachphilosophie, *sechs Bedingungen für die Rede von der Person* formuliert, die allesamt dem metaphysischen Sinne entsprechen: 1. Personen sind vernünftige Wesen. 2. Sie sind bewußtseinsfähig und darin intentional, d.h. daß sie sich auf etwas beziehen oder über etwas nachdenken können. 3. Ihre Identifikation hängt davon ab, daß andere ihnen gegenüber eine Haltung oder Einstellung einnehmen, bei der sie sie als „Personen" identifizieren. Diese Bestätigung durch andere würde verweigert, wenn sie von ihrem Gegenüber (z.B. von einem Psychotherapeuten) in ihrer personalen Existenz als „gestört" bezeichnet würden! 4. Sie müssen anderen gegenüber eben diese Haltung erwidern können („Eine Person sein heißt, andere als Personen zu behandeln" – Dennet, S. 24). 5. Sie verfügen über Sprache und 6. sie sind sich ihrer Handlungen selbst potentiell bewußt und damit für diese auch verantwortlich.

Anthropologisch bedeutet mangels alternativer Definitionen die Rede von der „Persönlichkeitsstörung" nun, daß man den so Bezeichneten alle oder einige dieser elementaren Bestimmungsmerkmale der Person abspricht (anderenfalls der Begriff der „Störung" sinnlos wäre und durch die Zuschreibung bestimmter „Eigenschaften" ersetzt werden müßte!). Was daher in Abschnitt 1 als positives Resultat der Beschäftigung mit der Persönlichkeit herausgestellt wurde, wird durch die Verknüpfung mit dem Begriff der Störung entweder wieder aufgegeben oder diese Verknüpfung führt zu logischen Widersprüchen.

Besonders interessant ist hier die von Fiedler (1994a) eingeführte Differenzierung in eine **Innen**- und eine **Außenperspektive** bei der Beschreibung von „Persönlichkeitsstörungen". Innenperspektivisch stehe zwar ein subjektives Leid der Betroffenen im Vordergrund, dieses bezieht sich aber nicht auf die „Störung" der Person. Im Gegenteil: Hier kann es per definitionem gar keine „Störung" geben, weil die Erfahrung von Leid ja eine nichtgestörte ganzheitliche Person *voraussetzt*. Fiedler wie andere Autoren halten die Tatsache, daß Personen sich selbst nicht für gestört ansehen, seltsamerweise aus therapeutischen Gründen für einen Nachteil. Daß Personen ihren eigenen persönlichen Stil nicht problematisch finden, wird „Ich-Synthonie" genannt. Sie bedeute, daß „persönlichkeitsgestörte Personen" sich von ihren eigenen Verhaltens- und Denkweisen nicht zu distanzieren bereit wären. Nach Fiedler erlaube daher nur die Außenperspektive durch Bezugspersonen oder professionelle Diagnostiker die Schlußfolgerung auf eine „gestörte Persönlichkeit" (1994a, S. 7). Was aber soll damit gemeint sein? Sicher nicht nur die Tatsache, daß bestimmte Menschen von anderen einfach aufgrund deren überlegener gesellschaftlicher Position als gestört *bezeichnet* werden dürfen. Dann wäre die Diagose der „Persönlichkeitsstörung" nichts anderes als ein Labeling-Prozeß. Wir haben vielmehr Grund zu der Annahme, daß hier aufgrund der „Außen-", also einer sozialen Bewertungsperspektive auf eine *tatsächliche* innere Störung der Person selbst geschlossen werden soll. Das Konzept der Ich-Synthonie gegenüber der Ich-Dysthonie besagt dann, daß die gestörte Persönlichkeit sich ihrer als existent angenommenen Störung einfach (noch) nicht bewußt sei. Erkenntnistheoretisch wie moralisch handelt es sich hier um den problematischen Vorgang, bei dem von der Bewertung eines Systems durch einen Beobachter auf eine tatsächliche Störung in dem beobachteten System geschlossen wird. Wie absurd dieser Vorgang ist, wird deutlich, wenn man sich vorstellt, daß eine Person diese ihr von anderen offerierte Außenperspektive übernimmt und sich nun selbst als „persönlichkeitsgestört" bezeichnet. Wie in 4.1 noch weiter ausgeführt wird, befinden wir uns dann in einer klassischen Paradoxie. Denn entweder ist die Person wirklich „gestört", dann könnte sie ihre Störung, eben wegen dieser Störung bei sich, gar nicht wahrnehmen. Nimmt sie sie aber wahr und kann dem außenperspektivischen, „gesunden" Beobachter zustimmen, dann ist sie aufgrund dieser Zustimmung gesund.

Ein anthropologisches Konzept aber, das nur aus einer Außenperspektive auf Personen anwendbar ist und bei Selbstanwendung in der Innenperspektive zu Widersprüchen führt, muß stutzig machen. Eine Personenbeschreibung, die, von Personen auf sich selbst angewandt, paradox wird, taugt nicht für den psychotherapeutischen Dialog. Der Therapeut muß sie dann vor seinem Patienten geheimhalten, womit nun aber die Beziehung gestört ist.

Wenn wir die Menschheit einteilen in „gestörte" und „nicht gestörte" Persönlichkeiten, dann stellen sich anthropologisch zwei weitere Fragen: Zum einen, was diese Untergruppen jeweils untereinander gemein haben.

Diese Frage ist hier von untergeordneter Bedeutung. Die wichtigere zweite Frage lautet: Was haben beide Untergruppen noch **miteinander** gemein? Der Versuch, hier eine Antwort zu finden, führt zu der Erkenntnis, daß dieses Konzept entweder, in gefährlicher Nähe zu faschistischem Denken, Personen in wertvolle und weniger wertvolle Wesen einteilt oder – was den meisten Autoren natürlich unterstellt werden darf und muß – daß der Begriff der Störung *nicht* die Person charakterisieren soll. Diese, so wäre dann anzunehmen, soll vielmehr vollkommen unabhängig von dem Attribut „gestört" existieren. Dann hätten gestörte und nicht gestörte einfach gemein, daß sie Menschen wie „du und ich" sind. Dann wäre der Begriff der „Störung" nichts als eine Eigenschaft, die sich bei näherer Betrachtung selbst auflöst. „Störung" als Eigenschaft ist nämlich ein semantischer Unsinn. Eine Störung kann keine Eigenschaft sein, wie in 4.1.2 ausführlich dargelegt wird. Der Begriff der Störung ist logisch von einer völlig anderen Kategorie als der der Eigenschaft, wie wohl schon Aristoteles gezeigt hat. Er hat nämlich nachgewiesen, daß Eigenschaften immer nur Attribute von Personen oder Dingen sind und nicht zu ihren Definitionsmerkmalen gehören können. 1500 Jahre später argumentiert die evangelische Kirche in ihrem Augsburger Bekenntnis in gleicher Weise, wenn sie darin 1537 festlegt: „Unter dem Wort ‚Person' wird nicht ein Teil, nicht eine Eigenschaft an einem anderen Sein verstanden, sondern etwas, was in sich selbst besteht (selbständig ist)." (Zitiert nach „Evangelisches Gesangsbuch" der lutherischen Kirche Bayerns, S. 1565). Ob ein Stuhl blau oder rot ist, ist für die Definition des Begriffs Stuhl irrelevant! *Wenn* wir trotz dieser Klarstellung am Begriff der Störung von Personen ernsthaft festhalten, dann teilen wir de facto die Menschheit in zwei Gruppen ein: in Personen und Nichtpersonen. Das wäre moralisch niemals haltbar und hätte entsetzliche Konsequenzen.

Der Begriff der „Persönlichkeitsstörung" impliziert also anthropologisch, daß Personen zu Unpersonen erklärt werden. Kein Autor vertritt diese Haltung offen und man darf sicherlich davon ausgehen, daß niemand dies bewußt intendiert. Wer das aber nicht intendiert, verwendet für seine wie immer gearteten Absichten ein anthropologisch fragwürdiges Konzept und muß, wenn er es weiter verwendet, in vielerlei Widersprüche geraten. Wir haben neben dem Problem der Pathologisierung von Personen dann noch ein weiteres, nämlich das der Aporie bzw. der Selbstwidersprüchlichkeit. Aporien sind in der Philosophie ausweglose

Situationen, die durch Selbstwidersprüche entstehen und für die sich keine Lösungen finden lassen. Eine Aporie ist z.B. das Resultat zweier gleichermaßen überzeugender Argumente mit unvereinbarer Schlußfolgerung. Die Aporie der „Störung von Personen" wird sich daher nur lösen lassen, wenn man den Begriff der Störung **vollkommen aufgibt**.

3.2 Was ist eine Persönlichkeit?

> Die vornehmste Aufgabe des Psychologen ... besteht in der unbeirrbaren Bemühung um den Aufweis der Komplexität seelischer Vorgänge. Insofern ist er in erster Linie ein Anwalt der Vielfalt menschlicher Innerlichkeit im Kampf gegen ihre Standardisierung zugunsten eines glatten Verlaufes der äußeren Dinge. (Thomae, 1977, S. 14)

> Die Psychologie wird sich ... energisch gegenwärtig zu halten haben, daß die Morphologie der menschlichen Verhaltungen und Erlebnisse eine sehr reiche ist ... (Rothacker, 1958, S. 174, zit. nach Jüttemann, 1995)

Im Zentrum der Kritik der „Persönlichkeitsstörung" stand und steht der Begriff der Person. Man könnte nun einwenden, daß der Begriff der „Persönlichkeit" und demzufolge der der „Persönlichkeitsstörung" etwas völlig anderes bezeichne als der der Person bzw. der „Störung der Person" und deshalb alle Kritik, die vom Begriff der Person ausgeht, ungültig ist für den Begriff der Persönlichkeit und diesbezüglicher Störungsannahmen. Es ist aber leicht zu zeigen, daß die Verwendung des Begriffs der Persönlichkeit im wesentlichen die gleichen Annahmen impliziert wie die Verwendung des Begriffs der Person – sowohl im Alltagsverständnis dieses Wortes wie in seiner Verwendung in der wissenschaftlichen Psychologie.

Es stellen sich zur Einstimmung auf die nachfolgende Argumentation also folgende Fragen ein:

- Gibt es eine Persönlichkeit ohne Person?
- Wie wird der Begriff „Persönlichkeit" in der wissenschaftlichen Psy-

chologie definiert und welche Rolle spielt darin der Begriff der Person oder des Individuums?

- Welchen Platz hat oder hätte demzufolge die Kennzeichnung einer Persönlichkeit als „gestörte” in der wissenschaftlichen Psychologie? Gelangt man (wie für die „Störung der Person” gezeigt wurde/wird) auch hier zu logischen Widersprüchen?
- Welchen Platz hat die aus der klinischen Psychologie stammende Identifikation „gestörter” Personengruppen in den klassischen Persönlichkeitskonzepten der allgemeinen Psychologie oder der Persönlichkeitspsychologie?

3.2.1 Definitionen der Persönlichkeit

> Die Region der Personalität ist durch keinen übergreifenden Kontext definiert und durch keinen Kontext ihrer Unbedingtheit zu berauben. (Spaemann, 1996, S. 142)

> Die Persönlichkeit selbst ist ... die Idee des moralischen Gesetzes mit der davon unzertrennlichen Achtung. (I. Kant, 1960)

> Es ist keine anthropologische Setzung, sondern eine schlichte Alltagserfahrung, daß der Mensch sich selbst und anderen gegenüber nicht nur als Gattungswesen, sondern auch und möglicherweise sogar in erster Linie als Individuum in Erscheinung tritt. (Jüttemann, 1995, S. 70)

Die Persönlichkeitspsychologie ist ein altes, aber nicht unumstrittenes Gebiet der Psychologie (vgl. Jüttemann, 1995; Thomae, 1968; Roth, 1974; Herrmann, 1969; Fisseni, 1984). Innerhalb dieser Disziplin gibt es verschiedene Ansätze, die bei aller Vielfalt in der expliziten oder impliziten Definition des Begriffs der Persönlichkeit doch gewisse „Familienähnlichkeiten” aufweisen. „Die Fragen zur Persönlichkeit werden von vielen ... als die herausforderndsten Rätsel betrachtet, mit denen Psychologen konfrontiert werden, da sie die Gesamtheit des Erlebens und Verhaltens der Menschheit einschließen." (Krech et al., 1992, Bd.6, S.7) „Meine Persönlichkeit, das *bin* ich, so sehen es die meisten von uns" (ebd. S.7). Krech et al., Autoren des wohl bekanntesten Lehrbuches der Psychologie, betonen darin gleich zu Beginn des Abschnittes über die Persönlichkeitspsychologie, daß die „*Einzigartigkeit des Individuums*" als „unentrinnbares Faktum" dieses Wissenschaftsbereiches gelten müsse. Alle Definitionen der Persönlichkeit hätten auf dieser Basis dann deren „Mannigfaltigkeit und grenzenlose Modifizierbarkeit" (S.8) zu berücksichtigen. Ziel der oft auch „differentielle Psychologie" genannten Persönlichkeitspsychologie sei die Klassifizierung von Typen von Menschen, „in denen manche ... gewissen anderen gleichen und wieder anderen nicht" (ebd. S.8). Die meisten der neueren Definitionen der Persönlichkeit heben gleichermaßen „die Komplexität oder Einzigartigkeit des Persönlichkeitsaufbaus" hervor (S.13). „Worauf es hier ankommt, ist, daß es keine Gesetze der Persönlichkeit gibt, die außerhalb der Gesetze der allgemeinen Psychologie funktionieren" (Sanford, zitiert von Krech et al., S.13). Allen Autoren auf diesem Gebiet scheint die Betonung der **Einmaligkeit des Individuums** gemeinsam zu sein, das mit anderen verglichen, aber nicht über diesen Vergleich identifiziert werden kann.

Zur Frage der „Persönlichkeitsstörung" geben Krech et al. bezeichnenderweise an, daß diese Diagnose sich von anderen (etwa Neurosen) genau dadurch unterscheide, daß „die Verhaltensweisen, die diese Störungen kennzeichnen, von dem Betreffenden oft gar nicht als sonderbar oder in irgend einer Weise für ihn selbst störend empfunden werden" (S.111). Die Störungsdiagnose könne also nur aus der Außenperspektive gestellt werden. Dieser Sachverhalt wird andernorts „Ich-Synthonie" genannt und wird, wie bereits oben erwähnt, stets als Charakteristikum der „Persönlichkeitsstörungen" angesehen. Auf dieses Kernmerkmal der Störungsdiagnose ist deshalb hier noch oft einzugehen (vgl. v.a. Kap. 5.2). Die Differenz zwischen Selbstbild und Fremdbild erweist sich dabei immer mehr als Voraussetzung zur Vergabe der Diagnose einer „gestörten Persönlichkeit". Damit wird aber ein *interaktionelles Problem* zum Zentrum der Diagnose und nicht ein Merkmal der „Persönlichkeit" selbst. Diese muß vielmehr ganz unabhängig von den ihr zugeschriebenen Eigenschaften existieren: „Unter Persönlichkeit versteht man jene relativ dauerhaften Wesenszüge und Dispositionen des Individuums, die sich im Laufe der Zeit zu einem Verhaltensmuster verfestigt haben, das es von anderen Individuen unterscheidet." (Krech et al., S. 13) Obwohl z.B. Allport über 50 verschiedene Definitionen von Persönlichkeiten findet, gibt es hier doch Gemeinsamkeiten, zu denen nach Krech et al. gehören: Die Vollständigkeit der Person, deren Veränderlichkeit, deren Organisation, unabhängig von ihren davon zu trennenden Eigenschaften, und vor allem ihre Einzigartigkeit (S. 31). Schon hier könnte man also schlußfolgern, was in späteren Kapiteln herausgearbeitet werden wird: Daß es eine „Störung" der Persönlichkeit gar nicht geben kann, sondern nur bestimmte Eigenschaften. Wäre sie gestört, würde sie als solche nicht existieren und wäre eine Un-Persönlichkeit. Die Attribute der Einmaligkeit und der Individualität werden aber von niemandem ernsthaft einem Patienten abgesprochen, der als „persönlichkeitsgestört" diagnostiziert wird. Das betont auch Sader (1982) für den Bereich der klinischen Psychologie: „Persönlichkeit meint ... den *Kern*bereich einer Person ..., weniger hingegen seine Fähigkeiten und Fertigkeiten." (S. 264) Er zitiert zum Beleg dieser These Guilford, einen der bekanntesten Forscher auf diesem Gebiet, der alles zur Persönlichkeit zählt, „hinsichtlich dessen eine Person von anderen Personen unterscheidbar ist". Eine Störung kann aber auf dieser Basis einer Gemeinsamkeit mit anderen ein Individuum nicht charakterisieren, denn dann hätte es ja keine Gemeinsamkeit mehr mit anderen.

Jüttemann (1995) fordert von einer wissenschaftlichen Persönlichkeitspsychologie die Berücksichtigung von zwei Perspektiven: zum einen, daß sie die Person darin als „reflexiv" und daher für (ihre eigenen) Veränderungen offen konzipiert und zum anderen deren „strukturelle" Festlegung. Er spricht von einer „strukturellen und einer reflexiven Seite des Subjektes" (S. 128). Die reflexive Seite werde aber oft ignoriert, wenn im Sinne von Eigenschafts-Traits Persönlichkeiten (von außen) als festgelegt beschrieben werden. Eine grundlegende Kritik am Persönlichkeitsstörungskonzept muß davon ausgehen, daß Psychotherapeuten gerade mit dieser reflexiven Seite der Person arbeiten, indem sie *mit ihr* ein Bewußtsein über ihre Probleme erlangen und deshalb zu Veränderungen kommen wollen. Es kann hier also auch mit Jüttemann behauptet werden, daß, wenn mit dieser reflexiven Seite der Persönlichkeit kommuniziert wird, diese darin per definitionem gar nicht gestört sein kann. Jüttemann spricht hier sogar von einer „Gegenüberstellung der Begriffe Persönlichkeit und Subjekt" (S. 129). Letzteres gehe bei den klassischen faktorenanalytisch orientierten Persönlichkeitskonzepten, die rein empirisch verschiedene „Typen" zu identifizieren suchen, verloren. „Soll die Subjektseite des Menschen hervorgehoben werden, dann ist es somit erforderlich, einen neuen, vergleichsweise umfassenderen Persönlichkeitsbegriff zu entwickeln, ..., und zwar in einer vor allem die Reflexivität des Menschen akzentuierenden Bedeutung, die sich der Bedeutung des traditionellen (strukturellen) Persönlichkeitsbegriffs direkt gegenüberstellen läßt." (S. 129)

Da Psychotherapeuten per definitionem dann, wenn sie *mit* Personen an der Veränderung von *deren* Verhalten arbeiten, mit dieser reflexiven Seite kommunizieren und auf sie bauen, müssen sie neben dem strukturellen eben auch diesen Aspekt der Persönlichkeit ins Auge fassen. Ja noch mehr: Sie müssen ihn *als Bedingung der Möglichkeit von Psychotherapie voraussetzen.* Dann aber haben wir in der Psychotherapie ein Verständnis der Persönlichkeit, das wir in unserer Arbeit immer schon unterstellen und das wir nicht gleichzeitig durch das Attribut „gestört" wieder leugnen können. Um so verwunderlicher ist es, daß Jüttemann selbst (offenbar im Vertrauen auf die Kompetenz seiner klinischen Kollegen) an die Existenz „gestörter" Persönlichkeiten glaubt. Deren Beschreibung im ICD oder DSM III hält er für einen beispielhaften Fortschritt in der Psychologie (S. 126). Jüttemann sieht dabei allerdings klar, daß die Rede von „gestörten" Personen nicht der Persönlichkeitspsychologie entstammt: „Eine entscheidende Wende, die Fiedler (in seinem Buch „Persönlichkeitsstörungen"; H. L.) nicht ausdrücklich hervorhebt, ist vor allem darin zu erkennen, daß mit der aktuellen Favorisierung des Begriffs ‚Persönlichkeitsstörungen' gleichsam eine Verlagerung wesentlicher Inhalte der Psychologie aus dem *anwendungs*orientierten Sektor der klinischen Psychologie in den *Grundlagenbereich* der Persönlichkeitspsychologie stattfindet." (Jüttemann, 1995, S. 134). Mit anderen Worten: *Das Störungsdenken transportiert die klinische Psychologie in die Persönlichkeitspsychologie hinein* (vgl. ausführlicher Kap. 3.2.2). Für Jüttemann ist es wissenschaftshistorisch offensichtlich, daß man durch die Beschreibung sogenannter „Persönlichkeitsstörungen" den „klassischen" Persönlichkeitspsychologieansatz verläßt, der „ausschließlich eine

Psychologie des gesunden Erwachsenen" war (ebd. S. 134). Erstaunlicherweise hält er dies aber für eine Bereicherung, da nun „Störungsphänomene der verschiedensten Art als qualitative Merkmale der Persönlichkeit in den Gegenstandsbereich dieser Teildisziplin einbezogen" worden seien (S. 143). Ihm unterlaufen hier Widersprüche in der Argumentation, wenn er einerseits von einer wissenschaftlichen Persönlichkeitspsychologie verlangt, daß „die Methode keinen Vorrang vor dem Gegenstand" (d.h. hier der Person) haben dürfe und es andererseits für eine Befruchtung hält, wenn eben dieser Gegenstand nun durch Übernahme fachfremder Perspektiven aus der klinisch diagnostischen Praxis in seinem Kern allen fachinternen Ansätzen widersprechend als „gestört" bezeichnet werden darf. Hier sind Krech et al. (1992) schon klarer, wenn sie den Vorgang, bei dem eine Persönlichkeit als „abnorm" oder „gestört" bezeichnet wird, für einen *kulturellen/gesellschaftlichen Vorgang* halten. Es ist dann nämlich immer eine Frage der Abweichung von gesellschaftlichen Normen, die für eine solche Qualifizierung ausschlaggebend ist und nicht eine „Erkenntnis" über den untersuchten Gegenstand (hier über Personen).

Es ist in sich widersprüchlich, einerseits zu glauben, eine Persönlichkeit könne, vermittels ihrer Fähigkeit zur Reflexivität (über sich und über ihre Umwelt), Eigenschaften sowie Verhaltensweisen verändern und sie andererseits gleichzeitig als gestört zu bezeichnen. Würde man sagen, in eben dieser Reflexion sei die Person gestört, wäre sie, da die Reflexivität ja per definitionem substantiell zur Persönlichkeit gehört, eine Un-Persönlichkeit. Reflexivität im Rahmen der Psychotherapie bedeutet, bestimmte Eigenschaften näher in Augenschein zu nehmen, die andere oder einen selbst *stören,* um sie zu verstehen und ggf. zu verändern. Dann ist aber eben dieser Reflexions- und Veränderungsvorgang Ausdruck der *gesunden* Persönlichkeit. Sicherlich ist es mit manchen Personen schwieriger als mit anderen, in der Therapie zu dieser reflexiven Seite Kontakt zu bekommen. Es ist aber die eine Sache, einer Person grundsätzlich die Fähigkeit zur Reflexion abzusprechen, weil sie darin gestört sei und eine ganz andere Sache, die Nicht-Bereitschaft zur Selbstreflexion als Teil einer schwierigen Interaktion anzusehen. Letzteres ist aber durchaus normal und nicht Zeichen einer „Störung". Denn wer wird nicht die Bereitschaft zur Selbstreflexion mit anderen Menschen (Therapeuten) von der jeweiligen Situation, v.a. vom Verhalten der anderen Person im Gespräch abhängig machen? Mit anderen Worten: Was als „gestört" bezeichnet wird, kann allenfalls zur „strukturellen" Seite der Persönlichkeit gehören. Dann sind es aber allenfalls Reflexions*verweigerungen*, die in Beziehungen stören und nicht gestörte Persönlichkeiten. Wir können – mit Jüttemann – fordern, daß ein wissenschaftlicher Persönlichkeitsbegriff, der „gegenstandsangemessen" ist, eben auch die individuell-reflexive Seite als Potenz beinhalten muß, unabhängig davon, ab und wie eine bestimmte Persönlichkeit diese in einem bestimmten Kontext realisiert.

In einer „gegenstandsangemessenen Persönlichkeitspsychologie" möchte Jüttemann denn auch drei Bereiche berücksichtigt haben (S. 135f.): Zum *ersten* die Konstruktion einer *„universellen" Persönlichkeit.* Wir dürfen und müssen demnach eine Idealvorstellung von der Persönlichkeit haben. Hierzu gehören z.B. Willensfreiheit, Einmaligkeit, individuelle Würde und Selbstreflexivität. *Zweitens* sollte in einer *differentiellen* Persönlichkeitspsychologie nach Unterschieden zwischen Typen, Rollen und ggf. Symptomatiken gefragt werden, wobei es sich um qualitative ebenso wie quantitative Unterschiede handeln kann. Und *drittens* kann und muß in einer sogenannten *singulären* Persönlichkeitsforschung die einzelne Person ideographisch (d.h. in einer genauen Beschreibung ihrer selbst) erfaßt werden können. Dieses vor allem von Thomae (1968) entwickelte und sich eher in der Geisteswissenschaft denn in der nomothetischen Naturwissenschaft verankernde Verfahren stellt die individuelle Kasuistik in den Mittelpunkt. Im Bereich der Psychotherapie entspräche dem die Aufgabe des Therapeuten, ohne Vergleich mit Normen oder anderen Personen die individuelle Person in ihrer Eigenart zu *verstehen.* Es ist schwer vorstellbar, daß dieses individuelle Verstehen gelingt, wenn die jeweilige Person von vornherein als „gestört" aufgefaßt wird. Denn sie verstehen heißt ja auch, sie in ihren Entscheidungen, in ihren Ambivalenzen und Bedürfnissen als Individuum zu re-konstruieren. Man kann jemanden aber per definitionem nicht verstehen, wenn man ihn als gestört rekonstruiert.

Die *singuläre Betrachtung der Persönlichkeit* in ihrer Eigenart ist auch rein logisch nicht mit der Annahme zu vereinen, sie könnte gestört sein. Das führen auch Groffmann und Schmidtke (1986) bei ihrer Beschreibung der ideographisch orientierten Persönlichkeitstheorien aus. Es handle sich dabei nämlich – z.B. bei Rohracher – um „Mittel, Menschen psychologisch zu beschreiben, *wie sie sind.*" (1986, S. 687). Auch bei

Allports Ansatz stehen die sogenannten „Aspekte der Selbstheit" wie z.B. das Anstreben von Zielen, das Vorliegen von Intentionen und die „funktionale Autonomie von Persönlichkeiten" im Mittelpunkt. Niemand würde behaupten, diese persönlichkeitskonstituierenden Merkmale lägen bei den sogenannten „Persönlichkeitsstörungen" nicht mehr vor. Niemand bestreitet bei ihnen „die Einheit, Integrität, Konsistenz und Kohärenz der Persönlichkeit", die nach Groffmann und Schmidtke grundlegend sei für viele ideographisch orientierte Persönlichkeitstheorien (ebd. S.688). Wäre eine Persönlichkeit vor der Therapie gestört und nach der Therapie ungestört, da „geheilt", wäre schon das Kriterium der inneren Konsistenz der Person über die Zeit verletzt. Wäre sie auch nach der Psychotherapie weiterhin „gestört", wäre moralisch und letztlich auch juristisch zu fragen, welchen „Gegenstand" ein Psychotherapeut dann eigentlich behandelt, wenn er die Störung nicht „behoben" hat oder sie womöglich für gar nicht aufhebbar hält. Wer trotz solcher Überlegungen an der Trennung „gestörter" und „nicht gestörter" Persönlichkeiten festhält, begibt sich moralisch und juristisch auf gefährliches Terrain, weil er dann notgedrungen Persönlichkeiten zu Unpersönlichkeiten und Personen zu Unpersonen erklärt. Ob man es wahrhaben will oder nicht: Das war und ist eine faschistische Unterscheidung von wertvollerem und wertloserem Leben. Im Bereich der Psychotherapie ist diese Trennung schlicht unmöglich, weil sie zu Widersprüchen führt.

Gehören mit Jüttemann zur modernen Persönlichkeitspsychologie also alle drei oben genannten Aspekte, beinhaltet sie notgedrungen Individualität, Freiheit und Würde der Persönlichkeit. Wie könnte besser gezeigt werden, daß es nicht nur bei der Verwendung des Begriffs „Person", sondern auch des Begriffs „Persönlichkeit" zu Widersprüchen führt, wenn wir sie fördern und entwickeln wollen und ihr gleichzeitig eine grundlegende Störung unterstellen? Es gilt also alles, was in diesem Buch im Hinblick auf den Begriff der „Person" ausgeführt werden wird, auch für den Begriff der „Persönlichkeit".

3.2.2 Pathologie: Kein Kind der Persönlichkeits-Psychologie

> Die Psychologie wird sich ... energisch gegenwärtig zu halten haben, daß die Morphologie der menschlichen Verhaltungen und Erlebnisse eine sehr reiche ist... (Rothacker, 1958, S. 174; zit. nach Jüttemann, 1995)

> Worauf es hier ankommt, ist, daß es keine Gesetze der Persönlichkeit gibt, die außerhalb der Gesetze der allgemeinen Psychologie funktionieren. (Wiggins et al., 1971)

Üblicherweise wird die Persönlichkeitspsychologie mit der „differentiellen Psychologie" gleichgesetzt. Es ist ihr übliches Ziel, unterschiedliche Typen von Personen zu identifizieren und deren Entwicklungsgeschichten nachzuspüren. Die genannte Zielsetzung von Jüttemann geht allerdings einen Schritt weiter, indem sie erstens diese Typologisierung um die Konstruktion einer „universellen" Persönlichkeit erweitert und zweitens aus dem Verstehen singulärer Persönlichkeiten allgemeingültige Kenntnisse über die Dynamik persönlicher Entwicklungen erwartet. Niemals aber war es Ziel dieser psychologischen Richtung, „kranke Personen" zu identifizieren. Die differentialdiagnostische Typisierung wollte ursprünglich vielmehr „von rein symptombezogener Diagnostik" wegführen und damit „erste Möglichkeiten (bieten), von der bisher betriebenen Defizit-Diagnostik abzukommen." (Frank & Friedrich-Freisewinkel, 1986, S. 1596). Die Identifikation gestörter Personen ist der Persönlichkeitspsychologie eigentlich fremd. Dieses Ansinnen wurde ihr von außen herangetragen. Das ist auch methodisch bedeutsam: Die Korrelation bestimmter Persönlichkeitseigenschaften oder Persönlichkeitsdimensionen (z. B. die Introversion-Extraversion-Dimension von Eisenck) mit bestimmten „Krankheitsformen" ist eine solche von nicht pathologieorientierten Typologien mit aus der Psychiatrie stammenden, also von außen kommenden, Krankheitskonstrukten. Wenn differentialdiagnostisch bedeutsame Persönlichkeitsdimensionen mit psychiatrischen Krankheitsklassifizierungen oder auch „Persönlichkeitsstörungen" verglichen werden, so werden die „Krankheitsgruppen" zuvor **außerhalb der Persönlichkeitspsychologie** definiert und erst nachträglich mit der persönlichkeitspsychologischen Typologisierung korreliert. Die Persönlichkeitstheorie kann, so die Schlußfolgerung, gar keine Krankheiten identifizieren, sondern nur ihre originären (gesunden) Typen damit korrelieren. Wenn dann im nachhinein bestimmte Persönlichkeitstests auf der Basis solcher Korrelationen zur diagnostischen Zuordnung von Personen zu Krankheitsklassen genutzt werden, darf dies nicht mit einer Definition der Krankheit durch die jeweiligen Zuordnungseigenschaften verwechselt werden. Es ist zwar auch ein Ziel der differentiellen Psychologie, Eigenschaftsfaktoren als Prädiktoren für Krankheitsklassen möglichst „trennscharf" verwenden zu können. Es handelt sich hier aber um eine **Nutzung der Persönlichkeitspsychologie durch die Psychiatrie oder durch die klinische Psychologie.**

Die Bildung qualitativer Unterschiede zwischen Personen in der Persönlichkeitspsychologie und die Beschreibung von „Pathologien" (etwa in „pathology supplement scales") entspricht nicht einer „Erkenntnis", derzufolge es „gestörte Personen" gibt, sondern dem Versuch, mit Hilfe persönlichkeitsdiagnostischer Verfahren jene „kranken" Personen zu identifizieren, deren Klassifikationen und Definitionen **zuvor** von Psychiatern oder klinischen Psychologen erstellt worden sind. „Psychotiker" z.B. werden durch klinisch vorgegebene Kriterien definiert und erst dann durch weitere spezifische Persönlichkeitseigenschaften charakterisiert. Diese schließlich gelten erst in einem dritten Schritt aufgrund der Kovarianz dieser Attribute mit der davon unabhängig identifizierten Erkrankung als „störungstypisch" (vgl. Frank & Friedrich-Freisewinkel, S. 1603). Das könnte man auch so interpretieren, daß vermittels psychologischer Persönlichkeitsvariablen die klinisch eingeteilten „Krankheitsgruppen" a) besser erkannt werden und b) vielleicht sogar verständlicher werden. In diesem Falle könnte die Persönlichkeitspsychologie dazu dienen, diese Gruppen auf der Basis einer *allgemeinen* (gesunden) Persönlichkeitstheorie zu *verstehen*. Es handelt sich dann gerade nicht um die Identifikation von Störungen, sondern, dem alten Ziel der Persönlichkeitspsychologie entsprechend, um den Versuch, auch diese Gruppen in die „Gesamtheit des Erlebens und Verhaltens der Menschheit" (Krech et al. als Ziel der Persönlichkeitspsychologie – S. 7) einzuordnen. ***Die Wertung einer Persönlichkeit als gestört ist dabei ein außerwissenschaftlicher Vorgang und entspricht nicht einer wissenschaftlichen „Erkenntnis".*** Der Wissenschaftler hätte sich dann – wie es z.B. die Psychologie der personalen Konstrukte von Kelly (1955) versucht – damit zu begnügen, die von ihm untersuchten Individuen nicht nach vorgegebenen Rastern zu bewerten, sondern sich in einem phänomenologischen Sinne auf das „untersuchte" Individuum ganz einzulassen. „Dieser Ansatz, sich wesentlich weiter auf die Phänomene seines Gegenübers einzulassen, hat sich in den letzten Jahren vor allem in der Psychotherapie in vielen Bereichen bewährt" (Sader, 1982, S. 267). In ähnlicher Weise verzichten auch Groffmann und Schmidtke in ihrer Darstellung der persönlichkeitspsychologischen Grundlagen im Handbuch der Psychologie (8. Bd., 1. Halbband, S. 664) gleich zu Beginn auf eine festschreibende Definition verschiedener Persönlichkeiten und vertrauen „darauf, daß die unterschiedlichen Bedeutungen von Persönlichkeit aus den (folgenden) Skizzen verschiedener Persönlichkeitstheorien hervorgehen werden". Sie sagen explizit, daß es bei der „Erfassung vom Normalen abweichender Merkmale" darum geht, *klinische Zwecke* zu verfolgen (ebd.) Die Behauptung von „Störungen" ist und bleibt ein Kind der Psychiatrie oder der klinischen Psychologie und nicht der Persönlichkeitspsychologie. Die genannten Autoren teilen die wissenschaftliche Psychologie denn auch völlig unabhängig von pathologieorientierten Klassifizierungen ein in eine Beschreibung a) der Entwicklung der Persönlichkeit, b) der Dynamik der Persönlichkeit und c) der Struktur der Persönlichkeit. Letztere enthält auch den Anspruch, die „Gesamtheit der Persönlichkeit" (die „organismische" Persönlichkeit (S. 868)) in einem persönlich-ideographischen Sinne zu erfassen. Dies führt schon rein logisch zu der Schlußfolgerung, daß die Person entweder als nicht-gestörte oder als gar nicht existent anzusehen wäre.

4. Kritik des Konzeptes der „Persönlichkeits-störung": Die APO-Argumentation Aporie Pathologisierung Ontologisierung

Die Rede von „Persönlichkeitsstörungen" ist 1) eine Aporie[2] und daher in sich selbst widersprüchlich und widersinnig, 2) pathologisierend und 3) ontologisierend, indem es *Prozesse,* die in oder zwischen Personen ablaufen, zu ontologisches Entitäten in Personen verdinglicht. Im folgenden werden diese drei Kritiken ausführlich dargelegt und begründet.

4.1 Die Aporie der „Persönlichkeitsstörung"

Bestimmte Achse II-Patienten schweigen über ihre Persönlichkeitsprobleme, weil sie diese nicht erkannt haben oder weil sie sie erkannt haben und verleugnen. Andere persönlichkeitsgestörte Patienten verleugnen wiederum, daß die Probleme die eigentliche Störung widerspiegeln. (Beck & Freeman, 1993, S. 6)

Wir sehen, hören, fühlen,
schmecken, riechen.
Aber das ist nicht alles.
Es gibt etwas in uns, das hört, fühlt, schmeckt und riecht.
Zu erfahren, daß dieses „Etwas" in uns geachtet wird und es selbst zu achten, ist mehr, als eine Therapie leisten kann. Denn dieses „Etwas" sind wir selbst.

Wenn der Therapeut diese Klienten (Borderline; H.L.) so wie sie sind, aufrichtig akzeptieren kann und ihnen diese Akzeptanz mittels Empathie und Fürsorge übermittelt, verschafft es den Klienten einen klaren Beweis dafür, daß sie so als Person akzeptabel sind, auch wenn ihre schlimmsten Geheimnisse bekannt werden. (Beck & Freeman, 1993, S. 181)

Die Wahrheit dürfte gelten, daß kein Wesen an seiner Bestimmung leidet. (Cramer, 1965, S. 54)

Die Psychotherapie der „Persönlichkeitsstörungen" zielt nicht auf die Lösung individueller, sondern auf die Lösung zwischenmenschlicher Probleme. (Fiedler, 1994a, S. 421)

Im Geben und Nehmen des Dialoges entwickelt sich eine personale Einheit. (Tellenbach, 1988, S. 162)

---

[2] Ein Aporie ist in der Philosophie ein Selbstwiderspruch, für den sich keine Lösung finden läßt. Dazu gehört z.B. das Resultat zweier gleichermaßen vertretenen Argumentationen mit unvereinbaren Schlußfolgerungen

4.1.1 Person als Bedingung der Möglichkeit und die kommunikative Aporie der „Persönlichkeitsstörung"

> Für ein Verständnis der ideosynchratischen Ausgestaltung von „Persönlichkeitsstörungen" bleibt jedoch zu beachten, daß die Entwicklung und die Anwendung kognitiver Schemata entscheidend (weil sie *ich-synthon* sind) unter der Mitverantwortung der betroffenen Menschen geschehen, weshalb die „Persönlichkeitsstörungen" auch als schwer zu behandeln gelten. (Fiedler, 1994b, H.i.O., S. 245)

> Aus ethischer Sicht haben sie in jedem Fall das Recht, über alle therapeutischen Erklärungen und Schlußfolgerungen informiert zu sein. Die Diskussion darüber sollte einen integralen Bestandteil des therapeutischen Prozesses bilden. (Turkat, 1996, S. 35)

Wenn Persönlichkeiten zu Beginn einer Therapie als Personen gestört sind, können sie auch in der Therapie nicht zu Personen „gemacht" werden. Anders zu argumentieren hieße, den Therapeuten zu einem Gott zu machen, in dessen Hand es liege, Personen zu kreieren, indem er aus Un-Personen Personen macht. Dies vertritt niemand ernsthaft, daher muß auf diesen Aspekt der Widersinnigkeit nicht näher eingegangen werden. Wichtiger ist dieser: Das „Persönlichkeitsstörungs"-Konzept setzt die **gesunde Person** als **Bedingung der Möglichkeit** für jeden therapeutischen Dialog bereits voraus. Mit anderen Worten: Soll das Konzept therapeutisch genutzt werden, setzt es als gesund voraus, was es als gestört bezeichnet: die lebende, denkende, sich sinnvoll verhaltende Person. Wenn ein Therapeut von Störung der Persönlichkeit spricht, bestreitet er deshalb, was er voraussetzt. Ist das Ziel der Therapie die „Herstellung" der gesund-funktionierenden Person, so will er etwas erreichen, dessen er zur Erreichung bedarf. Die gesunde Person ist eine notwendige Bedingung für die psychotherapeutische Arbeit auch mit so bezeichneten „persönlichkeitsgestörten" Menschen. Um dies zu verstehen, ist es wichtig, zwischen der „Störung" einer Einheit und bestimmten Eigenschaften dieser Einheit zu unterscheiden. Störung und Eigenschaft gehören erkenntnistheoretisch, sprachlich und moralisch zu ganz verschiedenen Kategorien (vgl. dazu 4.1.2). In der Literatur wird dies aber regelmäßig vermischt und so getan, als sei eine „Störung" eine Eigenschaft wie jede andere, also wie „aggressiv", „unterwürfig" usw. Dies ist aber schon aus rein logischen Gründen nicht möglich, denn wenn die „Störung" ein Kernmerkmal einer Einheit ist, ist die Einheit in ihrer Identität verändert – dann ist sie im Kern etwas anderes.

Anhand von einfachen Beispielen soll dies illustriert werden: Turkat stellt den von seiner „Persönlichkeitsstörung" betroffenen Patienten in den Mittelpunkt seiner Überlegungen, wenn er ethische Ansprüche stellt: „Aus ethischer Sicht haben sie in jedem Fall das Recht, über alle therapeutischen Erklärungen und Schlußfolgerungen informiert zu sein. Die Diskussion darüber sollte einen integralen Bestandteil des therapeutischen Prozesses bilden" (S. 35). Hier tritt der Widerspruch offen zutage: Auf der einen Seite wird die Person als gestört bezeichnet, auf der anderen Seite sollen mit eben dieser Person aus ethischen Gründen (weil ja offensichtlich diese Person in ihrer Existenz anerkannt und gewürdigt werden soll) die therapeutischen Erklärungen und Folgerungen besprochen werden. Wie soll man sich das nun vorstellen, wenn man jemandem sagt: „Als Person bist Du gestört – Du hast nun die Möglichkeit, dazu Stellung zu nehmen?" Hier liegt ein logischer Widerspruch vor: Zum einen soll die Person aus ethischen Gründen geachtet und befragt werden. Zum anderen wird sie als gestört bezeichnet. Wahrscheinlich trennt Turkat hier zwischen der Person selbst und ihrer Störung. Was bedeutet dann aber die „Störung" einer Person, wenn diese nichts mit dieser Störung zu tun hat, sondern nur eines ihrer Attribute darstellt? Es wäre konsequent, entweder den Störungsbegriff fallen zu lassen oder aber darauf zu verzichten, mit einer „gestörten" Person Informationen austauschen zu wollen, weil eine Person aufgrund ihrer grundsätzlichen Störung ja gar nicht existiert, mit der man diesen Diskurs führen könnte! Interessant ist nun aber, *was* Turkat mit dem Patienten offen besprechen will. Es handelt sich um sogenannte therapeutische „Leitformulierungen", die die Problematik des Patienten und deren Dynamik schildern, entsprechende Ätiologiemodelle vorstellen, die Behandlung umreißen, Interventionen aufzeigen und den Patienten zur Beurteilung derselben auffordern sollen. Auffällig dabei ist, daß die *Diagnose* der „Persönlichkeitsstörung" in diesen Leitformulierungen entweder gar keine Rolle spielt (also unterlassen werden könnte) oder aber dem Patienten offenbar verschwiegen wird. (Vgl. Turkat, 1996, S.35).

Eine ähnliche Widersprüchlichkeit finden wir bei Turkat auch, wenn er z.B. zum Umgang mit „selbstunsicheren Persönlichkeiten" fordert: „Akzeptanz und Ehrlichkeit sind immer eine gute Kombination. Im Umgang mit Patientinnen und Patienten mit selbstunsicheren ‚Persönlichkeitsstörungen' trifft dies in besonderem Maße zu" (1996, S.86). Dieser Satz enthält erneut den angesprochenen Widerspruch, denn eine akzeptierende Haltung setzt per definitionem die zu akzeptierende Person als eine voraus, die als Akzeptierte gar nicht gestört sein kann. Oder der Therapeut müßte, will er in Turkats Sinn ehrlich sein, sagen, daß er sein Gegenüber für gestört und daher im besten Fall bemitleidenswert hält. Wie steht es aber dann mit der geforderten Akzeptanz: *Was* will er denn dann akzeptieren?

Die zentrale Frage ist nun also: Inwiefern setzen *im Rahmen der Psychotherapie* alle Persönlichkeitsstörungskonzepte die gesunde, nichtgestörte Persönlichkeit als Bedingung der Möglichkeit dafür voraus, mit Patienten überhaupt therapeutisch arbeiten zu können?[3]

Im folgenden einige Beispiele, die zeigen sollen, daß dies der Fall ist. Viele Autoren, (vor allem Benjamin, 1993 und Fiedler, 1994b) sehen im Verhalten „persönlichkeitsgestörter Menschen" eine Störung des zwischenmenschlichen Beziehungsverhaltens. In der Beziehung seien die „persönlichkeitsgestörten Personen" in der Regel *ambivalent* zwischen dem Bedürfnis nach „Autonomie" einerseits und „Unterwerfung" andererseits. Aus dem Spannungsverhältnis, gleichzeitig autonom und doch sozial gebunden sein zu wollen, resultiere häufig das uns fremd oder „gestört" erscheinende Verhalten. Nun ist aber die Tatsache, daß man sich in dieser Weise ambivalent, d.h. zwischen beiden Bedürfnissen fühlt und – wie bizarr auch immer – bestrebt ist, beiden Seiten gerecht zu werden, selbst

---

3 Mit **Bedingung der Möglichkeit** für etwas ist jene Voraussetzung gemeint, die vorliegen muß, damit wir überhaupt sinnvoll von diesem etwas reden oder mit ihm umgehen können. Beispiel: Bedeutung oder Sinn ist die Bedingung der Möglichkeit für den Vorgang der Übersetzung von einer Sprache in die andere. Würden nicht beide Sprachen „etwas" meinen, wäre eine Übersetzung nicht möglich. Oder: Wenn zwei Menschen miteinander argumentativ streiten, ist, wie Habermas mehrfach gezeigt hat, die Unterstellung einer kommunikativen Gemeinschaft, einer gemeinsamen Vernunft und damit die Zugehörigkeit zu einer sprachlichen Gemeinschaft Bedingung der Möglichkeit des Argumentierens.

Ausdruck des gesunden Strebens einer gesunden Person nach Ausgleich. Dieses Bestreben nach Harmonie ist bereits die Bedingung der Möglichkeit für die Ambivalenz oder den Konflikt wie auch für das schließlich daraus resultierende soziale Verhalten. Benjamin geht noch weiter und sagt: „Every psychopathology is a gift of love".[4] Sie meint damit, daß jedes pathologische Verhalten ein Geschenk an jemanden – und damit ein Ausdruck der Bindung – ist, dem man eben damit treu sei. (Im Falle eines Borderline-Patienten z.B. ist die Selbstverletzung ein Akt der Treue an die Person, die ihn in seiner Kindheit verletzt hat). Was heißt dies anderes, als daß hier dem „gestörten" Verhalten *Sinn* unterstellt wird? Die Unterstellung sinnvollen Handelns ist aus dieser interaktionellen Sicht der „Persönlichkeitsstörung" also eine Bedingung der Möglichkeit dafür, daß das für uns so gestört erscheinende Verhalten im sozialen Kontext überhaupt auftritt.

Benjamin behauptet wie viele andere weiterhin, daß für die *Veränderung* von „gestörtem Verhalten" die *Entscheidung* der Person für eine Veränderung wichtig sei. Man habe als Therapeut den Teil des „Selbst" zu stärken und mit ihm zusammenzuarbeiten, der gegen die „pathologische Form der Bindung" gerichtet sei. Hierzu habe man „destruktive Interaktionen" (z.B. Selbstverletzungen oder Selbstanklagen) zu unterbrechen und andere Interaktionen in Gang zu setzen. Heilung heiße, dem Patienten die positive Botschaft zu geben, daß es möglich sei, auf andere Weise seine Bindung und Liebe zu zeigen, als auf dem Weg des „gestörten" Verhaltens. Diesem Ansatz unterliegen nun viele „Bedingungen der Möglichkeit": Einem Patienten eine Botschaft geben kann ich z.B. nur, wenn ich dabei von jemandem ausgehe, der meine Botschaften auch verstehen kann! Oder: Wenn ich auf die Entscheidung einer Person für Veränderungen baue, muß die *Fähigkeit*, sich zu entscheiden, bereits vor jeder therapeutischen Intervention vorhanden sein!

Die gleiche Logik finden wir auch in der **kognitiven Therapie der „Persönlichkeitsstörung"**. „Der Therapeut sollte eine gute Beziehung zum Patienten aufbauen..." (Beck & Freeman, 1993, S. 127): Dieser Satz ist sicher nicht so zu verstehen, daß der Therapeut dies erst dann könne, wenn er aus einem gestörten Patienten eine gesunde Persönlichkeit gemacht habe. Sie wird vielmehr als *Voraussetzung* für eine gute therapeutische Arbeit verstanden. Auch hier ist die Unterstellung einer

---

4 Mündliche Mitteilung auf einer Tagung im Januar 1995 in Bad Dürkheim.

ganzheitlich integeren Person, *zu der* ich eine gute Beziehung aufbauen kann, **Voraussetzung** für die therapeutische Arbeit. Wer die abgedruckten Dialoge zwischen Therapeuten und Patienten im erwähnten Buch von Beck und Freeman unter diesem Blickwinkel liest, dem springt eines förmlich ins Auge: Das im sokratischen Dialog sich zeigende Ringen des Therapeuten, vermittels dessen er seinem Patienten dessen bisherige Denkschemata aufzuzeigen und ihn von der Möglichkeit alternativer Denk- und Handlungsmöglichkeiten zu überzeugen sucht. Dieses „Überzeugen-Wollen" setzt aber jemanden voraus, der meine Vernunft teilt, ja der überhaupt durch eine Art gemeinsamer Vernunft erreichbar ist – wie in jedem argumentativen Dialog! Man beachte z.B. folgende Aussage von Beck und Freeman: „Zum Beispiel lernte ein Patient (in solchen Dialogen; H. L.), der bisweilen dachte, er existiere nicht wirklich, den Gedanken ‚ich existiere nicht wirklich' außer acht zu lassen, sobald dieser auftauchte". (S. 124 – Aus der Beschreibung der Therapie von „schizotypischen Persönlichkeitsstörungen"). Hier wird davon ausgegangen, daß ein Patient einen sich aufdrängenden Gedanken einfach außer acht lassen könne. Es liegt also eine Trennung zwischen denkender Person und ihren Gedanken vor. Daraus folgt, daß nicht der Gedanke „ich existiere nicht wirklich" die Person charakterisiert, sondern die Tatsache, daß sie diesen (seltsamen) Gedanken so wichtig nimmt. Zum anderen drückt die Annahme, daß die Person einen Gedanken einfach außer acht lassen kann, eine „Bedingung der Möglichkeit" aus: daß es nämlich diese eine Person schon vor der Therapie gibt, die bestimmte Gedanken hat und sie auch wieder außer acht lassen kann. In gewisser Weise ist diese Person, die so oder so denken, sich mehr oder weniger mit aufkommenden Gedanken beschäftigen kann, **der Bündnispartner** im Dialog zwischen Therapeut und Patient. Sie ist also Voraussetzung für jede kognitive Therapie (vgl. hierzu noch genauer 4.1.1). Wäre sie nicht da oder „gestört", wäre eine kognitive Therapie überhaupt nicht möglich: Man hätte als Therapeut einfach kein Gegenüber, mit dem man argumentieren könnte!

Solche Beispiele ließen sich endlos anführen. Linehan (1989) betont die Notwendigkeit, daß ein therapeutisches Team den Patienten „akzeptieren" statt ihn „invalidisieren" müsse. Was aber soll der zu Akzeptierende sein, wenn ich seine Existenz nicht schon vor jeder Intervention unterstelle?! Wittchen (1996) führt aus, daß die Rede von der Persönlichkeit eine

Kontinuität der Person über die Zeit impliziere. Die handelnde Person müsse demnach über die Zeit hinweg die gleiche sein, anderenfalls es Unsinn wäre, von Personen oder Persönlichkeiten zu sprechen. Zu fragen wäre, wie es mit dieser Kontinuität stünde, wenn wir eine Person vor der Therapie für gestört und danach für gesund halten: Haben wir es dann vor und nach der Therapie mit verschiedenen Personen zu tun? Das meint sicher niemand und es wäre juristisch vollkommen unhaltbar. Auch würden alle Beziehungen des Betroffenen sich durch eine Therapie auflösen, denn jede Vaterschaft oder Partnerschaft wäre durch eine Therapie hinfällig, da es diese ursprüngliche Person ja nicht mehr gäbe. Dieser Gedanke ist also offensichtlich unsinnig. Es wird daher auch bei der Therapie „gestörter Persönlichkeiten" unterstellt werden müssen, daß es eine über die Zeit hinweg kontinuierlich vorhandene Person gibt.

Daß und warum wir ohne die Annahme einer solchen Kontinuität der Person gar nicht auskommen können, zeigen philosophische Überlegungen. Habermas meint, daß wir uns im Zusammenleben und hier vor allem in der Kommunikation immer gegenseitig eine Fähigkeit zum ‚Selbst-Sein-Können' zuerkennen, die „sich in der Kontinuität einer mehr oder weniger bewußt übernommenen Lebensgeschichte zeigt." (Habermas, 1991, S. 208). Personen würden eine „Art Bürgschaft übernehmen, dieselben zu bleiben, zumindest in dem Sinn, daß sie ihre individuelle Lebensgeschichte bewußt kontinuierlich fortsetzen." (Löw-Beer, 1994, S. 137). Kommunikation sei nur möglich, wenn die Teilnehmer am Dialog sich gegenseitig diesen Kontinuitäts- und Individualitätsanspruch zuerkennen: Ich bin ich und du bist du über die Zeit hinweg! („Reziproke Anerkennung"). Da Therapeuten auch dann, wenn sie ihre Patienten als persönlichkeitsgestört bezeichnen, mit ihnen reden, beweisen sie damit, daß sie sich *gegenseitig* diese Kontinuität zusprechen. Sie müssen sich also gegenseitig als gesunde, an Kommunikation teilhabende Personen anerkennen, vollkommen unabhängig von den spezifischen Eigenschaften, die sie sich im Dialog dann zuschreiben. Noch bevor also ein Patient als „Borderline-Patient" bezeichnet wird, muß ihn der Therapeut kommunikativ als Person ansehen und dieser sich so verstanden fühlen, andernfalls ein therapeutischer Dialog überhaupt nicht in Gang kommen könnte.

Wenn Psychotherapie als Dialog und nicht als eine Art psychologisch-operativer Eingriff verstanden wird, dann setzt diese Form der Kommunikation weiterhin den **Anspruch auf Einzigartigkeit** aller daran Beteiligten voraus und hat, wieder nach Habermas, sogar eine Art Mechanismus eingebaut, der die Individualisierung auch *bewirkt*. Kommunikation setzt ein personales Selbst voraus und führt im Vollzug zur individuellen Selbstverwirklichung im Gespräch. „Individualisierung solle ein Telos der Sprache sein in dem Sinne, daß der Sprachgebrauch die Sprecher darauf festlegt, sich wechselseitig als einzigartig und unverwechselbar anzuerkennen." (Löw-Beer, 1994, S. 135). Das bedeutet, daß allein aus dem Fakt der Kommunikation bereits der **Anspruch** ableitbar ist, daß man seinen Gesprächspartner als einzigartige Person anzusehen hat. Hier wird also zu fragen sein, wie mit diesem humanen Anspruch umgegangen wird, wenn (offen oder verdeckt) dieser Gesprächspartner in seiner Persönlichkeit als gestört gekennzeichnet wird.

Es gibt ein einfaches Kriterium, anhand dessen jeder Therapeut nachempfinden kann, wie sehr er sein Gegenüber als Person konzipieren *muß*. Es besteht darin, daß er dessen Antwort auf eine Frage bzw. die nächste dialogische Sequenz niemals hundertprozentig voraussagen kann. Es gibt immer ein großes Maß an Freiheitsspielraum für weitere Stellungnahmen auf beiden Seiten. „Andererseits würde Kommunikation zur Verhaltensstimulation und Verhaltenskontrolle degenerieren, wenn Reaktionen gänzlich voraussagbar wären. Kommunikation muß also sowohl ein Element von Voraussagbarkeit (z.B. ableitbar aus der Annahme, daß bestimmte Persönlichkeiten sich in bestimmten interaktionellen Situationen auf bestimmte Weisen verhalten werden; H.L.) als auch von Spontaneität beinhalten" (Löw-Beer, 1994, S. 136). Dies ist so, weil die Person nie hundertprozentig durch eine „Persönlichkeitsstruktur" determiniert sein kann, ohne zu einer Reiz-Reaktions-Maschine zu degenerieren.

Bei der Beschreibung der einzelnen Störungsbilder fällt auf, wie sorgsam manche Autoren das Verhalten dieser Patienten nachzeichnen und verständlich machen. **Verstehen** können wir aber logischerweise nur, was uns bekannt vorkommt. Pathologie zu verstehen, heißt ja gerade, sie mit *unserem* Verstehenshorizont zu erfassen. Und wenn wir sie erfaßt haben, wird sie ein Teil von uns: Nun verstehe ich: So könnte ich ja auch handeln! Ein Beispiel: Fiedler (1994a) beschreibt die „histrionische Persönlichkeitsstörung" und deren Kennzeichen. Dazu gehören: übermäßige Emotionalität, übermäßiges Verlangen nach Aufmerksamkeit, übertrieben attraktiv, übertrieben besorgt, stark egozentrisch, achtet sehr auf das Äußere. Mit Verweis auf Beck führt Fiedler aus, es handle sich dabei um eine Persönlichkeit, die „ihre Beziehungen ... vorrangig auf der Grundlage einer kontinuierlichen Suche und Anpassung ihres Rollenverhaltens" organisiert (Fiedler, 1994a, S.249). „Bei Beziehungsschwierigkeiten und interaktionellen Konflikten stünde ihnen unter einem kognitiven Primat der Rollenanpassung ‚möglichst gut erscheinen, möglichst von allen geliebt werden' nunmehr die Präsentation einer jeweils neuen Rolle zur Verfügung ... Das Rollenverhalten ist ein lebenslang gelernter Versuch, sich in zwischenmenschliche Interaktionen möglichst affektiv einzubringen." (ebd. S.249f.) Das klingt sehr nachvollziehbar und einfühlsam. Möglicherweise fühlen sich Patienten durch solche Beschreibungen sehr *verstanden* und umgekehrt werden *sie uns* nun verständlich. Denn Rollen zu spielen ist etwas, das wir alle kennen. Dann aber sind „histrionische Persönlichkeitsstörungen" wie wir alle: sinnvoll handelnde Personen. Und schließlich enthält diese Beschreibung noch ein Element als Bedingung ihrer Möglichkeit: Wenn unterstellt wird, jemand „spiele eine Rolle", dann ist die Existenz einer Person, **die** diese Rollen spielt und sie sinnvoll einzusetzen in der Lage ist, eine offensichtliche Prämisse dieser Behauptung!

Turkat (1996) formuliert explizit, daß das Verstehen von „Persönlichkeitsstörungen" auf einer solchen Gemeinsamkeit zwischen Verstehendem und Verstandenem basiert. Er empfiehlt seinen Patienten zu sagen: „Unter diesen Voraussetzungen (d.h. gleichen Kontextbedingungen; H.L.) hätte ich wohl heute die gleichen Schwierigkeiten wie Sie" (S.36). Er verschweigt allerdings, daß er eigentlich meint: „... hätte ich die gleiche ‚Persönlichkeitsstörung' wie Sie!" – Er muß dies verschweigen, weil sonst die Absurdität der Argumentation offenbar würde. Denn de facto bedeutet die Aussage, wonach sich Personen unter gleichen Kontextbedingungen ähnlich verhalten, daß sie **nicht gestört** sind, sondern sinnvoll darauf reagieren. Die Störungsdiagnose ist dann eine Frage der sozialen Beurteilung und nicht die Benennung einer objektiv vorhandenen „Störung". Die Kernbotschaft lautet: „Sie und ich sind gleich!" Mit einer Störungsdiagnose wird diese dann wieder bestritten.

Setzt Verstehen also Gleichheit zwischen Verstehendem und Verstandenem voraus, so bedeutet dies natürlich nicht vollkommene Identität. Es bedeutet sie nur hinsichtlich der Existenz einer sinnvoll handelnden und kommunizierenden Person. Was in der Literatur jeweils als Kernmerkmale einzelner „Persönlichkeitsstörungen" dargestellt wird, entpuppt sich dann immer nur als Zeichen dafür, daß diese Personen in bestimmten Aspekten **anders** sind als viele andere und daß sie damit offenbar vor allem diese anderen stören. Andersartigkeit von Personen und die soziale Bewertung dieser Andersartigkeit gibt aber niemandem das Recht, Menschen als gestört zu bezeichnen. Andersartige zu pathologisieren, erweist sich dann vielmehr als gesellschaftspolitischer Vorgang der Ausgrenzung – ganz unabhängig davon, mit welchen Motiven hier ausgegrenzt wird (vgl. hierzu Kap. 5).

Sehr deutlich wird der Widerspruch zwischen Verstehen und Pathologisieren in der von Fiedler wiederholt in den Mittelpunkt seiner Arbeit gestellten **bedürfnistheoretischen Analyse** der zwischenmenschlichen Beziehungsschwierigkeiten „persönlichkeitsgestörter Menschen" (z.B. Fiedler, 1994b, S.791). In diesem Ansatz werden letztere „verstanden", indem deren Konflikt zwischen Autonomie und Unterwerfung/Anbindung nachvollzogen wird. Gerade hier aber wird deutlich, wie unlogisch (und moralisch problematisch) es ist, wenn im Rahmen eines solchen Verstehensversuches gleichzeitig von „gestörten Menschen" gesprochen wird. Wird nämlich einerseits auf etwas rekurriert, was „uns allen gleich ist" – hier auf einen Konflikt zwischen Autonomie- und Bindungsbedürfnis – so wird andererseits aus der Andersartigkeit in der konkreten Ausgestaltung oder Lösung dieses Konfliktes auf eine „Störung der Person" geschlossen. Mit anderen Worten: Einerseits wird Gleichheit postuliert, andererseits wird diese durch die Störungsdiagnose wieder ausgeschlossen und die Person pathologisiert.

Es wird also deutlich, daß und in welcher Weise das Persönlichkeitsstörungskonzept zumindest im Bereich der Psychotherapie schon allein sprachlich in einen Widerspruch mit sich selbst gerät. Kein Therapeut wird sich weigern, seinen Patienten mit „Sie" anzusprechen, ihm Fragen zu stellen oder ihm Meinungen zu sagen – kurz: ihn als Person anzuerkennen und zu bestätigen. Im Gegenteil. Fiedler betont z.B. die Notwendigkeit einer *Zieltransparenz*. „Bei dem Beziehungsmerkmal der Zieltransparenz geht es um den Grad der Offenlegung der Absichten und Ziele durch den Therapeuten bzw. der Reflexion des Zielbestimmungsprozesses. Es geht um eine Verdeutlichung und Begründung seiner Interventionen, seiner therapeutischen Absichten, Pläne, Ziele – kurz: Es geht um die Offenheit des Therapeuten dem Patienten gegenüber ... Im Falle *geringer* Zieltransparenz fehlen dem Patienten wichtige Anhaltspunkte dafür, weshalb Therapeuten gerade genau so und nicht anders vorgehen." (Fiedler 1994a, S.424f.). Auch Beck und Freeman sprechen von der Notwendigkeit, dem Patienten die kognitive Therapie transparent zu machen und darauf bezogen die Ziele mit dem Patienten abzusprechen. Mit jemandem ein Ziel abzusprechen setzt aber voraus, was die Idee einer Persönlichkeitsstörung ja bezweifelt: Die Existenz jener gesunden Einheit, *mit der* solche Dialoge zu führen und in kommunikativer Abstimmung Ziele gemeinsam zu definieren sind. Und wie schließlich sollten wir uns eine therapeutische Beziehung vorstellen, bei der der Therapeut dem Patienten „transparent" mitteilt: „Ich halte Sie als Person für gestört und mein Ziel ist es, aus Ihnen eine ungestörte Person zu machen." Entweder muß sich ein Patient zur Rettung seiner Identität sofort dagegen verwahren oder – was schlimmer wäre – er akzeptiert diese Zieldefinition und gerät nun in eine groteske paradoxe Haltung zu sich selbst. Diese ist nicht nur pathologisierend, sondern auch widersprüchlich im Sinne der klassischen Paradoxie: Denn nun sagt ein „Gestörter" über sich, daß er „gestört" sei und es wäre zu fragen, aufgrund welcher gesunden ungestörten Erkenntnisfähigkeit er denn zu einer solcher Selbsterkenntnis in der Lage wäre. Mit anderen Worten: Wer sich für „gestört" erklärt, muß gesund sein. Oder als klassische Paradoxie: Wenn die Selbstdiagnose „Störung" stimmt, ist sie falsch! Wir kommen auf diesen Widersinn im Begriff der „Persönlichkeitsstörung" noch gelegentlich zurück.

Die **kommunikative Aporie der „Persönlichkeitsstörung"** lautet also: Entweder wir können mit einem Patienten dialogisieren, dann ist sie per definitionem gesund oder sie ist gestört, dann können wir mit ihr nicht kommunizieren. Wenn wir aber mit ihr als einer „Gestörten" kommunizieren, handeln wir widersinnig. Noch deutlicher wird dies bei dem ebenfalls von Fiedler als wichtig erachteten Prinzip der „Widerspruchsermöglichung": Patienten sollen demnach in der Therapie stets das Recht haben, dem therapeutischen Vorgehen zu widersprechen. „Die Basisvariable ‚Widerspruchsermöglichung' verpflichtet den Therapeuten dazu, im Rahmen der Prozeßsteuerung dem Patienten kontinuierlich die Möglichkeit einzuräumen, das therapeutische Vorgehen von sich aus zu kritisieren und – zu korrigieren! *Widerspruchsermöglichung regt zur Metakommunikation an.* Sie ermöglicht die aktive Teilhabe und Einflußnahme des Patienten auf den Therapieverlauf und auf seine Therapie." (S.425). Es gehe dabei explizit um die „Erhöhung der Mitverantwortlichkeit ... des Patienten" (S.426) und um ein „Angebot zur gemeinsamen Verständigung und Beantwortung" (S.426). Dem kann nur zugestimmt werden. Aber auch hier gilt: Die Fähigkeit zum Widerspruch setzt dialogisch die Existenz zweier gesunder Personen voraus, von denen beide einen eigenen Standpunkt haben, dem sie jeweils zustimmen oder widersprechen können. Entweder liegt diese Fähigkeit schon längst vor der Therapie vor, dann ist die Person nicht gestört. Oder sie ist gestört, dann ist sie kommunikativ nicht in der Lage, sich der Person des Therapeuten gegenüber zu stellen und ihr zu widersprechen. (Siehe die Prinzipien der Widerspruchsermöglichung und der Zieltransparenz bei Fiedler, 1994a, S.424f.)

Es gilt hier noch eines zu bedenken: Widerspruchsermöglichung muß sich per Definitionen auf *alles* beziehen können, was in der Interaktion zwischen Therapeut und Patient relevant ist – also auch auf Konzept oder Diagnose der „Persönlichkeitsstörung" selbst. Nun wäre aber, wenn man dem Patienten die Kompetenz zum Widerspruch unterstellt, für gegeben erklärt, daß auch ein Widerspruch gegen die Diagnose der „Persönlichkeitsstörung" möglich ist und ernst genommen wird. Dieser Widerspruch beweist, wie gezeigt, daß eine zum Widerspruch fähige Person existent ist. Die Alternative wäre, daß der Therapeut mit dem Widerspruch gegen die „Störungsdiagnose" so umgeht wie manche Therapeuten generell mit dem Begriff „Widerstand": Man sieht darin dann die Bestätigung, daß man recht hat mit seiner Meinung über den Patienten, auch wenn dieser widerspricht. Man ist dann nicht gewillt, den Widerspruch eines „Persönlichkeitsgestörten" gegen eben diese Diagnose ernstzunehmen und hält ihn selbst für einen Ausdruck seiner „Störung". Damit würde das Prinzip der Widerspruchsermöglichung zur Farce. Dann würde man dem Patienten *vormachen*, man halte ihn eines prinzipiellen Widerspruches für fähig, würde insgeheim aber nicht konsequent daran glauben. Wie aber wäre das damit zu verbinden, daß man den Patienten „akzeptiert"? Wie wäre eine Ressourcenorientierung möglich, die doch allenthalben gefordert wird, wenn man insgeheim eine Person in dieser Weise entwertet?

4.1.2 Die Person als Bedingung der Möglichkeit kognitiver Verhaltenstherapie

Die Selbstbewertungen und -instruktionen sind aus tieferen Strukturen abzuleiten, nämlich den Selbstkonzepten oder Selbstschemata. Tatsächlich können übertrieben negative (oder positive) Selbstkonzepte die Faktoren darstellen, die darüber entscheiden, ob jemand mit einer bestimmten „Persönlichkeit" eine Persönlichkeitsstörung „bekommt". (Beck & Freeman, 1993, S. 31)

Das Verhältnismoment der Gegenseitigkeit ist von vornherein in der Sprache enthalten. (Christian & Haas, 1949, S. 15)

Wie auch bei anderen persönlichkeitsgestörten Patienten können die tiefverwurzelten dysfunktionalen Annahmen der Passiv-aggressiven Persönlichkeitsstörung latent vorliegen, bis die Patienten in Situationen geraten, die diese auslösen. (Beck & Freeman, 1993, S. 308)

Die fünfte These ist, daß Personen der sprachlichen Kommunikation fähig sein müssen. (Dennet, 1983, S. 24)

Was bisher zur gegenseitigen Bedingtheit von Person und Dialog gesagt wurde, gilt in besonderem Maße für die kognitive Verhaltenstherapie. In ihr stehen zwei Aspekte im Vordergrund: zum einen die Beschreibung bestimmter problemerzeugender Denkstile und Annahmen von Patienten und zum anderen ein therapeutischer Prozeß, der durch den argumentativen Dialog („Korrektur falscher Annahmen") heilsam wird. In der Beschreibung und Erklärung von Problemen wie auch in der Therapie geht die kognitive Verhaltenstherapie *vor aller Problematik* von der Existenz einer denkenden und zur Kommunikation fähigen Person aus. Beck und Freeman (1993) haben alle Prinzipien und Denkansätze der kognitiven Verhaltenstherapie auf die „Persönlichkeitsstörungen" angewandt. Ihre Kernaussagen hierzu lauten: „Persönlichkeitsgestörte Menschen" sind durch bestimmte „dysfunktionale" Denkweisen („*Denkschemata*") gekennzeichnet, die, wie immer in der kognitiven Verhaltenstherapie, im und durch den therapeutischen Dialog verändert werden können. Diese Veränderung von Deutungs- und Denkschemata sind der eigentliche Heilungsprozeß. Es lohnt sich generell und für den Bereich der kognitiven Verhaltenstherapie von „Persönlichkeitsstörungen" im besonderen, sich bewußt zu machen, wie selbstverständlich die Annahme „beseelter" oder selbstbewußt aktiv handelnder Personen dem „Geschäft" der kognitiven VT zugrunde liegen und wie widersprüchlich es dann ist, von einer „kognitiven Therapie der Persönlichkeits*störung*" zu sprechen.

Betrachten wir zuerst erneut, wie die gesunde Person eine Bedingung der Möglichkeit kognitiven Arbeitens generell ist.

In Becks kognitiver Theorie spielen die *Grundannahmen der Einzelperson* eine zentrale Rolle. Sie beeinflussen die Wahrnehmung und die Interpretation von Ereignissen und prägen das Verhalten und die emotionalen Reaktionen (Beck & Freeman 1993, S. 163). In vielen gleichlautenden Äußerungen gehen kognitive Autoren immer von der Tatsache aus, daß Personen Annahmen haben und sich so als meinungshabende Personen offenbaren. Es ist für uns hier von untergeordneter Bedeutung, welche Annahmen sie dabei jeweils haben und wie hilfreich oder problematisch diese für bestimmte Lebenskontexte oder Interaktionen sind. Der Fakt der Existenzbehauptung personaler Annahmen ist hier grundlegender als die Frage der Inhalte dieser Annahmen. Wer „dysfunktionale Annahmen" hat, kann angesichts dieser Analyse nicht als Person gestört sein, eben weil er Annahmen hat, vertritt und danach lebt. Wie sehr Beck und Freeman dies auch selbst sehen und die moralischen Konsequenzen daraus ziehen, zeigt folgendes Zitat der Autoren: „Wenn der Therapeut diese Klienten (hier die ‚Borderline-Persönlichkeitsstörung'; H.L.), so wie sie sind, aufrichtig akzeptieren kann und ihnen diese Akzeptanz mittels Empathie und Fürsorge übermittelt, verschafft es den Klienten einen klaren Beweis dafür, daß sie *so als Person* akzeptabel sind, auch wenn ihre schlimmsten Geheimnisse bekannt werden." (S. 181). Dem ist nichts hinzuzufügen außer dem Hinweis darauf, daß die Annahme der Existenz einer „Persönlichkeitsstörung" eben hierzu in fundamentalem Gegensatz steht: Denn was sollte es heißen, eine Person zu akzeptieren, wenn sie „gestört" ist? Wen oder was „akzeptiert" man dann? Hat man in Wirklichkeit nicht eher Mitleid und ist dies nicht der Ausdruck geheimgehaltener subtiler Verachtung? Achtet man etwas, das unabhängig von der „Störung" ist und wenn ja – was soll das dann sein?

Betrachten wir einmal das Ziel der kognitiven Verhaltenstherapie bei dieser Klientel genauer, das ja darin besteht, die dysfunktionalen Annahmen der Patienten zu verändern. Tabelle 1 in 2.3, Seite 30 enthält die von Beck und Freeman zusammengestellten typischen Annahmen der jeweiligen „Persönlichkeitsstörungen".

In der kognitiven VT werden die „gestörten Personen" aufgefordert, solche Annahmen bei sich zu identifizieren, indem sie *ihre eigenen Gedanken beobachten.* „Der Prozeß zur Identifizierung von Gedanken und Gefühlen ist der erste Schritt in Richtung einer allmählichen Veränderung des problematischen kognitiven Stils von Histrionikern" (Beck & Freeman, 1993, S.196). Hier ist offensichtlich, daß die Aufforderung, eine Person möge ihre eigenen (problematischen) Gedanken beobachten, beinhaltet, daß diese a) nicht mit diesen negativen Gedanken zu identifizieren ist (sonst könnte sie sie ja nicht beobachten), b) die beobachtende Person als Person unabhängig von ihren jeweils gedachten Gedanken existieren und zu deren Beobachtung fähig sein muß sowie c) aufgrund der Distanzierung gegenüber den eigenen Gedanken jederzeit dazu in der Lage ist, auch anders zu denken. Mit anderen Worten: Personen und „persönlichkeitsstörungsspezifisches Denken" können nicht identisch sein. **Die Gedanken und die die Gedanken denkende Person sind von verschiedenen Kategorien.** Das in Tab.1 zusammengefaßte, „Persönlichkeitsstörungen" kennzeichnende Denken (etwa besonderes Mißtrauen, hohe Ängste, aggressive Deutungen usw.) sind **Attribute** der Person und gehören nicht zu den Wesensbestimmungen derselben. Die kognitive Therapie geht also a priori von gesunden Personen aus, die ihre eigenen Gedanken in jede Richtung lenken können.

Diese Nichtidentität von Denker und Gedanken bzw. Handelndem und Handlungen ist eine zentrale Differenz, die wir intuitiv Personen unterstellen. Es ist und bleibt nämlich die gleiche Person, das gleiche Subjekt, das zu verschiedenen Zeitpunkten verschiedene Gedanken denkt, verschiedene Handlungen vollzieht – auch und gerade wenn diese sehr unterschiedlich oder gar gegensätzlich sind. Daß eine Person in sich einen Konflikt zwischen verschiedenen Wünschen hat und ggf. auch danach handelt, bedeutet ja nicht, daß es sich um zwei Personen handelt, ssondern eben darum, daß eine Person in sich verschiedene Tendenzen at und ggf. auch realisiert. Der Bezug einer Person auf die Inhalte ihrer Gedanken und Handlungen wird in der Philosophie „Intentionalität" genannt. Auf die Differenz zwischen der Person und ihren Gedanken bzw. Taten verweist auch Spaemann in seiner Abhandlung zum Unterschied zwischen „etwas" und „jemand", also in seiner Kennzeichnung von Personen: „Wenn es aber *dasselbe* Subjekt sein soll, das denkt und will, das theoretischer und praktischer Intentionalität und diesem voraus noch der Liebe, also einer Intentionalität des Vorziehens und Nachsetzens fähig ist, und wenn diese Akte als unabhängige Variable auftreten, dann muß das Subjekt dieser Akte ihnen gegenüber eine Selbständigkeit besitzen, die ausschließt, das es nur als deren aktuelle Funktion begriffen wird" (1996, S.69). Die Person können wir uns also nicht als Summe ihrer verschiedenen Denk- und Handlungsakte denken, nicht als deren Funktion, sondern umgekehrt: Diese sehen wir als Erzeugnisse der Person. „Gestörte" Denkakte – wenn es denn solche gäbe – könnten nicht auf eine „gestörte Persönlichkeit" verweisen. Dieses Subjekt „wird zugänglich durch seine Akte hindurch, aber doch so, daß es mit keinem derselben einfach identisch ist. Es kann sich von ihnen sogar in einem ganz spezifischen Sinn distanzieren, weil es sich mit Hilfe der einen Art von Akten auf die anderen beziehen kann. Es kann sein aktuelles Wollen erkennen. Es kann dieses Wollen noch einmal billigen oder mißbilligen. Es kann eine Erkenntnis erreichen oder vermeiden wollen." (ebd. S.69). Gerade diese Tatsache, daß Personen zunächst in einer bestimmten Weise denken und durch therapeutische Hilfe dann lernen, fortan in eine andere Richtung zu denken, ist ein Merkmal des Personsein selbst: „Erst die Ausdifferenzierung verschiedener Aktarten (z.B. Meinen, Wollen, Wünschen, theoretisch Reflektieren, etwas praktisch Erreichenwollen usw.; Anm. H.L.) aber ermöglicht ein Personsein, das in jedem seiner Akte präsent ist, aber mit keinem derselben so unauflöslich verschmilzt, daß es in ihm aufgeht." (ebd. S.70). Was heißt das anders, als daß wir niemals aus Verhalten und Denken auf gestörte Personen schließen können?

Eine der Grundbotschaften kognitiver Therapeuten an ihre „gestörten Persönlichkeiten" lautet denn auch: Du *könntest* auch anders denken oder Ereignisse anders bewerten, als du es z.Z. tust! Die Grundannahmen der „dependenten Persönlichkeitsstörung" beschreiben Beck und Freeman z.B. so: „Erstens sehen die Betroffenen sich selbst als naturgemäß unzulänglich und hilflos und somit unfähig, von sich aus mit dem Leben fertig zu werden. Sie betrachten die Welt als kalten, einsamen oder sogar gefährlichen Ort, in dem sie unmöglich alleine zurechtkommen. Zweitens kommen sie zu dem Schluß, daß die Lösung für diese Notlage, nämlich unzulänglich in einer beängstigenden Welt zu sein, darin bestünde, jemanden zu finden, der fähig zu sein scheint, das Leben zu meistern und sie zu beschützen und zu versorgen." (Beck & Freeman, S.258). Das entscheidende ist hier nicht, daß diese Personen diese Annahmen teilen, sondern daß sie, wenn sie diese erkennen, auch *anders* zu denken lernen können. Diese Fähigkeit zur Wandlung ist eine Conditio sine qua non der kognitiven Therapie. Beck und Freeman wissen das selbst. Bei der Planung der Interventionen solle nämlich nicht davon ausgegangen werden, daß dem Patienten tatsächlich Fertigkeiten fehlen, auch wenn er den Anschein erwecke, sich nicht effektiv in der Welt behaupten zu können. (S.265). Wenn ein Mensch aber über alle Fähigkeiten, zu denken und sein Denken zu verändern, verfügt, was heißt es dann, in der Persönlichkeit „gestört" zu sein? Diese Aussage ist entweder sinnlos oder sie widerspricht der offensichtlichen Unterstellung der genannten Fähigkeiten. „Gestört" wäre allenfalls die Beziehung zwischen Menschen, wenn in ihrer Begegnung verschiedene Annahmen und Denkmuster aufeinandertreffen, die schwer in Einklang zu bringen sind (z.B. wenn zwei dependente Personen es miteinander versuchen!). Es ist aber ein grundsätzlicher Unterschied, ob von gestörten Beziehungen gesprochen wird, an der immer mindestens zwei Personen gleichermaßen beteiligt sind oder von einer „gestörten" Persönlichkeit!

Würde nicht die Person, sondern der Inhalt ihrer Annahmen als „gestört" bezeichnet, dürfte man nicht von „gestörten Personen" sprechen, da, wie wir festgestellt haben, Personen und Gedanken von verschiedener Kategorie sein müssen. Außerdem gibt es keinen Sinn, einen Gedanken oder eine Annahme „an sich" für gestört zu halten. Sie können nur richtig oder falsch bzw. je nach Kontext mehr oder weniger nützlich sein. Das hätte mit „Störungen" aber ebensowenig zu tun wie die Tatsache, daß sich jemand bei einer Annahme „geirrt" hat.

Die gleiche Argumentation kann noch einmal von anderer Seite geführt werden: Manchmal bezeichnen kognitive Therapeuten nicht den *Inhalt* der Gedanken als dysfunktional, sondern den *Stil*, in dem Personen denken. Zum Beispiel wird für Depressive angenommen, ihr Denk*stil* sei negativ verallgemeinernd, global sowie positive Ereignisse extern und negative intern kausal attribuierend. Auch hier gilt, daß Therapeuten den Patienten deren Denkstil aufzeigen und ihnen einen neuen beibringen wollen. Das ist so, als wollte man jemandem zeigen, daß er bei der Lösung mathematischer Probleme bisher eine falsche Formel angewandt hat, die für ein gegebenes Problem nicht paßt und daß er nun besser eine neue Formel anwenden möge. Wir haben es also mit dem Problem passender oder nicht passender Regelanwendungen zu tun. Jemandem zu zeigen, daß er eine richtige Regel falsch oder eine falsche Regel anwendet, heißt aber auch, ihm zu unterstellen, daß er prinzipiell zur Ausführung richtiger (z.B. mathematischer) Operationen fähig ist und diesbezüglich nur einer regulierenden Hilfe bedarf. Genau so verhält es sich mit kognitiven Therapeuten und „dysfunktional denkenden persönlichkeitsgestörten Personen": Wenn man ihnen neue Denk*weisen* beibringt, appelliert man an die Fähigkeit, Denkregeln richtig anwenden zu können und setzt sie so voraus. Man beruft sich sozusagen auf eine „gemeinsame Vernunft", auf deren Basis man sich gegenseitig neue Sichtweisen beibringen kann. Um im Bilde zu bleiben: Der Mathematiker, der eine richtige Regel falsch oder eine falsche Regel anwendet, ist kein „gestörter Mathematiker", sondern ein kompetenter Rechner in einem partiellen Irrtum. Sich irren heißt aber nicht „gestört" sein. Im Gegenteil: Irren ist menschlich und die Korrektur von Irrtümern einer der weisesten Vorgänge in der Entwicklung des menschlichen Geistes. Nur der Weise kann irren und Irrtümer korrigieren – nur die gesunde Persönlichkeit vermag bei sich Irrtümer festzustellen und kann sie beheben.

Sollte der kognitive Therapeut aber tatsächlich denken, das Vorliegen von „nicht passenden Gedanken" oder von Irrtümern sei Zeichen einer Störung der Denkfähigkeit oder gar der Persönlichkeit, dann gerät er nicht nur in logische Widersprüche, sondern landet in einem mechanischen Verständnis vom Menschen. Warum? Weil er dann glaubt, die Korrektur von Annahmen bei Patienten geschähe nicht durch diese selbst (in einem weisen Akt gesunder Personen), sondern sei Resultat seines (d.h. des Therapeuten) Einwirkens auf die Gedanken des bis dato „gestörten" Patienten. Wie der Techniker in eine Maschine, so glaubt dann der Therapeut, in das „System ineinandergreifender Strukturen" (Beck & Freeman, S.28) von außen eingreifen zu können. Es wurde bereits oben darauf hingewiesen, daß Beck und Freeman tatsächlich dieses Menschenbild haben – auch wenn sie (notgedrungen) an anderer Stelle ein ganz anderes Bild, nämlich das des beseelten, seine Gedanken selber denkenden und daher auch selber verändernden Menschen zeichnen. Nur wenn man den Menschen als mechanische Maschine denkt, ist es erlaubt, von „dysfunktionalen Gedanken" auf „dysfunktionale Personen" oder von „störenden Gedanken" auf „gestörte Personen" zu schließen: Dann *ist* die „Maschine Mensch" gestört, weil eine Substruktur von ihr, nämlich ein bestimmtes „kognitives Schema" dysfunktional ist. Dann haben wir es nicht mit einer Person zu tun, die situativ Irrtümern unterliegt und diese korrigieren kann, sondern mit einer kognitiven Maschine, die vom kognitiven Techniker repariert oder, in der Computersprache, neu programmiert werden muß. Dann ist es nicht die Person, die bestimmte Gedanken denkt, sondern umgekehrt treten in der Maschine Mensch Gedanken auf, die *ihn* nun kennzeichnen: Abhängige Gedanken verweisen auf dependente Personen, aggressive Gedanken auf dissoziale Persönlichkeiten usw.

Wie gezeigt wurde, läßt sich dieses Menschenbild aber nicht aufrecht erhalten, weil spätestens im therapeutisch-argumentativen Dialog der Therapeut *mit einer Person* argumentativ „verhandelt" und nicht *mit einem Teil* von ihr, z.B. mit einem „kognitiven Schema". Wenn wir Menschen wie Computer beschreiben, geht uns dieses Wissen um die Einheit der Person allerdings rasch verloren. Man beachte beispielsweise folgendes Zitat aus Beck und Freeman: „Die Selbstbewertung und -instruktionen sind aus tieferen Strukturen *abzuleiten*, nämlich den Selbstkonzepten oder Selbstschemata. Tatsächlich können übertrieben negative (oder positive) Selbstkonzepte Faktoren darstellen, die darüber entscheiden, ob jemand mit einer bestimmten ‚Persönlichkeit' eine Persönlichkeitsstörung bekommt". (1993, S.31; Hervorhebung v. Verf.). Diese Aussage verweist entweder auf ein mechanistisches Menschenbild oder sie ist widersinnig. Sie ist *mechanistisch*, wenn man glaubt, Konzepte oder Schemata in Personen würden diese prägen und beeinflussen und nicht umgekehrt, daß Personen Konzepte oder Schemata erzeugen. Dann „bekommen" Personen durch ihre eigenen Gedanken „Persönlichkeitsstörungen" wie andere Magenbeschwerden. Denkschemata oder Denkkonzepte werden hier im Sinne eines mechanistischen oder organistischen Menschenbildes auf die Stufe von Organen gestellt. Diese Aussage ist *widersinnig*, wenn mit ihr gleichzeitig angenommen wird, eine Person sei für ihr Denken und Handeln selbst verantwortlich und zu deren Korrektur in der Lage. Denn dann leitet sich ein Selbstwert nicht aus irgendwelchen tieferen Strukturen ab sondern eben daraus, wie sich eine Person selbst bewertet! Diese Aussage zeigt aber auch, daß wir in der kognitiven Psychologie eigentlich nur auf der Grundlage eines mechanistischen Menschenbildes von „Persönlichkeitsstörungen" sprechen können. Denn hier wird die Einheit der Person aufgeteilt in kognitive – wie im medizinischen Bereich in organische – Untergruppen, von denen zuerst ein bestimmtes Schema oder Organ als gestört bezeichnet wird, von dem dann auf die Störung der gesamten Person geschlossen wird. Wird demgegenüber der Begriff der Person spirituell oder metaphysisch oder ganzheitlich verwandt, (wie wir es in unserer Alltagssprache *immer* tun, vgl. dazu Kap. 2), ist die Annahme einer solchen Aufteilung in Untereinheiten einfach nicht möglich.

Diese Widersprüche haben natürlich Auswirkungen auf die Beziehung zwischen Therapeut und Patient. Es wurde bereits auf den Widerspruch hingewiesen, daß in der kognitiven Therapie die Person des Patienten voll akzeptiert werden soll, während sie gleichzeitig für gestört erklärt wird. Aus dieser Kombination kann allenfalls eine herablassende Akzeptanz des Minderen oder ein Mitleid mit ihm resultieren, auch wenn es noch so wohlwollend vorgetragen wird! Es folgt dann ein unentwegtes Schwanken des Therapeuten zwischen seiner konzeptuell bedingten Abwertung des Patienten auf der einen Seite und seinem Bemühen um Akzeptanz und Würdigung auf der anderen. Colby et al. (1979) behaupten beispielsweise, daß eine der wichtigsten Interventionen bei der Behandlung von „Persönlichkeitsstörungen" die „Bekämpfung der Annahme über Unzulänglichkeit oder Untauglichkeit" (S. 93) sei. Auf einen Nenner gebracht, bedeutete dies folgende Botschaft des Therapeuten an seinen Patienten: „Sie sind als Persönlichkeit gestört, aber nehmen Sie bitte nicht an, daß Sie irgendwie unzulänglich oder untauglich seien!". Dieser Widerspruch bedarf keines weiteren Kommentares.

Beck selbst hat auf einem großen Psychotherapeuten-Kongreß in Hamburg im Sommer 1994 diesen Widerspruch selbst demonstriert. In einem von vielen Teilnehmern besuchten Seminar über die „kognitive Therapie der Persönlichkeitsstörung" zeige er dem Publikum auf Video seine kognitive Therapie bei einer Patientin mit einer „Borderline-Störung". In diesem Video war eine lebendige, aktiv am therapeutischen Gespräch mit Beck beteiligte schwarze Amerikanerin zu sehen. Inhaltlich ging es darum, daß Beck ihr im sokratischen Dialog ihre Grundannahme aufzuzeigen suchte, wonach die Patientin sich selbst für irgendwie weniger wert als andere hielt. Er trachtete danach, ihr zu zeigen, daß diese Annahme selbstschädigend und auch wirklichkeitsfremd sei und daß sie sich durchaus als wertvoll und liebenswert einschätzen könne. So weit, so gut. Der Widerspruch fällt nur auf, wenn man den gesamten Kontext dieser Videodemonstration hinzuzieht: Beck demonstrierte den hundertfachen Zuhörern diese Patientin auch als Beispiel einer „Persönlichkeitsstörung". Er gibt damit gewollt oder ungewollt eine Metabotschaft über diese Person, wonach er sie eben sehr wohl als defizitär einschätzt. Diese Botschaft widerspricht aber vollkommen jener, die er im Video der Patientin gibt. Dieser Widerspruch, so sollte hier gezeigt werden, ist auch in seinem eigenen Gedankengebäude vorhanden, so lange er von der Existenz von „Persönlichkeitsstörungen" spricht. Es ist eine Aporie, die nur aufgehoben werden kann, wenn das Störungskonzept selbst gänzlich aufgegeben wird.

4.1.3 Eine Eigenschaft ist keine Störung – eine Störung ist keine Eigenschaft

Angesichts der fließenden Übergänge und des situativ- und kontextbedingten Wechsels von Persönlichkeits-*Eigenarten* zu Persönlichkeits-*Störungen* sind sich die meisten Therapeuten und Therapieforscher darin einig, daß die „Persönlichkeitsstörungen" der Betroffenen selbst *nicht* unmittelbar oder direkt zum Gegenstand und Ziel einer psychologisch-psychotherapeutischen Behandlung gemacht werden sollten. Vielmehr wird ihre Veränderung, wenn überhaupt, nur mittelbar angestrebt. (Fiedler, 1994a, S. 373, H.i.O.)

In der Frage nach der Person ist gefragt: „Wer ist der Mensch?" Die Frage fragt nach seinem Wesen, nicht nach Eigenschaften (Geschlecht, vermögenspsychologische Aspekte, Beruf etc.). (Tellenbach, 1949)

Lassen sich brauchbare Kriterien oder Abgrenzungsargumente finden, die es ermöglichen, Persönlichkeitsstörungen von Persönlichkeitseigenarten zu unterscheiden, die noch innerhalb der Grenzen „normaler" Interaktionsbesonderheit tolerierbar wären? (Fiedler, 1994a, S. 320)

Von sehr wenigen Definitionen wird die Persönlichkeit lediglich als eine *Ansammlung* bestimmter Eigenschaften betrachtet. (Krech & Crutchfield et al., 1992, Bd. 6, S. 13)

Die „Persönlichkeitsstörungen" werden im Sinne unflexibler und wenig angepaßter, überdauernder Persönlichkeitszüge definiert, die zur Beeinträchtigung der Leistungsfähigkeit oder zu subjektiven Beschwerden führen. (Juli, 1992, S. 93)

Ebenso wenig aber tut sich mir das Wesen des anderen auf, wenn ich mich ihm dergestalt zuwende, daß ich bei seinen Eigenschaften verweile. (Theunissen, 1977, S. 305)

„Persönlichkeitsstörungen" sind tiefverwurzelte, anhaltende, recht starre Muster des Verhaltens, des Reagierens, des Denkens und Fühlens auf unterschiedliche Lebensbedingungen und Situationen. Die Veränderungen im Denken, Wahrnehmen, Fühlen und in den Beziehungen zu anderen sind auffallend und von der Mehrheit der Bevölkerung deutlich zu unterscheiden. (Hautzinger, Vorwort zu Beck & Freeman, 1993, S. XI).

Dennoch ist jedes Wort, das etwas am anderen benennt, in der Gefahr, der Selbstgegenwart des anderen Abbruch zu tun. Warum? Weil das Seiende das, was es eigenschaftlich ist „nicht selbst" ist; denn die Eigenschaften, die ihm zukommen, finden sich ebenso an anderen Seienden. (Theunissen, 1977, S. 306)

Personkrankheiten gibt es nicht, weil Geist nicht erkranken kann. (Tellenbach, 1988, S. 163)

Der Begriff der Störung ist hier ein zentraler. Es geht um die Frage, was darunter verstanden werden soll, wenn eine Persönlichkeit „gestört" ist. Im Kern heißt die Frage: **Ist die Störung eine Eigenschaft der Person?** Eigenschaften gehören, wie schon Aristoteles herausgearbeitet hatte, zu den *Attributen* eines Dings oder einer Person und *können sich ändern, ohne daß die Person aufhört, eben diese Person zu sein*. Eine „aggressive" Person kann manchmal friedlich sein und bleibt doch die gleiche. Eine in theatralischer Weise rollenspielende „histrionische" Person kann ernst werden, ganz bei sich sein und das Rollenspielen aufgeben und bleibt doch die gleiche. Dann ist das Rollenspielen eine Eigenschaft oder eine Eigenart und nicht ein Definitionsmerkmal der Person. Ist Störung keine Eigenschaft, dann muß sie irgendwie „zentraler" sein. Dann muß sie die Existenzweise der Person selbst betreffen; diese muß dann in eben dieser Existenzweise gestört sein, weil im Begriff der „Persönlichkeitsstörung" eben die Person oder Persönlichkeit und nicht irgend etwas anderes als „gestört" bezeichnet wird. Dann wäre sie keine Person mehr wie jede andere, sondern von grundsätzlicher anderer, eben gestörter Art. Im extremeren Falle wäre sie dann gar keine Person oder Persönlichkeit mehr.

Begriffe wie „dissozial", „histrionisch", „dependent" usw. könnten mühelos als Eigenschaften verstanden und dann der Kategorie „Person" ohne jedes Störungskonzept zugesprochen werden. Wir können von aggressiven, abhängigen, histrionischen usw. Personen sprechen und damit Eigenschaften von ihnen meinen. Die Erfinder der „Persönlichkeitsstörung" begnügen sich eben nicht damit, von einer „histrionischen Persönlichkeit" zu sprechen, sondern von einer histrionischen „*Störung*" der Person". Störung der Person muß also etwas anderes sein als eine zusätzliche Eigenschaft neben aggressiv, vital, töricht usw. Wir empfinden das auch, wenn wir uns vorstellen, einer Person gegenüber zu stehen und sie mit den genannten Attributen zu „belegen": Wenn wir sie als aggressiv, selbstunsicher, dependent ... bezeichnen, stellen sich andere Gefühle und Bewertungen ein, als wenn wir sie als „gestört" bezeichnen. Im ersteren Fall mag jemand *anders* sein als wir und ist doch von *gleicher Natur* („Sie ist dependent" – „ich bin autonom" ...). Im zweiten Falle gehört sie zu einer ganz anderen Kategorie von Menschen, denn ich kann mich ja nicht auch als gestört bezeichnen, ohne die Basis meiner Beziehung zu anderen Menschen grundsätzlich zu verändern, ja sie im Grunde verbal aufzulösen. Im schlimmeren Falle hätte ich mit einer „gestörten" Persönlichkeit sogar eine Nicht-Person vor mir, mit dann weitreichenden moralischen, juristischen und gesellschaftlichen Auswirkungen, würde man das ernst meinen. Wird der Begriff der Störung also nicht als Eigenschaft verstanden – und er kann eigentlich nicht als Eigenschaft gemeint sein, weil „Störung" immer einer fundamentaleren Kategorie als Eigenschaftsattribute angehört– dann trennt diese Kategorie Gesunde von Kranken, Nichtgestörte von Gestörten. Diese Trennung geht aber stets vom „gesunden Beobachter" aus, denn niemals wird eine Person von sich aus (ohne darin die Meinung anderer zu übernehmen) sich selbst als gestört bezeichnen, ohne in die Aporie zu geraten, wonach die Fähigkeit zur Selbstdiagnose „Störung" ja die Gesundheit der sich selber diagnostizierenden Person anzeigt.

4.1.3.1 Die Gleichsetzung von Störung und Eigenschaft ist ein Kategorienfehler

Borderline-Persönlichkeit auf dem Weg zur Heilung. Wünsche mir aufrichtige Zweierbeziehung mit aufgeschlossenem Mann. (Privatanzeige in Psychologie Heute, 3/97, S. 98)

Eine Person definitiv mit irgend einem ihrer Prädikate zu identifizieren, heißt, ihre Anerkennung als Person, das heißt als Wesen, das all seinen Prädikaten gegenüber frei ist, zu verweigern. (Spaemann, 1996, S. 248)

Krass ausgedrückt zeigt die bisherige Komorbiditätsforschung zum Vorhandensein mehrerer „Persönlichkeitsstörungen" bei einer Person, daß es kaum jemanden gibt, der, wenn er die Kriterien einer „Persönlichkeitsstörung" erfüllt, nicht auch zugleich die mindestens einer anderen „Persönlichkeitsstörung" auf sich vereinigt. (Fiedler, 1994a, S. 330)

Fazit: Störung und Eigenschaft können nicht von der gleichen Kategorie sein. Wenn deshalb die Störung als Attribut oder Eigenschaft verstanden wird – was sicherlich viele tun, wenn sie den Begriff verwenden – dann liegt ein **schwerer Kategorienfehler** vor, bei dem vermischt wird, was nicht vermischt werden darf.

Es gibt beredte Beispiele aus der Geschichte der Menschheit, bei denen dieser Kategorienfehler explizit verworfen wird und wo der inhumane Charakter der Vermischung dieser beiden Kategorien, angewandt auf Personen, zutage tritt bzw. offen wird, warum man sich gegen diese Vermischung wehren sollte. Eines davon finden wir in der Biographie des heutigen Präsidenten von Südafrika, Nelson Mandela, der fast 30 Jahre im Gefängnis saß und dort tyrannisierenden, brutalen Vertretern der Staatsgewalt gegenüber stand. Er hätte Gründe genug gehabt, in diesen nicht mehr achtbare Personen zu sehen und sie als Büttel des Staates zu verachten. Genau dagegen hat er sich nach seinen eigenen Angaben aber stets gewehrt. Einerseits habe er, um im Gefängnis psychisch und körperlich gesund zu überleben, dieses erkannt: Die „Behörden" seien von dem Gedanken beseelt gewesen, „jenen Funken auszutreten, der jeden von uns zum Menschen macht und jeden von uns zu dem, was er ist." „Gefängnis und Behörden haben sich verschworen, jeden Mann seiner Würde zu berauben. Das an sich verbürgte, daß ich überleben würde, denn jeder Mann oder jede Institution, die versuchen, mich meiner Würde zu berauben, werden verlieren, weil ich davon nicht zu trennen bin, um keinen Preis und um keinen Druck." (Mandela, 1994, S. 526) Das war sein Ringen um seine eigene personale Existenz. Er sagt aber in seiner Autobiographie, daß dies nur gelinge, wenn man auch andere als Menschen und Personen (die niemals gestört sein können) sehe. Zum Beispiel den Gefängniskommandanten auf Robben Island, Piet Badenhorst. Dieser hatte Mandela und seine Mitgefangenen tyrannisiert, gequält und entwürdigt. Über ihn schreibt Mandela „Badenhorst war letztlich kein böser Mensch. Die Unmenschlichkeit war ihm von einem unmenschlichen System aufgezwungen worden. Er benahm sich wie eine Bestie, weil er für bestialisches Verhalten belohnt wurde". Auch diese Bestie aber habe, wie alle Menschen, einen „anständigen Kern".

Wie sehr die Weigerung, Eigenschaft und Störung als gleiche Kategorie zu behandeln, von großer praktischer Bedeutung für die Effektivität der Psychotherapie wäre, kann ebenfalls am Leben Mandelas gezeigt werden. Was ihm gelingt, geht nämlich schief, wenn Therapeuten ihre Patienten als „personengestört" ansehen. Nicht nur Mandela selbst sieht in seinem Bemühen um die Achtung vor der Person jene Kraftquelle, mit der ein Mann fast 30 Jahre im Gefängnis sitzen, von dort aus am Ende die entscheidenden Friedensverhandlungen mit Staatspräsident Le Klerk initiieren und zum Erfolg führen und schließlich erster schwarzer Präsident Südafrikas werden konnte. Aus dieser Haltung hat Mandela nach eigenen Angaben seine Kraft, seinen Stolz, seine Zuversicht und seine Fähigkeit zur Versöhnung geschöpft. Bezeichnet ein Therapeut seinen Patienten offen oder versteckt als „gestört", so raubt er sich und ihm eben diese Kraft, die für die Therapie so dringend nötig wäre und die im therapeutischen Gespräch heilsam wirkt. Dieser Grundgedanke soll im folgenden anhand verschiedener Aspekte des Persönlichkeitsstörungskonzeptes noch genauer verdeutlicht werden.

4.1.3.1.1 Die Kategorienfehler

Der Vermischung der Kategorien „Eigenschaft" und „Störung" begegnet man oft, wenn von „Persönlichkeitsstörungen" die Rede ist. Vier Beispiele sollen hier kurz aufgezeigt werden:

- **Komorbidität von „Persönlichkeitsstörungen"**: Es ist „modern", in der klinischen Forschung sogenannte *Komorbiditäten* (d.h. das Zusammentreffen verschiedener Krankheiten in einer Person) von „Persönlichkeitsstörungen" zu erforschen und zu „behandeln". Dies ist aber unlogisch und unsinnig: Wie kann eine Person mehrfach gestört sein, wenn Störungen nicht Eigenschaften wären? Eigenschaften können sich summieren: Eine Person kann aggressiv und abhängig und selbstunsicher sein. Was aber wäre gemeint, wenn sie „dreifach gestört" sein soll? „Üblicherweise lassen sich bei ein- und derselben betroffenen Person mehrere ‚Persönlichkeitsstörungen' finden, wenngleich zumeist bei hervorstechender Dominanz eines Störungsbereiches." (Fiedler, 1994b, S.237). „Das gemeinsame Auftreten mehrerer ‚Persönlichkeitsstörungen' bei einer Person ... wird als *Komorbidität* bezeichnet. Das Komorbiditätsproblem ist in den letzten Jahren zu einem zentralen Forschungsfeld im Bereich psychischer Störungen angewachsen." (ebd. S. 238). Bei Forschungsresultaten würde sich nach Fiedler herausstellen, daß nur ein geringer Prozentsatz „persönlichkeitsgestörter Patienten" keine Zweit- oder Mehrfachdiagnosen hätte (S. 240). Diese anscheinend klinisch erwiesene „Tatsache" drückt den genannten Kategorienfehler dadurch aus, daß der Begriff der Störung einer Person mehrfach zugesprochen wird, womit er automatisch in die Kategorie der Eigenschaften eingeordnet wird.

- Die **Aussage, eine Störung sei eine Eigenart wie jede andere,** finden wir sogar ganz explizit: „Persönlichkeits*störungen*" gehören wie andere Persönlichkeitseigenarten zur Person dazu, weshalb zunächst *nicht* zu erwarten sein dürfte, daß ein Mensch *sich selbst* die Diagnose einer gestörten Persönlichkeit gibt" (Fiedler, 1994a, S. 222; Hervorhebung im Original). In seinem Buch über „Persönlichkeitsstörungen" (1994a) sagt Fiedler einleitend zum Prozeß der Personentypisierung „daß dies gewöhnlich als Eigenschaftszuweisung an eine Person" geschehe. (S. 4). Dies sei ein „Akt diagnostischer Urteilsbildung" und es handele sich dabei „um eine Verallgemeinerung von wiederholt beobachtbarem Verhalten in Situationen auf scheinbar zeitstabilere und kontextunabhängigere Persönlichkeitseigenschaften." (S. 4). Dann verquickt er aber diese soziale Zuschreibung einer Eigenschaft, also einen Labeling-Prozeß, mit dem Begriff der Störung: „Persönlichkeitseigenschaften werden üblicherweise *erst dann* mit dem Etikett ‚Persönlichkeitsstörungen' belegt, wenn sie deutlich in Richtung eines *Leidens der Betroffenen*... oder wenn sie in Richtung *Dissozialität* oder *(anti-) sozialer Devianz* extremisieren". (S. 4; alle Hervorhebungen im Original). „Störung" wird als eine Art „extremer Eigenschaft" verstanden: Dies ist die Kategorienverwischung und dies ist der zentrale erkenntnistheoretische Fehler. Dies ist der Akt, mit dem die heilsame Kraft der Achtung vor der Person verloren geht. Es ist nicht die Bezeichnung „histrionisch", sondern der subtile, schleichende Übergang zum Begriff der „histrionischen Störung" und es ist eben dieser **schleichende Übergang vom Begriff der Eigenschaft zum Begriff der Störung,** der den Blick auf den fundamentalen Unterschied zwischen diesen beiden Kategorien vernebelt: „Persönlichkeitsstörungen gehören wie andere Persönlichkeitseigenarten zur Person dazu" (ebd. S.7). Hierauf wäre zu antworten: „Eben nicht!" Fiedler verwischt hier den Unterschied zwischen zwei verschiedenen Kategorien und macht sie allein zu einer Frage der Ausprägung oder „Extremisierung".

- Von anderer Art ist der Kategorienfehler in jener Aussage, **eine Person *entwickele* eine „Persönlichkeitsstörung".** Z.B. sei, so Beck und Freeman (1993), „wenig darüber bekannt, warum eine Person eine zwanghafte „Persönlichkeitsstörung" und eine andere spezifische Zwangsgedanken und Zwangshandlungen *entwickelt*" (S.275; Hervorhebung v. Verf.). Eine gesunde lebende Einheit kann nicht von sich aus eine Eigenschaft entwickeln, deren Kernmerkmal die Störung ihrer Einheit selbst ist! Lebende Einheiten entwickeln nur Eigenschaften, die zu ihrem (Über-)Leben dienen. Es ist widersinnig, anzunehmen, daß eine lebende Einheit von sich aus eine Störung ihres Selbst entwickelt.

- Beck und Freeman sagen wiederholt, daß „Persönlichkeitsstörungen" im Kern durch ein ***gestörtes/negatives Selbstkonzept* gekennzeichnet** seien: „Negative Selbstbewertungen können ... bei den meisten ‚Persönlichkeitsstörungen' in einer unterschwelligen Art und Weise wirksam werden." (S.31). Ein negatives Bild von sich selbst zu haben kann aber nur eine besondere Eigenart sein und nicht Zeichen einer „Störung" der Person. Das negative Bild, das jemand von sich selbst hat, belegt ja nur, daß da eine Person existiert und sich als solche auch selbst bewertet. Es ist offensichtlich, daß, wer negativ über sich denkt, auch positiv denken *könnte* und wohl auch möchte. Ja mehr noch: Das negative Selbstkonzept ist wohl immer Teil der Überlebensstrategie einer auf Gesundheit orientierten Person. Wenn aber das negative Selbstkonzept *Ausdruck* einer Störung und damit von gleicher Kategorie wie die Störung selbst wäre, dann befänden wir uns erneut in der hier oft genannten Aporie: Wie könnte denn eine „gestörte" Person ein negatives Bild von sich selbst haben, wenn sie nicht eben wegen diesem „Ein-Bild-von-sich-selbst-haben" eine ungestörte Person wäre und mit dieser negativen Selbstsicht bestimmte Ziele verfolgt? Eine solche Beschreibung von Personen gehört also in die Kategorie „Eigenschaften" und darf nicht unter die Kategorie „Störung" subsumiert werden. Wird dies aber subtil getan, schließen Therapeuten von Eigenschaften, wie negativen Selbstbildern, auf „gestörte Menschen".

Wird diese Kategorienvermischung nicht begangen und zwischen Kategorieneigenschaft und Störung unterschieden, kommen wir zum Kern der Kritik am Persönlichkeitsstörungskonzept. Denn dann muß die Kategorie der „gestörten" Person ganz aufgegeben werden. Wenn er dennoch beibehalten wird, wird der Person die Existenz als Person abgesprochen. Dann aber sind wir bei der bereits erwähnten Nähe zur faschistoiden Unterscheidung zwischen wertem und unwertem Leben. Dies muß niemandem unterstellt werden. Aber dies muß jedem klar sein, der bei Kenntnis dieses kategorialen Unterschiedes weiter am Begriff der „Persönlichkeitsstörung" festhält. Fiedler spricht gelegentlich explizit diesen kategorialen Unterschied zwischen Störung und Eigenschaft an – z.B. anhand der bereits oben erwähnten Begriffe „**Ich-Synthonie**" und „**Ich-Dysthonie**" (vgl. auch Kapitel 5.2). Die Ich-Synthonie, bei der sich Patienten mit ihren Verhaltens- und Denkweisen voll identifizieren statt sich von ihnen zu distanzieren, erweise sich als besonderes Problem für die Therapie. Das sei ein Grund, warum die Diagnose der „Persönlichkeitsstörung" nur aus der „Außenperspektive" erhoben würde, denn „die betroffenen Menschen" würden ihre „Interaktionsdevianzen selbst zunächst eher als Eigenschaften denn als Gestörtheit ihrer Person bezeichnen (...). Wenn überhaupt, erwächst ein Gefühl der Gestörtheit der eigenen Person oder des subjektiv erlebbaren Leidens in der Folge zunehmender Interaktionsprobleme eher *diffus und unbestimmt"*. (Fiedler, 1994a, S.8, H.i.O.). Hier wird klar zwischen Eigenschaft und Gestörtheit getrennt und indirekt die Norm aufgestellt, daß die Außenperspektive vom Patienten in dessen Innenperspektive übernommen werden könnte und sollte. Es wird sogar implizit für einen Fortschritt gehalten, wenn Patienten im Selbsturteil von der Kategorie „Eigenschaft" („Ich bin so ...") zur Kategorie „Störung" wechseln („Ich bin gestört, wenn ich ..."). Fiedler schlußfolgert <u>hier</u> aus der kategorialen Trennung also nicht, daß der Begriff der Störung fallengelassen werden soll, sondern daß „die Betroffenen" ihn übernehmen könnten! (Er kommt an anderen Stellen allerdings auch zum gegenteiligen Schluß!) Die Therapie, so ist wohl die Annahme, würde leichter, wenn der Patient eingesteht, daß er nicht nur bestimmte „Eigenschaften" habe, sondern „gestört" sei.

Man könnte diesen Wechsel in der kategorialen Selbstbeschreibung, den Patienten hier vornehmen würden, auch ganz anders sehen, nämlich als **Anpassung des sozial Schwächeren an die „therapeutische" Gesellschaft**. Er wäre dann die Übernahme einer die Person in ihrem Kern als defizitär beschreibenden Kategorie aus der Außenperspektive in die Innenperspektive. Wenn dies im vollen Bewußtsein des kategorialen Unterschiedes zwischen Eigenschaft und Störung geschähe, könnte die Person fortan nur noch in einer Dauerkrise mit sich selbst leben, da sie sich nun ja als Person in allen ihren Bezügen als gestört sehen müßte. Oder man tut, was wohl die Mehrheit der Patienten tut: Man verwischt auch in der Selbstanwendung dieser Begriffe den kategorialen Unterschied und tut so, als sei Störung eben eine unter anderen Eigenschaften. (Obwohl zu vermuten ist, daß einem in der Selbstanwendung des Begriffs „gestört" immer ein ungutes Gefühl bleibt, das daraus resultiert, daß man sich hier des Unterschiedes zwischen Eigenschaft und Störung, wenn auch diffus, bewußt bleibt.) Es wäre deshalb eine interessante Forschungsaufgabe, herauszufinden, ob der kategoriale Unterschied nicht doch unter- oder subbbewußt „verstanden" wird und die betreffenden Personen nach tatsächlicher Übernahme dieser abwertenden Außenperspektive in ihrem Seelenleben nicht große, neue und möglicherweise viel schlimmere Probleme haben als vor diesem Anpassungsprozeß.

Schließlich sei nicht unerwähnt, daß bei der Verwendung des Störungskonzeptes eine ganz wichtige *Ressource der sogenannten „Ich-Synthonie"* übersehen wird: Die Bereitschaft und die Fähigkeit nämlich, zum eigenen Verhalten zu stehen und nicht – wie das ja bei vielen Patienten der Fall ist – die Verantwortung für ihr Verhalten durch Distanzierung davon zu leugnen. Letzteres ist jedem Therapeuten geläufig und drückt sich so aus: „Nicht ich bin es, der handelt, sondern ein ‚Es' in mir macht mich ängstlich, depressiv, zwanghaft usw.". Es ist kein Wunder, daß für diese Problematik sensible Autoren wie Peter Fiedler in ihrem Werk ständig hin und her schwanken zwischen einer Kritik am Persönlichkeitsstörungskonzept und der breiten Verwendung dieses Denksystems, zwischen der Benutzung des Begriffs der Störung, als eigener Kategorie, und der Verwischung mit der Kategorie der Eigenschaft. Es ist wohl das stille Entsetzen über die verheerenden Auswirkungen eines solchen Konzeptes, das einen wieder abkommen läßt von einer konsequenten Unterscheidung zwischen Störung und Eigenschaft hin zu einer Verwischung derselben. Es ist umgekehrt wohl ein gesellschaftspolitischer Vorgang, der diesbezüglich sensible Autoren daran hindert, den Begriff der „Störung" trotz ihrer eigenen Kritik daran gänzlich und konsequent aufzugeben (vgl. hierzu Kapitel 5).

4.1.3.2 Das Sein von Personen

„Persönlichkeitsstörungen" sind im wesentlichen das Resultat nicht oder unterentwickelter Schemata. Schematische Repräsentationen, die vom Individuum vormals wirkungsvoll eingesetzt wurden, werden zur Quelle von Dysfunktionen. (Freeman, 1994, S. 241)

Wenn das Sein der Person ... alle wesenhaft verschiedenen Akte „fundiert", so gilt auch für den therapeutischen Umgang, daß man keinen konkreten actus voll und adäquat erfassen kann, ohne vorherige Intention des Wesens der Person selbst. (Tellenbach, 1988, S. 155)

Diese philosophische Überschrift mag abschrecken. Sie drückt aber aus, was bereits mit im Verweis auf Nelson Mandela am Eingang dieses Kapitels gesagt worden ist: Aus dem **Sein** der Person rührt die Kraft für ihr Leben. Die Anerkennung dieses Seins ist gleichermaßen ein grundsätzlich metaphysischer, spiritueller oder religiöser Akt wie auch ein zwischenmenschlich bedeutsamer und schließlich auch juristisch wichtiger. Dieser Akt liegt <u>vor</u> jeder Eigenschaftszuschreibung und ist unabhängig davon. Fiedler zitiert wiederholt Karl Jaspers, der dies hervorragend ausgedrückt hat: „Menschlich aber bedeutet die Feststellung des Wesens eines Menschen eine Erledigung, die bei näherer Besinnung beleidigend ist und die Kommunikation abbricht" (zitiert nach Fiedler, 1994a, S. 3). Das Sein einer Person ist demnach vor der <u>Art</u> ihres Seins. Heidegger würde das wohl so beschreiben, daß wir das Sein als solches verstehen müssen, das vor dem Seienden (also der Art zu sein) existiert. Im Sein liegt die Kraft, und nicht in der Ausgestaltung des Seins. Das Sein (der Person) kann aber nicht gestört sein, ohne alle Kraft zu verlieren. Wenn das Sein gestört ist, stirbt es. Wenn ein Patient den Gedanken, er sei „persönlichkeitsgestört", übernimmt, ist seine Lebenskraft gelähmt. Wenn sein Sein – wie das o. g. Zitat von Freeman im Kern aussagt – von „unterentwickelten Schemata" in ihm gesteuert ist (die er früher einmal eigenartigerweise selbst erschaffen hat, die nun aber eine Art Eigenleben führen), dann verliert er die Kraft seines Seins, wenn er diesen Gedanken übernähme. Sie erwacht erst wieder im Protest gegen diese Fremdzuschreibung. Wenn ein Therapeut insgeheim über einen Patienten denkt, er sei „persönlichkeitsgestört", wird er nicht in der Lage sein, diese Kraft des Seins im Patienten anzusprechen, ja nicht einmal sie anzurühren. Der folgende Satz von Peter Fiedler ist deshalb ein ganz gravierender Irrtum bzw. lähmend, wenn er für wahr gehalten wird: „Persönlichkeitsstörungen sind nun einmal Ausdruck einer allgemeinen Seins- und Lebensweise der Betroffenen und reichen damit vielfach zugleich weit über den Bereich der engen Beziehung hinaus – in berufliche und gesellschaftliche Kontexte hinein." (Fiedler, 1994c, S.794). Der Philosoph Wolfgang Cramer hat sich explizit mit der Frage der „Kategorien" unserer Erkenntnis und unserer Begriffe beschäftigt und kommt ebenfalls zum Schluß, daß die Anerkennung der nackten Tatsache des Seins Kraft gibt. In seiner Beschäftigung mit dem Begriff des „Absoluten", also jenem Bereich, den wir als existent einfach anerkennen müssen bzw. den wir nicht als von uns gestaltet oder gar gesetzt denken können, findet er heraus, daß die Anerkennung dessen, was a priori ist, Kraft gibt. In seinem Denksystem gehören demgegenüber alle Eigenschaften zum Bereich des „Endlichen" und zwar in dem Sinne, daß sie „kommen und gehen". Daneben gibt es etwas, das wir nicht als kommend und gehend erfahren können, sondern als etwas, das immer existiert. Dies wäre das „reine Sein". Mit diesem „Sein" sei anthropologisch der Anfang zu machen und nicht mit konkreten Eigenschaften.

Für Psychotherapeuten heißt das konkreter: Die Existenz der Person, mit der wir in der Therapie sprechen, ist vorrangig vor unseren diagnostischen Kategorien oder unseren Problemdefinitionen. Wenn wir glauben, mit unseren Eigenschafts- oder Diagnosekategorien oder mit den jeweiligen Problemdefinitionen beginnen zu können, verletzen wir die Existenz dieses Seins der Person. Hierzu führt Cramer aus: „Ist etwa das leer und nichtig, das die Differenz ausmacht zwischen den Gedanken und den Existenzen, zwischen dem Gedanken von einem A und dem, daß ein A ist? **Das Sein ist das Leben, nämlich die Kraft, dem Möglichen Leben zu geben.** Das Sein wird sein das an sich haltende Leben, das die Kraft in sich sammelnde Leben und das vom Können zur Tat fortschreitende Leben, das Leben schaffende Leben." (Cramer, 1972, S.20; Hervorhebung v. Verf.). Zum Begriff des „Sein" führt Cramer aus: „Sein = Existenz ist keine Bestimmung, welche zu anderen Bestimmungen noch hinzutreten könnte, um nun aus etwas, was nur gedacht oder vorgestellt ist, etwas zu machen, was auch existiert. Solches, von dem gesagt werden kann, das es ein Löwe *ist*, muß dasjenige Momente in sich haben, das grundsätzlich unsetzbar ist, das unsetzbare Moment des Seins... Das, was existiert, hängt von einer des Denkens und Vorstellens mächtigen Sphäre in keiner Weise ab." (Cramer, 1972, S. 3) „Das Sein ... ist keineswegs nur Moment am Endlichen. Wäre dem so, wäre Endliches in der Wurzel zerstört... Die Bestimmung (die konkrete Ausgestaltung des Seins; H.L.) kann nicht Produkt unseres Denkens sein. Dann müßte die Einheit von Sein und Bestimmung selbst ein Werk unseres Denkens sein." (ebd. S. 6) Dann, so müßten wir hier schlußfolgern, könnten wir als Psychotherapeuten von konkreten Verhaltensweisen einzelner Personen auf eine Gestörtheit in ihrem Wesen schließen!

Andernorts führt Cramer aus, daß schon allein die Tatsache, daß ein Wesen leidet, ein Beleg seiner heilen Existenz ist. Es dürfte deshalb, so Cramer, „die Wahrheit gelten ..., daß kein Wesen an seiner Bestimmung leidet. Der Mensch leidet, weil Natur gegen ihn Gewalt hat". (Cramer, 1965, S. 54) Mit anderen Worten: Das Leid „persönlichkeitsgestört" bezeichneter Menschen darf niemals als Beleg einer Störung ihrer selbst verstanden werden, sondern vielmehr umgekehrt als Ausdruck ihrer gesunden Existenz, ihres kraftvollen Seins. Der Versuch, „ich-synton" an ihrem Verhalten festhaltenden Patienten nahezubringen, sie seien „gestörte" Personen, raubt ihnen eben diese Kraft ihres Seins. Ihnen (herablassend) zu erklären, ihr Leid sei eben Produkt ihrer eigenen Gestörtheit als Persönlichkeit, erweckt den Anschein von Hilfe, ist aber lähmend. Der nicht ausgesprochene Gedanke des Therapeuten, sein Gegenüber sei gestört, raubt auch ihm selbst die Klarheit, mit der er die Kraft der Person in seinem Gegenüber erwecken kann. Das Leid, das wir im Patienten sehen und das dieser in sich selbst kennt und spürt, muß von anderer Kategorie sein, als das Sein der Person selbst. Das Sein der Person kann nicht teilbar sein in dem Sinne, daß eine „Persönlichkeitsstörung" ablösbarer *Teil* einer ansonsten gesunden Person wäre. So erweist es sich erneut als sinnvoll, daß das Individuum wörtlich übersetzt das „Unteilbare" bedeutet. Wenn man aber tatsächlich annähme, daß sowohl die „gestörte" wie auch die „gesunde" Persönlichkeit jeweils ein <u>Teil</u> der Person seien, so müßte man kategorial nun eine dritte Kategorie oder Gattung finden, von welcher der gestörte <u>und</u> der gesunde Teil wiederum ein Teil wären. Dann landen wir wieder bei einer gesunden Person als Ober-Einheit und bei dem logischen Widerspruch, daß dann diese gesunde Einheit durch die Diagnose als „gestört" bezeichnet wird. Oder man landet bei einer sinnwidrigen Dreiteilung der Person in eine „gesunde", eine „kranke" und eine Art „Oberperson". Logisch richtig, psychotherapeutisch effektiv und moralisch haltbarer ist es, den Begriff der Störung ganz zu streichen, die Existenz der Person vor ihren Eigenschaften anzunehmen und Personen ausschließlich mit Eigenschaftskategorien zu belegen. Der Begriff der „Persönlichkeitsstörung" entfällt dann. Vor diesem Hintergrund wird verständlich, warum folgendes Zitat aus einem ärztlichen Attest unlogisch und kräfteraubend ist: „Der Patient leidet an einer Persönlichkeitsstörung." Diese Formulierung sucht nicht, wie Gadamer vom Arzt fordert, die „Schönheit" als ästhetisches Prinzip der medizinischen und psychologischen Therapie, sondern das Schlechte. Wo aber das Schlechte gesucht wird, wird das Schöne übersehen.

Zweifellos gehen alle Psychotherapeuten im therapeutischen Dialog von dieser Existenz des Seins der Person ihrer Patienten in ihrer leiblichen wie in ihrer psychischen ganzheitlichen Existenz aus. Sich dieser Existenz jenseits ihrer konkreten Beschreibung durch uns in Form von Eigenschaften oder Diagnosen bewußt zu werden, gibt aber nicht nur Kraft, sondern schmerzt gelegentlich auch. Das zeigt die Philosophin Meyer-Drawe, wenn sie an den Fakt unserer *leiblichen Existenz* erinnert. Sie tut dies, um unsere (leibliche) Existenz von derjenigen von Computern abzugrenzen (die ja wie wir „Informationen verarbeiten", wie manche meinen). Unsere „Inkarnation", d.h. unsere leibliche Existenz, sieht sie als eine ebenso „unhintergehbare Voraussetzung" dafür, daß wir in einer Welt mit uns und anderen leben, wie im psychischsozialen Bereich die Tatsache, daß dieser unser Leib beseelt ist und Psyche und Körper zusammen als Person existieren. Dieses Wissen um die Existenz der Person „ist weder nur klar noch nur logisch. Es wird aufrechterhalten durch etwas, das es nicht selbst ist." Man mag das so deuten, daß es nicht in unserer Hand liegt, diese Existenz zu bestreiten. Ja es liegt nicht einmal in der Hand der existierenden Person selbst, sich in ihrer eigenen Existenz zu bestreiten! Angesichts dieses Wissens zitiert sie Lyotard: „Das nicht-Gedachte (hier vielleicht: das unbewußte Wissen von der Existenz der Person; H.L.) schmerzt, weil man sich im schon-Gedachten (hier vielleicht: in der diagnostischen Beschreibung der Eigenarten der Personen; H.L.) wohl fühlt. Und Denken heißt, diesen Schmerz annehmen, heißt auch – etwas pauschal gesagt – versuchen, ihn enden zu lassen." (Meyer-Drawe, 1993, S.688). Über Computer meint Lyotard: Ihnen müßte, wenn sie wie Menschen wären, das Wissen um ihre Existenz weh tun können. Das ist nicht der Fall, deshalb existieren sie nicht wie Menschen. Für uns hier heißt das zweierlei: Zum einen, daß Leid nicht Ausdruck der gestörten, sondern der gesunden Existenz ist; zum anderen, daß der Begriff der „Persönlichkeitsstörung" in der Hand eines helfenwollenden Psychotherapeuten auch der Versuch sein mag, den Patienten von eben diesem Leid befreien zu wollen. Es ist aber eine Illusion, dies dadurch erreichen zu können, daß man im Leiden einen Beleg für eine Störung der Existenz der Person sieht. Es käme vielmehr umgekehrt darauf an, mit dem Patienten das Leid als Teil seiner gesunden Existenz zu tragen und zu ertragen und – vielleicht – auf dieser Basis auch zu mildern oder gar zu beenden. Das schließt also Veränderungen, die Leid beseitigen, nicht aus. Das schließt aber aus, die Existenz der Person gerade im Leid zu verkennen.

Vermutlich drücken diese Aussagen auch die Idee Kants aus, daß die *Würde* einer Person nie an irgendwelchen äußeren Werten (auch nicht an der Art ihres Verhaltens) gemessen werden dürfe, sondern stets in dieser selbst liege: Die Würde des Menschen ist unantastbar. Würde läßt sich demnach nicht aus der Bewertung eines Verhaltens ableiten, unabhängig davon, ob diese Bewertung von der Person selber oder von anderen stammt. Die Person des Patienten bzw. ihre Existenz kann nicht Gegenstand therapeutischer Interventionen sein. Eine „gestörte" Person kann niemals Gegenstand einer Therapie sein.

Die Notwendigkeit einer kategorialen Unterscheidung zwischen Störung und Eigenschaft wird noch einmal klar, wenn wir uns in Erinnerung rufen, was es philosophisch heißt, von Personen zu sprechen (vgl. Kapitel 3.1). Grice hatte hierzu als Definitionsmerkmal u.a. angegeben, daß von Personen zu sprechen bedeutet, daß diese sich **gegenseitig** als solche anerkennen. Sich gegenseitig Eigenschaften zuzusprechen, ist Teil dieser Anerkennung. Wir belegen einander stets mit Attributen wie freundlich, sympathisch, aggressiv, zynisch usw. Dieser Eigenschaftssammlung nun die Kategorie der „Störung" als weiteres Element beizumischen, verläßt aber diese Ebene der *gegenseitigen* Beschreibung, die ja immer Teil von Interaktionen ist. Die Beschreibung des einen durch den anderen ist Teil der Kommunikation, an die der jeweils andere anschließen kann – z.B. durch eine Bestätigung oder durch eine Verneinung von Eigenschaftszuschreibungen. Die Behauptung, der andere sei gestört, unterbricht demgegenüber diese Kommunikation. Sie kreiert einen fundamentalen Unterschied zwischen Kommunikationspartnern und schließt grundsätzlich aus: Die „Gestörten" aus der Gruppe der „Ungestörten". Daß Personen sich gegenseitig wie Personen behandeln und so einander verstehen oder zu verstehen suchen, ist die eigentliche Basis aller Kommunikation. „Worin besteht dieses, die Personen wie Personen, d.h. menschlich zu behandeln? Antwort: Es besteht darin, sich in ihre Lage zu versetzen. Jemanden als Mitmenschen anzuerkennen, schließt vor allem die Möglichkeit ein, ihn von innen zu verstehen, für einen Augenblick seinen Standpunkt zu übernehmen. Das kann man nur auf sehr phantastische und zweifelhafte Art bei einer Fledermaus oder einer Geranie versuchen (und das kann man nur auf sehr phantastische Art, wenn man sich in die „Störung" einer Person versetzen möchte; H.L.). Bei Wesen dagegen, die mit Symbolen umgehen können, wie Du und Ich, drängt es sich auf. Denn schließlich stecken wir, immer wenn wir mit jemandem reden, einen Bereich ab, in dem derjenige, der jetzt „Ich" ist, weiß, daß er sich in „Du" verwandelt und umgekehrt. *Wenn wir nicht zugeben würden, daß es etwas grundlegend Gleiches zwischen uns gibt, die Möglichkeit, für den anderen das zu sein, was der andere für mich ist (...), könnten wir kein Wort wechseln.* Wo es aber Wortwechsel gibt, gibt es auch das Anerkennen, daß wir in gewisser Weise zu dem Gegenüber gehören und das Gegenüber zu uns gehört... ‚Ich bin ein Mensch', sagte ein lateinischer Dichter des Altertums ‚und nichts Menschliches ist mir fremd'. Das heißt: Meines Menschseins bewußt zu sein, bedeutet, mir darüber im klaren zu sein, daß ich trotz aller realen Unterschiede zwischen den Individuen auch in gewisser Weise innerhalb jedes einzelnen meiner Mitmenschen bin." (Savater, 1993, S. 107)

4.1.4 „Persönlichkeitsstörung" als Ursache und die Verursachung der Störung

Zum Beispiel kann das theatralische Verhalten der histrionischen Persönlichkeit auf das Imponiergehabe bei Tieren zurückgeführt werden, die antisoziale Störung auf das Raubverhalten und die dependente „Persönlichkeitsstörung" auf die im ganzen Tierreich vorhandenen Bildungen. (Beck & Freeman, 1993, S. 23)

Normalerweise zugeschrieben werden der Person – im Gegensatz zum Ding und zum Tier – ethische Verantwortung für ihre Handlungen und persönliche Rechte (Menschenrechte). (Hügli & Lübcke, 1991, S. 443)

Laut Fenichel (1945) ist nur wenig darüber bekannt, warum eine Person eine ZPS (Zwanghafte „Persönlichkeitsstörung") und eine andere spezifische Zwangsgedanken oder Zwangshandlungen entwickelt. (Beck & Freeman, 1993, S. 275)

Aufgrund der Chronizität und des Wesens der Störung neigt der Achse II-Patient eher als der Achse I-Patient dazu, nicht mitzuarbeiten oder sich zu verweigern. (Beck & Freeman, 1993, S.58)

Der Begriff „Person" hat ja eine seiner begriffsgeschichtlichen Wurzeln im Bereich des römischen Rechtes. Personen sind daher auch in der neuzeitlichen Philosophie seit Locke nur Wesen, denen man Handlungen zurechnen kann. Man muß ihnen also mindestens Absichtlichkeit und das Bewußtsein, auch anders handeln zu können, unterstellen können. (Siep, 1983, S. 11)

Explizit oder implizit verbindet man mit dem Begriff der „Persönlichkeitsstörung" auch den Gedanken, eine Person verhalte sich abhängig, dissozial, theatralisch ..., *weil* sie eine entsprechende „Persönlichkeitsstörung" habe. Verhaltens- und Denkweisen werden dann als **Folge** der Störung angesehen. In diesem Falle wird zwischen Verhalten/Eigenschaft und Störung kategorial unterschieden und letzteres zur Ursache von ersterem erklärt. Auf der Suche nach Kausalitäten kann man dann natürlich weiterforschen und die „Ursache" für die Störung suchen – in der Biographie eines Patienten, in seiner Biochemie oder sonstwo.

Trennt man nicht kategorial zwischen Eigenschaft und Störung, dann sucht man die Ursache für die Störung in der gleichen Weise wie die Ursache für jede andere Eigenschaft eines Menschen. Für diesen Fall hat Peter Fiedler in seinem Lehrbuch sehr umfangreich und übersichtlich die verschiedensten Ansätze zusammengetragen, die das Verhalten der als gestört bezeichneten Personen erklären könnten: Psychoanalytische, lerntheoretische und beziehungsorientierte Konzepte. In der Psychologie finden wir zahlreiche Ansätze zur Erklärung von Persönlichkeits*strukturen,* Persönlichkeits*eigenarten* oder Persönlichkeits*stilen.*

Einen ganz anderen Weg der Ursachensuche schlägt man ein, wenn man nicht die Ursache von Eigenschaften, sondern die von „Störungen" ergründen will, die dann wiederum als Ursache bestimmten Verhaltens oder bestimmter Eigenschaften angesehen werden. Es nimmt nicht wunder, daß diese Suche schließlich in genetischen Dispositionen endet, wie bei Beck und Freeman. Die Art der Ursachenkonstellationen für eine

Störung der Person muß per definitionem eine andere und grundsätzlichere sein als die für Eigenarten oder Charakterstrukturen. Dem Autor ist kein einziges Genesemodell bekannt, das die Entstehung einer „Persönlichkeits*störung*" kausal erklärt. Es gibt nur nützliche Erklärungen für Eigenschaften, Eigenarten, Verhaltensmuster, Denkweisen oder Denkschemata. **Die Erklärungsmuster dafür aber sind von gleicher Art wie für menschliches Verhalten schlechthin.** Die bekannten und bei Fiedler (1994a) zusammengetragenen Ansätze erklären vielleicht die *Andersartigkeit* mancher Personen und deren Entwicklung im Vergleich zu üblichen Verhaltensnormen, nicht aber eine *„Störung"*. Man kann sagen: Auf diesem Gebiet der Ursachenforschung herrscht komplette Verwirrung, weil üblicherweise in einem Schritt Verhaltensmuster erklärt werden und durch die Hinzufügung des Begriffs der „Störung" zu diesen Mustern dann in einem ganz anderen Schritt geglaubt wird, man habe nun entweder die Eigenschaften durch die Störung kausal erklärt oder man habe durch die Erklärung der Entstehung von Eigenschaften die „Störung" kausal erklärt. Beides aber ist ein Irrtum. Ein Beispiel: Wenn das histrionisch-theatralische Verhalten einzelner Patientinnen mit ihrem negativen Selbstbild und dieses wiederum mit Verstärkungsprozessen in ihren Herkunftsfamilien für „Äußerlichkeiten" erklärt wird, woraus sich eine Art Abhängigkeit der Person von der Verstärkung äußerer Verhaltensmerkmale oder gar eine grundsätzliche Abhängigkeit vom Lob anderer ergeben habe, dann erklärt dies das theatralische **Verhalten** und nicht eine **Störung** der Person! Mit anderen Worten: Wären „wir" (als Gesunde) in der gleichen Umgebung aufgewachsen, würden wir uns genauso verhalten. Weder ist mit dieser „Erklärung von Verhalten" also eine „Störung" in ihrer Genese irgendwie „erklärt" noch können wir hier (die weiter unerklärte) „Störung" als Ursache von Verhalten ansehen. Fazit: Der Begriff „Störung" verwirrt nur und „stört" unser Verständnis der Person. Bei unachtsamer Verwendung hält man ihn aber vorschnell für eine Erklärung von Verhalten.

Sehen wir uns noch genauer jene Verwirrung an, die entsteht, wenn man die „Störung" für eine Ursache von Verhalten hält. In diesem Falle liegt die „Ontologisierung" eines Begriffes vor, die dann als Erklärungskonstrukt verwendet wird. Hierauf wird in 4.3 noch näher eingegangen. Gehen wir diesen verwirrenden Kausalitätsbehauptungen etwas genauer nach anhand einer typischen Aussage von Beck und Freeman (1993):

„Personen mit einer histrionischen ‚Persönlichkeitsstörung' erwarten oder verlangen ständig von anderen Bestätigung, Anerkennung oder Lob" (S. 185) oder: „Die meisten Patienten fallen leicht in gewohnte, doch dysfunktionale Kognitions- und Verhaltensmuster zurück. Dies trifft insbesondere auf persönlichkeitsgestörte Patienten zu, da ihre Probleme tief verwurzelt sind." (S. 294) Hier werden Kausalitäten nicht explizit benannt, aber sie klingen – je nach Auslegung solcher Sätze – mit. Was meinen diese Aussagen? Wollen sie sagen, daß wir Personen, die sich so verhalten, einfach als histrionische „Persönlichkeitsstörung" bezeichnen? Dann hätten wir es ausschließlich mit einem Labeling-Prozeß zu tun ohne jegliche Aussage über Kausalitäten, es läge ausschließlich ein sozialer Bewertungsprozeß von Verhalten vor. Streng genommen müßte dann die Aussage: „Histrionische Personen neigen zu einem ...-Verhalten" verändert werden in: „Personen, die sich ... verhalten, nennen wir histrionisch." Wählt man erstens nicht den klassischen behavioristischen Weg der Löschung handelnder/denkender Personen als Ursache von Verhalten und behält die Person als verhaltensverursachenden Handelnden bei und entgeht man zweitens auch dem Dilemma des medizinischen Krankheitsbildes in der Psychotherapie, welches Verhalten tautologisch auf eine Krankheit als Ursache dieses Verhaltens zurückführt, dann bleibt – erneut – nur eine Lösung: Kompromißlos auf den Begriff der Störung als Erklärung von Verhalten zu verzichten und allenfalls beschreibend von Persönlichkeitsstrukturen oder – besser – von Persönlichkeitsstilen (vgl. zum Begriff Kapitel 6.6) im Sinne übergeordneter Muster zu sprechen. Der Begriff „Stil" *beschreibt* oder *bezeichnet* dann ein Cluster von Verhalten, aber er *erklärt* nichts.

Wird das Verhalten einer Person durch deren Störung erklärt und die „Störung" als kausale Ursache von Verhalten „ontologisiert", wird die Person zu einem „Etwas", das – mit bestimmten Folgen – gestört oder krank ist. Damit geht etwas sehr zentrales verloren, das wir Personen intuitiv zuschreiben, wenn wir sie in einem Akt der Anerkennung als Personen wahrnehmen: Es ist die Verantwortung der Person für ihr Handeln und ihre damit verbundene Freiheit, so oder anders zu handeln. Wir gehen nicht nur davon aus, eine Person „wähle" ein bestimmtes statt eines anderen Verhaltens. Wir gehen sogar so weit, anzunehmen, sie *entscheide* sich für ihr Verhalten. Die Entscheidung, sich gegenüber sich selbst oder gegenüber anderen so und nicht anders zu verhalten, wird dann sogar eine *Entscheidung darüber, wer man selbst ist.* In diesem philosophiegeschichtlich und damit für unser Menschenbild und unser Selbstverständnis wichtigen Sinne gehen wir davon aus, eine Person habe zwar keine Entscheidung darüber, *daß* sie sei (über die eigene Geburt kann man nicht mitreden), wohl aber darüber, *wie* sie sei. Und so entscheidet sie, durch die Art, wie sie ihr Leben führt und sich verhält, auch darüber, wie es anderen mit ihr geht. Sie wird also notwendig „schuld" am Glück und Leid anderer mit ihr. Wir haben weder die Möglichkeit noch das Recht, Personen von dieser Entscheidungsfreiheit und dieser Verantwortung loszusprechen – und wenn, dann nur für definierte Ausnahmesituationen und Ausnahmefälle. Um solche Ausnahmen handelt es sich aber gerade nicht, wenn wir mit „persönlichkeitsgestört" bezeichneten Patienten einen therapeutischen Dialog führen. Wir gehen darin ja im Gegenteil davon aus, die Person verstehe uns, sei bei Bewußtsein und lasse sich aufgrund ihres Personseins auf einen entsprechenden Dialog mit uns ein. Der therapeutische Dialog konstituiert eo ipso die Anwesenheit zweier „ungestörter" Personen!

Was liegt nun aber näher, als daß Personen diese Selbstverantwortung und diese Entscheidungsfreiheit auch nicht wollen können? Was liegt näher, als auch nicht frei sein zu wollen angesichts dieser Verantwortung. Insofern die Freiheit und die Verantwortung mit dem Status der Person notwendig verbunden sind (im Gegensatz zu Maschinen und Tieren, denen wir nicht auf diese Weise Verantwortung zuschreiben), können Personen auch den Wunsch haben, nicht Personen zu sein, ohne daß ihnen dieser Wunsch erfüllt werden könnte. Weder sie selbst noch andere können ihnen das Personsein absprechen. Es ist einem *gegeben.* Daraus folgt schon rein logisch, daß wir im Grunde gar keine Wahl haben, eine Person in ihrem Personsein als „gestört" oder als ungestört zu bezeichnen. Ob ein Jemand ein Jemand ist, darüber können wir nicht bestimmen.

Im Umgang miteinander wird dieser Akt auch zu einem des *Versprechens*, als Person nicht nur jetzt, sondern auch morgen und übermorgen der oder die zu sein, der oder die man heute ist – auch wenn man sich im Verhalten ändert. Mit anderen Worten: Solange man ist, ist man, wer man ist: Die gleiche Person – von der Tatsache, daß ich diese Person bin, gibt es keine Suspendierung. Die Begriffe der „Persönlichkeitsstörung" oder der „pathologischen Person" werden allerdings gerne zu eben dieser letztlich unmöglichen Suspendierung von dieser Festlegung, diesem Versprechen, dieser Verantwortung und dieser Freiheit benutzt. Die Suspension vom Personsein mittels einer Störungsdiagnose ist aber eine Scheinlösung, weil es für die Tatsache, zu leben und auch für die Tatsache, als Mensch und damit als Person zu leben, keine „Auszeiten" gibt. Ich kann nicht eine Zeitlang Person sein, eine Zeitlang damit aussetzen, um dann wieder „einzusteigen". Robert Spaemann führt dies so aus: „Die Person *ist* ein Versprechen. Personsein bedeutet die Einnahme eines Platzes in der Gemeinschaft aller Personen. Vernünftige Lebewesen haben nicht die Wahl, ob sie diesen Platz mitsamt den Verpflichtungen und den Ansprüchen, die mit ihm verbunden sind, einnehmen wollen oder nicht. Sie können weder auf die Ansprüche verzichten noch die Verpflichtung aufkündigen. Die Autonomie der Person ist selbst nicht autonomen Ursprungs und unterliegt selbst nicht ihrem eigenen autonomen Ermessen. Unsere Rechtsordnung betrachtet einen Vertrag, in dem jemand sich einem anderen gegenüber aller seiner bürgerlichen Rechte und Menschenrechte begibt, als ungültig. Und natürlich kann sich ebenso wenig jemand aller seiner Pflichten entledigen. Der Eintritt in die Personengemeinschaft, also in die Gemeinschaft der Freien, ist selbst keineswegs frei. Die Zustimmung wird ohne weiteres präsumiert, ebenso übrigens wie die Zustimmung aller anderen, jeden neu hinzukommenden Menschen als ihresgleichen anzuerkennen. Es gibt hier keinen Akt der Kooptation. Jeder nimmt seinen Platz in dieser Gemeinschaft als ‚geborenes Mitglied' ein." (1996, S. 237). Was heißt das anderes, als daß die Konzeptualisierung einer Person als „gestört" in ihrem Personsein der Versuch wäre, in einem Akt der Pathologisierung diese Freiheit doch herzustellen, derzufolge wir aufgrund bestimmter Kriterien bestimmen könnten, welche Personen Personen sind und welche nicht. Eine Person kann nur sein oder nicht sein. Sie kann im „Sein als Person" nicht gestört sein. Natürlich gibt es Zustände, in denen wir eine Person für „nicht voll zurechnungsfähig" halten. Das ist aber etwas anderes, als ihr den *Status* als Person abzusprechen.

Es ist eine wichtige moralische und juristische Frage, ob Personen auch dann die Verantwortung für die Folgen ihres Handelns zugesprochen werden muß, wenn sie die Handlungen in einem „außergewöhnlichen Zustand" begangen haben. Ist jemand für einen Mord oder einen Totschlag verantwortlich, den er im Zustand einer schlafwandlerischen Haltung begangen hat? Meiner Meinung nach würden wir der Person ein wichtiges Moment ihrer Freiheit und ihres Personseins rauben, wenn wir ihr diese Verantwortung absprechen wollten. Wie sollte sie dann fortan mit ihrem eigenen Leben zurecht kommen? Vielleicht möchten manche Patienten und manche ihrer Therapeuten den Begriff der „gestörten Person" dazu verwenden, Personen von eben dieser Verantwortung für ihre Handlungen und vor allem für die Folgen ihrer Handlungen freizusprechen. Hinsichtlich der Frage, ob Menschen damit therapeutisch geholfen wird, dürfte das aber auf einen Trugschluß hinauslaufen. Wer sich für seine Handlungen nicht verantwortlich fühlt, dem fehlt auch die Kraft zur Veränderung. Und schließlich sei mit Spaemann darauf hingewiesen, daß dieser Akt der „Anerkennung von Jemandem als Person" nicht das Resultat eines vorherigen „Checkens" ist, ob dieser „Jemand" bestimmte Eigenschaften hat und deshalb als „gesund" oder „gestört" oder gar als „personal nicht existent" einzustufen ist. Als Person sind wir und anerkennen uns in einem ursprünglichen Akt oder aber wir sehen ein „Etwas" vor uns und keine Person. Der Akt der Anerkennung von Jemandem als Person ist unabhängig davon, wie sich dieser verhält und was er denkt. Wir schließen nicht von Eigenschaften auf Personen. Zwar sehen „Menschen einander aufgrund bestimmter Eigenschaften als Personen (an), daß aber Personalität keine dieser Eigenschaften ist, sondern diesen allen als vorausliegend gedacht wird, und daß sie selbst nur in der Weise ihrer Anerkennung gegeben ist" (Spaemann, 1996, S. 238), weist daraufhin, daß die Wahrnehmung von Jemandem als Person ein sehr fundamentaler, in der zwischenmenschlichen Begegnung „ursprünglicher" Akt ist und nicht ein sich durch einen diagnostischen Entscheidungsprozeß erst ergebender. Wir können als Therapeuten keine Suspension vom Personsein und von der dazugehörigen Verantwortung aussprechen – auch und gerade nicht durch die Verwendung pathologieorientierter Diagnosen.

Wenn man dennoch am Begriff der Störung als Erklärung oder Ursache festhält, dann nicht mehr aus wissenschaftlichen oder therapeutischen Gründen, sondern aus gesundheitspolitischen. Hier aber geht es dann meistens um die Individualisierung von Problemen durch Pathologisierung von Personen. Das hat Marianne Krüll in ihrem Vorwort zu einem Selbsthilfebuch für Patientinnen mit Eßproblemen eindrucksvoll beschrieben. Man übertrage, was sie im folgenden in bezug auf die Pathologisierung von Frauen mit Eßproblemen sagt, nur einmal gedanklich auf „Persönlichkeitsstörungen". Zu der Überschrift „Sind sie psychisch krank?" führt sie – an

Betroffene gerichtet – aus: „Im Lauf Ihrer Beziehungsgestaltung mit Angehörigen, Freunden, Nachbarn, Kollegen und – last but not least! – Professionellen hat sich ein makabres Spiel, sie klein und ‚krank' zu halten, etabliert. Wenn Sie schlechte Laune haben, wird dies auf Ihr Eßproblem (oder: auf Ihre „Persönlichkeitsstörung"; H.L.) zurückgeführt (Grundunsicherheit). Wenn Sie nervös sind, wird dies auf Ihr Eßproblem („Persönlichkeitsstörung"; H.L.) zurückgeführt (Hyperaktivität). Wenn Sie traurig sind, wird dies auf Ihr Eßproblem („Persönlichkeitsstörung"; H.L.) zurückgeführt (Depressivität). Wenn Sie sehr strebsam sind, wird dies auf Ihr Eßproblem („Persönlichkeitsstörung"; H.L.) zurückgeführt (typisch perfektionistischer Ehrgeiz). Wenn Sie bei der Auswahl Ihrer Freunde besonders vorsichtig sind, wird dies auf Ihr Eßproblem („Persönlichkeitsstörung"; H.L.) zurückgeführt (mangelnde Beziehungsfähigkeit). Wenn Sie sich zurückziehen, wird dies auf Ihr Eßproblem (usw.; H.L.) zurückgeführt (Isolationstendenzen). Wenn Sie viel Kontakt zu Ihrer Herkunftsfamilie suchen, wird dies auf Ihr Eßproblem zurückgeführt (nicht geleistete Ablösung)." (In: Schimpf, 1995, S. 15).

4.2 „Persönlichkeitsstörung": Der Prozeß der Pathologisierung von Personen

Bei chronischen „Persönlichkeitsstörungen" gehen Veränderungen möglicherweise viel langsamer vonstatten und sind Resultate in weit geringerem Maße wahrnehmbar. Daher haben Therapeut und Patient auf Dauer beträchtliche Arbeit bezüglich der Persönlichkeitsänderung zu leisten. (Beck & Freeman, 1993, S. 56)

Die Würde des Menschen ist unantastbar. (Grundgesetz BRD, § 1)

Es gibt keine Personkrankheiten. (Tellenbach, 1988, S. 153)

Hochentwickelte Raub- und Konkurrenzstrategien, die dem Überleben unter primitiven Verhältnissen förderlich sein könnten, passen ... möglicherweise nicht in ein soziales Milieu und führen schließlich zu einer „antisozialen Persönlichkeitsstörung". (Beck & Freeman, 1993, S. 21)

Die Persönlichkeit selbst ist ... die Idee des moralischen Gesetzes mit der davon unzertrennlichen Achtung. (I. Kant, 1960, S. 675)

Bei der Analyse logischer Widersprüche von Persönlichkeitsstörungskonzepten sind wir nun bei dem Vorgang der Pathologisierung gelandet. Betrachten wir diesen etwas genauer.

Psychotherapeuten sind heute sensibler geworden für Prozesse, durch welche Personen pathologisiert oder defizitär betrachtet, statt in ihren Ressourcen gewürdigt zu werden. Es ist modern, den Blick vom Kranken auf das Gesunde zu wenden: Die „Salutogenese" soll die „Pathogenese" ersetzen (vgl. Franke & Broda, 1993; Lutz & Mark, 1995). Das Konzept der „Persönlichkeitsstörung" paßt nicht in diese Landschaft. Es pathologisiert Personen auch dann, wenn es ressourcenorientiert oder beziehungsorientiert sein will (das pathologisch bezeichnete Verhalten wird hierbei als Teil einer Interaktion verstanden, zu der immer mindestens zwei gehören). In diesem Kapitel soll gezeigt werden, daß und wie man defizitorientiert denken *muß,* wenn man von „gestörten Persönlichkeiten" redet.

4.2.1 Die Pathologisierungsschritte

> Aber ebenso wohl ist es möglich, daß eine andere Person durch die Vermittlung voll verstehender Fremdliebe hindurch mir die Wege meines Heils weise; mir also durch die echtere und tiefere Liebe, die sie zu mir hat als ich selbst zu mir, mir eine deutlichere Idee meines Heiles aufweise, als ich sie mir selbst aneignen kann. (Gebsattel, 1954, S. 496)

Sehen wir uns zunächst am Beispiel eines Erstantrages einer ambulanten Verhaltenstherapie die Stufen der Pathologisierung an. In einem Bericht erwähnt ein Psychotherapeut zunächst die Problematik des Patienten so: „Herr M. klagt über zunehmend depressive Verstimmtheit, soziale Ängstlichkeit und Selbstisolation." Im psychischen Befund beschreibt der Therapeut den Patienten als gedrückt, unsicher, zurückhaltend. Dies ist die erste, beschreibende Stufe. In der zweiten Stufe der diagnostischen Zuordnung des Problems spricht der Therapeut dann von einer „Selbstwertproblematik" mit dem „*Verdacht* auf eine selbstunsichere Persönlichkeitsstörung". Unabhängig von dieser Diagnose werden dann im üblichen Sinne verhaltenstherapeutische Techniken zur Veränderung der Selbstunsicherheit geplant (z.B. Selbstsicherheitstraining, Einübung zukunftsgerichteter Gedanken usw.). Dann folgt die nächste Phase der Pathologisierung, wenn prognostisch überlegt wird: „Sollte die weitere Persönlichkeitsdiagnostik eine ‚Persönlichkeitsstörung' ergeben, müßte der therapeutische Zeitrahmen eventuell erweitert werden". Wir sind also bei einer Self-fulfilling Prophecy gelandet und man kann die letzte Phase erahnen: Wenn die Therapie im geplanten Zeitraum nicht die vom Therapeuten gewünschten Erfolge bringen wird, wird dies kausal mit einer sich nun doch erwiesenen „Persönlichkeitsstörung" des Patienten erklärt werden. Dieses Beispiel zeigt, was oft geschieht: Daß nämlich die Pathologisierung nicht allein aus der Verwendung bestimmter Begriffe besteht, sondern in sich einen eigenen **Prozeß** darstellt.

Teil dieses Prozesses ist, daß die Verantwortung für die Pathologisierung von denen geleugnet wird, die den Begriff der „Persönlichkeitsstörung" eingeführt haben oder weiter verwenden. Man tut dabei so, als beschreibe man eine offensichtliche Realität, die nur Laien in Frage stellen könnten. Was aus der einen Sicht eine Erfindung zur ausgrenzenden Qualifizierung von Menschen ist, ist in dieser Einschätzung nunmehr die Anerkennung einer offensichtlichen ‚Tatsache': „Geht man davon aus, daß die Persönlichkeitsmuster ... persönlichkeitsgestörter Menschen von denen anderer Menschen abweichen, so stellt sich die Frage: Wie entstehen diese Muster?" (Beck & Freeman, 1993, S.25). So plausibel diese Frage erscheint – sie ist eine Folgefrage und verbirgt die ursprüngliche, viel wesentlichere Frage: Wer geht eigentlich mit einer solchen Selbstverständlichkeit davon aus, daß die behauptete „Abweichung" Zeichen einer Störung sei? Vor welchem Hintergrund, mit welchem Ziel? Wer ist hier „man"? Wer diesen Begriff einmal in einem Entlassungsbericht geschrieben oder in einer Supervision auf einen Menschen angewandt hat, hat damit eine bestimmte (abwertende) Realität geschaffen und ist auch dafür verantwortlich. Er kreiert eine bestimmte Sicht der Wirklichkeit und konstatiert nicht Fakten!

Ein weiterer Teil dieses Prozesses besteht darin, daß man im gleichen Atemzug davon spricht, bei der mit „Persönlichkeitsstörung" bezeichneten Problematik handele es sich eigentlich um eine Beziehungsstörung, um dann aber ausschließlich die „gestörten Personen" und eben nicht die Beziehung zwischen Menschen zu beschreiben. Es ist erstaunlich, wie oft – etwa bei Fiedler – hier konträre Aussagen völlig unkommentiert nebeneinander stehen. Zum Beispiel die folgenden: „Die meisten Autoren betonen inzwischen den Aspekt der Beziehungsstörungen, und sie betrachten ‚Persönlichkeitsstörungen' als Störungen der zwischenmenschlichen Interaktion." (1994c, S. 221). Nur eine Seite weiter findet sich dann unter der Überschrift „Kennzeichnung der Persönlichkeitsstörungen" folgende Aussage: „In den Diagnosesystemen werden ‚Persönlichkeitsstörungen' als wiederholt beobachtbare, personentypische Interaktionseigenarten beschrieben, die als unflexibel und sozial als wenig angepaßt gelten können" (ebd. S. 222) und nur eine halbe Seite weiter die bereits oben zitierte Passage, wonach „Persönlichkeitsstörungen ... wie andere Persönlichkeitseigenarten zur Person (dazugehören)" (S. 222). In diesen Aussagen wird eben ganz im Gegensatz zu einer interaktionellen Sicht die Beteiligung der Interaktionspartner an den mit diesen „Persönlichkeitseigenschaften" einhergehenden Beziehungsproblemen geleugnet. Manchmal findet sich diese Widersprüchlichkeit sogar in einer einzigen Redewendung, wenn z.B. von einer „persönlichkeitsbedingten Beziehungsstörung" (Fiedler 1994b, S. 789) die Rede ist. Gehören zu einer Interaktion immer, wie Wazlawick und viele andere Kommunikationstheoretiker gezeigt haben, mindestens *zwei Teilnehmer,* so leugnet eine Sicht, die Individuen pathologisiert, dieses Wissen und schreibt die Ursache der Beziehungsproblematik doch wieder (kausal) einer Person zu: „... Die aus der Ich-Synthonie heraus eskalierenden Beziehungsstörungen ..." (ebd. S. 790).

Ein aufschlußreiches Beispiel, wie die DSM-III-Klassifikation den Therapeuten – schon im Erstkontakt – auf eine individual-pathologische Fährte setzt, gibt Turkat (1996, S. 31f.) mit folgendem Beispiel: „Ein attraktiver, gepflegter, charmanter und auf Anhieb sympathisch wirkender Mann antwortet auf die erste Frage seines Therapeuten: ‚Ich glaube nicht, daß ich eine Therapie nötig habe, ich bin bloß gekommen, damit meine Frau endlich Ruhe gibt.' Der Therapeut sollte sich daraufhin fragen: ‚Ist wirklich die Ehefrau die Ursache seiner Probleme, oder bestehen die Schwierigkeiten eher in der mangelnden Bereitschaft des Patienten, sich mit seinen eigenen Problemen auseinanderzusetzen und sich die Notwendigkeit einer therapeutischen Behandlung einzugehen?' Nehmen wir einmal an, letzteres träfe zu. In diesem Fall stellt sich die Frage, ob die Tatsache, daß der Patient attraktiv und charmant, aber für seine eigenen Probleme völlig unsensibel ist und dennoch zu einem Therapeuten geht, damit seine ‚Frau endlich Ruhe gibt', auf bestimmte Kategorien hinweist. Diese Frage ist eindeutig mit ja zu beantworten. Als psychopathologische Hypothese könnte eine Antisoziale oder eine Narzißtische ‚Persönlichkeitsstörung' in Frage kommen." Es steht außer Frage, daß angesichts der trotz aller Operationalisierungsbemühungen doch sehr von sozialen Normen geprägten DSM-III-R-Kriterien (vgl. hierzu Kap. 5.6) für die danach suchenden und auf Psychopathologie ausgerichteten Therapeuten genügend Spielraum bleibt, für Patienten passende „Persönlichkeitsstörungen" zu finden. Bei Turkat, der einen psychologischen Ansatz zur Erklärung und Behandlung der *Problematik* des Patienten erarbeitet (die völlig unabhängig von der diagnostischen Zuordnung zu einer „Persönlichkeitsstörung" ist!) zeigt sich, daß die auf ein Individuum abgestimmte Therapieplanung völlig unabhängig von der diagnostischen Zuordnung geschehen *könnte*. Seine Schritte zur Hypothesenbildung über die Probleme einer Person, deren Ätiologie und schließlich die Vorhersage zukünftigen Verhaltens bedürften gar keiner Störungsdiagnose.

Es gibt so etwas wie eine „starke" und eine „weiche" Form der Pathologisierung. Zur ersten gehört die Verwendung einer stark pathologisierenden Sprache, die in 4.2.4 dargestellt werden wird. Weichere Formen sind solche, die im Mantel der Hilfe erscheinen; sie werden in 4.2.3 näher geschildert. Zuvor aber soll in 4.2.2 der Frage nachgegangen werden, wie das Problem der Pathologisierung in der Metadiskussion um das Konzept der „Persönlichkeitsstörung" selbst behandelt wird.

4.2.2 Die stigmatisierende Warnung vor der Stigmatisierung

Ein viertes Merkmal des DSM-III war die Konzentration auf die Störung selbst, nicht auf die davon betroffenen Personen. (Turkat, 1996, S. 20)

Eine Person sein heißt, andere als Personen zu behandeln. (Siep, 1983, S. 24)

Das Problem der Pathologisierung ist von den Autoren und Forschern auf diesem Gebiet selbst längst erkannt worden. Häufig wird es das „pejorative Problem" bei der Verwendung des Begriffs „Persönlichkeitsstörung" genannt. Vor allem Peter Fiedler geht wiederholt darauf ein und stellt es bisweilen sogar in den Mittelpunkt seiner Überlegungen. Er warnt des öfteren vor der offensichtlichen Stigmatisierung von Personen durch den Begriff der „Persönlichkeitsstörung". Er führt hierzu aus:

„Das Stigmatisierungsproblem setzt nun genau dort ein, wo sich ein *Konsens* über die Notwendigkeit der Korrektur oder Beendigung wiederholt gezeigter Verhaltensdevianz mit dem Betroffenen *nicht mehr herstellen läßt.*" (1994a, S.6; H.i.O.). Diese Aussage ist exemplarisch für die Behandlung dieser Frage im gegenwärtigen Diskurs unter Therapeuten. Man warnt vor der Stigmatisierung. Unbemerkt und gleichzeitig aber stigmatisiert man eben und gerade vermittels dieser Warnung bzw. des Inhaltes der Warnung. Bei genauer Betrachtung geschieht dies sogar innerhalb des eben genannten Zitates von P. Fiedler. Warum?

Stigmatisierung und Pathologisierung sind nämlich nicht, wie Fiedler hier behauptet, Resultat eines Dissens zwischen „Außenperspektive" und „Innenperspektive". Pathologisierung liegt eben nicht nur im Falle von Dissens zwischen Professionellen und Betroffenen über die Diagnose vor. Sie läge sogar in viel größerem Umfange dann vor, wenn an die Stelle des Dissens ein Konsens treten würde: Wenn Therapeut und Patient gemeinsam der Meinung wären, es liege bei letzterem eine „Persönlichkeitsstörung" vor. Es ist doch wohl vielmehr ein Zeichen psychischer Gesundheit, wenn Personen „dissent" (nicht zustimmend) gegenüber solchen pathologisierenden Zuschreibungen sind. Die Stigmatisierung drückt sich doch gerade darin aus, daß von seiten der Therapeuten eine „harmonische" Kommunikation mit dem Patienten vom Konsens darüber abhängig gemacht wird, daß dieser seine „Störung" oder die „Notwendigkeit" einer Veränderung auf seiner Seite einsieht. Wenn eine produktive und therapienützliche Kommunikation nur dann gelingt, wenn der Patient einer Störungsdiagnose zustimmt, ist die Stigmatisierung doch erst perfekt. Stigmatisierung liegt vor allem dann vor und tritt dem Patienten sogar als „psychische Gewalt" entgegen, wenn seine Nichtzustimmung zur Diagnose von dem, der die Macht hat, Diagnosen zu vergeben, nun selbst als ein Indiz für eben diese Störung genommen wird. Dann liegt für Patienten eine ebenso paradoxe Falle vor, wie im gelegentlich psychoanalytischen Umgang mit dem Konzept des Widerstandes: Entweder der Patient gibt zu, er sei im Widerstand oder seine Verweigerung dieser Ansicht gegenüber bestätigt seinen Widerstand. Entweder der Patient gesteht zu, daß seine Persönlichkeit gestört bzw. er veränderungsbedürftig ist oder seine Weigerung, dies einzusehen, wird als Zeichen seiner Störung gedeutet. Mit anderen Worten: Die „Schuld" am Dissens wird stets dem Patienten zugesprochen unter Verwendung der

„Labeling-Macht" auf seiten der Therapeuten. Weitere Kommunikation wäre in diesem Fall nur dann produktiv anschlußfähig, wenn sie eine Form gemeinsamen „Verstehens" voraussetzt, die von einer Störung auf seiten des Patienten ausgeht. In Wirklichkeit ist es gerade umgekehrt: Der Therapeut errichtet die Kommunikationsbarriere, wenn er den Konsens im Gespräch von der Zustimmung des Patienten zu dessen eigener Pathologisierung abhängig macht.

Hierzu ein Beispiel aus der Praxis des Autors: Ein 22jähriger Patient, Einzelkind, befand sich über Jahre hinweg in einem eskalierenden Konflikt mit seinen Eltern. In diesem gab es täglich Streit mit zunehmender verbaler und physischer Gewalt von seiten des Sohnes und zunehmender hilflos-ohnmächtiger Passivität auf Seiten der Eltern. Eines Tages eskalierte der Streit so, daß der Sohn dabei seine Mutter mit dem Messer bedrohte. Als Nachbarn darauf aufmerksam wurden und die Polizei riefen, wurde er schließlich in die Psychiatrie zwangseingewiesen – zu seinem eigenen und dem Erschrecken seiner Eltern. Bei seiner Entlassung aus der Psychiatrie wurde ihm auf seine entsprechenden Fragen nach dem Urteil der Ärzte mitgeteilt, er habe eine „schwere Persönlichkeitsstörung". Mit der Frage, was damit gemeint sei und wie er fortan damit zurechtkommen solle, setzte er die bereits zuvor begonnene ambulante Psychotherapie beim Autor fort. Dieser erklärte ihm rundweg, daß diese Diagnose einfach Unsinn sei und es nun darauf ankomme, daß er die volle Verantwortung für sein aggressives Verhalten zu übernehmen lerne (statt es als Resultat einer „Störung" zu sehen) und daß er sich – bevor es mit seiner eigenen Entwicklung „gesund" weitergehen könne – bei seinen Eltern zu entschuldigen habe. Hätte der Patient hier diese Diagnose tatsächlich innerlich übernommen, wäre er zwar einerseits der Verantwortung für sein Verhalten entledigt gewesen. Die eigentliche Stigmatisierung aber wäre andererseits fundamental gewesen, da ihm gefehlt hätte, was in der weiteren ambulanten Therapie von größter Bedeutung war: die Kraft, die aus der Übernahme der vollen Verantwortung für seine Verhaltensweisen im Prozeß der Eskalation resultierte.

Die pathologisierende, stigmatisierende oder „pejorative" Seite der Persönlichkeitsstörungskonzepte ist in so hohem Ausmaß von einer gleichzeitigen Warnung vor dieser Stigmatisierung geprägt, daß diesem *Doppelgesicht der Diskussion* eine gesonderte Betrachtung gewidmet werden muß. Dafür sensible Autoren wie Peter Fiedler sprechen es immer wieder an. Er zitiert hierzu die eindringlichen Worte von Karl Jaspers gegen jede Form der diagnostischen Festlegung von Menschen. Sensibel für subtile Abwertungsprozesse in Diagnosen sind auch die Vertreter der „interpersonellen Psychotherapie". Aufgrund ihres Ansatzes sehen sie ohnehin zuallererst die interaktionelle Natur von sozialen Problemen (z.B. Benjamin, 1993; Anchin & Kiesler, 1982). Sie beziehen sich dabei auf Sullivan (1953). Die interaktionelle Sicht geht davon aus, „daß die mehr oder weniger zeitstabilen und inflexiblen Interaktionsmuster persönlichkeitsgestörter Menschen charakteristischen, um nichts mehr oder weniger stabilen und unflexiblen Interaktionsmustern ihrer jeweiligen Bezugspersonen entsprechen". (Fiedler, 1994b, S.249). (Man beachte allerdings den Widerspruch in diesem Zitat, wenn im Kontext einer interaktionellen Betrachtung dann doch individual-pathologisch von „persönlichkeitsgestörten Menschen" die Rede ist!)

Die Warnung vor einer Stigmatisierung bei gleichzeitiger Verwendung des Störungsbegriffs führt zu wahren sprachlichen Verrenkungen, wie folgendes Zitat von Turkat (1996) zeigt: „Ein viertes Merkmal des DSM-III war die Konzentration auf die Störung selbst, nicht auf die davon betroffenen Personen" (S.20). Es soll demnach eine „Störung der Persönlichkeit" beschrieben werden, die nicht auf die „davon betroffene" Person bezogen werden solle. Was soll man darunter verstehen? Turkat spricht sich in diesem Kontext explizit dagegen aus, „Menschen selbst zu kategorisieren und zu etikettieren" (S.20). Als gäbe es eine Möglichkeit, von „gestörten Personen" zu reden, ohne sie genau dadurch zu kategorisieren und zu etikettieren! Darüber hinaus wird hier auch deutlich, wie die Person, gerade wenn sie nicht „etikettiert" werden soll, von ihrem eigenen Verhalten losgelöst wird und die „Störung", die ihr ja doch individuell zugeschrieben wird, ihrem Verantwortungsbereich entzogen wird. Man kann das nur so verstehen, daß die „Persönlichkeitsstörung" hier onthologisiert oder materialisiert wird wie eine Krankheit oder eine Symptomatik im klassisch medizinischen Sinne. Dann wird die Person „befallen" von schizoiden, paranoiden, selbstunsicheren oder wie auch immer etikettierten Gedanken oder Gefühlen (die schließlich zu einer „Störung der Person" führen). Die Warnung vor der Stigmatisierung endet hier also in einer Verantwortungsenteignung. Mit der betroffenen Person kann man dann vielleicht Mitleid haben, aber gerade dieses entpuppt sich als kräfteraubende Form der Etikettierung und Pathologisierung. Wenige Seiten später bestätigt Turkat genau dies, wenn er den Vorteil der DSM-III-Kriterien vor allem in der Möglichkeit sieht, zwischen „normalen" (z.B. zwanghaften) Persönlichkeitszügen und „abnormen Persönlichkeiten" zu unterscheiden. Wieder fällt die innere Widersprüchlichkeit auf, wenn einerseits vor einer Diskriminierung gewarnt wird (Personen sollen nicht mit der Störung gemeint sein), andererseits aber von „abnormen Persönlichkeiten" (S.22) die Rede ist.

Bei Fiedler wie wohl auch bei vielen Kolleginnen und Kollegen, die nicht stigmatisieren wollen und dennoch den Begriff der „Persönlichkeitsstörung" verwenden, fällt das gleiche unentwegte Schwanken zwischen einer stigmatisierenden Sprache und der Ablehnung derselben auf. Auf der einen Seite verweist er auf „... das mit den ‚Persönlichkeitsstörungen' untrennbar verknüpfte Diagnostik-Problem der *Personperspektivierung einer Interaktionsstörung*" (1994a, S.9), die die 200jährige Tradition der Psychiatrie habe. Gleichzeitig spricht er in seinem Buch „Persönlichkeitsstörungen" an zahlreichen Stellen mit unkritischer Selbstverständlichkeit von „persönlichkeitsgestörten Menschen" (ohne Apostrophierung!).

Ein Versuch der Entstigmatisierung des Begriffs liegt vor, wenn man ihn explizit nicht metaphysisch oder juristisch, sondern rein methodisch verwendet (vgl. Kap. 3.1). Fiedler bezeichnet diesen rein methodischen Zugang als „Prototypen-Perspektive" (1994a, S.27f.). Man faßt hier ein Cluster von „typischen Verhaltensmustern" zusammen und ordnet einzelne Individuen diesen zu – ohne Anspruch, daß diese Clusterbildung einer realen Entität entspreche. Zu fragen wäre dann aber, warum man sich nicht mit der **Typisierung von Personen** begnügt („schizoide Personen – dependente Personen usw."), sondern doch wieder den Begriff der **Störung** hinzufügt. Schließlich ist gerade aus sprachkonstruktivistischer Sicht anzumerken, daß Sprache ja nie nur Realitäten abbildet, sondern sie auch schafft. Wer von „gestörten" Persönlichkeiten spricht, kann die Geister nicht mehr beruhigen, die er damit ruft. Als Bemühen um Entstigmatisierung will auch die Wandlung der Nomenklatur auf diesem Gebiet in den letzten 20 Jahren verstanden werden. Begriffe wie „Psychopathie" und „Soziopathie" wurden aufgegeben und „durch den bislang weniger vorbelasteten Begriff der ‚Persönlichkeitsstörungen' ersetzt" (ebd. S.27). Man mag es für weniger pathologisierend halten, wenn an die Stelle der Werturteile der Gesellschaft, wie sie sich in Begriffen wie „Soziopath" ausdrücken, das „Leiden der betroffenen Personen selbst sowie die sich daraus ergebenden Einschränkungen ihrer sozialen Kompetenz" (ebd. S.27) als Diagnosekriterien für eine „Persönlichkeitsstörung" treten. Daß man das auch anders sehen kann und muß, wurde hier ausführlich dargelegt.

Ein Teil der Stigmatisierung ist die **Schuldzuschreibung** für Mißerfolge oder Krisen im therapeutischen Prozeß: „Eine Erklärung psychotherapeutischer Krisen durch die besonderen ‚Persönlichkeitsstörungen' von Patienten *macht aus einem Problem der Therapeut-Patient-Beziehung ein Problem des Patienten.* Dem Psychotherapeuten mag diese Perspektivenänderung ganz fraglos neue Sicherheit bieten, ist er selbst zugleich *nicht mehr* zwingend Verursacher der eingetretenen therapeutischen Krise, sondern die ‚Persönlichkeitsstörung' des Patienten." (Fiedler, 1994a, S.356; H.i.O). Dem ist nur zuzustimmen. Es wäre aber nur folgerichtig, diese Hintertür der Selbstexculpation von Therapeuten zu schließen und den Begriff selbst ganz aufzugeben.

Eine weitere „antipathologisierende Strategie" stellt die *Ressourcenorientierung* dar. Hier wird versucht, im „gestörten Verhalten" eine besondere Fähigkeit des Patienten zu sehen. Dies geschieht vor allem im sogenannten **„Diathese-Streß-Modell"** der „Persönlichkeitsstörungen" (vgl. Abb.2, S.16. Dieses Modell „legt es nahe, die ‚Persönlichkeitsstörungen' vorrangig als interpersonelles Problem aufzufassen ... Die persönlichen Verhaltensweisen der Betroffenen werden als individuelle Eigenarten oder *Kompetenzen* verstehbar, auf psychosoziale Anforderungen, einschneidende Lebensereignisse oder zwischenmenschliche Krisen zu reagieren." (Fiedler 1994c, S.242). Dieses Modell verdient besondere Beachtung, erfreut es sich doch großer Beliebtheit als Erklärungsmodell „gestörten Verhaltens".

Zusammengefaßt besagt dieses Modell, daß die „Persönlichkeitsstörung Resultat einer **multikausalen Entwicklung** ist: Persönliche Prädispositionen interagieren mit Umweltbelastungen; das Ausmaß der individuell gelernten Kompetenz interagiert mit dem Umfang sozialen Rückhaltes. Eine ungünstige Kombination der Faktoren – negative Prädisposition mit hoher Belastung und wenig sozialem Rückhalt – führt zu einer **persönlichen Vulnerabilität.** Dieser Begriff ist für die Frage der „Stigmatisierung" zentral. In ihm wird die Grundlage der „Persönlichkeitsstörungen" gesehen. Entscheidende Annahme ist nun nämlich, daß das Verhalten, aufgrund dessen eine Person als gestört bezeichnet wird, verstanden wird als „Teil eines Bemühens, gegenüber diesen Belastungen und Krisen zu bestehen und/oder *die eigene Vulnerabilität zu schützen*" (ebd. S.242; Hervorhebung v. Verf.).

Ein ähnliches Modell liegt in Form der „biosozialen Lerntheorie der Persönlichkeitsstörungen" von Millon vor (Millon, 1981; Millon & Everly, 1985). Dieser Ansatz versteht das Verhalten des Patienten als „Lösung seiner interaktionellen Probleme" und bringt somit eine Ressourcenorientierung zum Ausdruck. Sicherlich gelingt es vielen Therapeuten, mit diesen Modellen gänzlich ohne Stigmatisierung und Abwertung zu arbeiten, da sie den Patienten als handelnden „Problemlöser" sehen und darin würdigen. Das entbindet uns aber nicht davon, auch in diesen Modellen die „stille" Stigmatisierung zu erkennen. Sie ist, wie oft, verhüllt im Mantel des Mitleids, des verständnisvollen Helfen- und Beschützenwollens. Der kritische Begriff hier ist der der Vulnerabilität. Vulnerabel heißt verletzt oder verletzlich. Mit Verletzten gehen wir vorsichtig-schützend um. Nicht immer aber ist diese Schutzhaltung heilsam und oft ist sie gewaltsam. Letzteres muß man wohl miterlebt oder selbst erfahren haben, um es zu verstehen: Die abwertende, subtil-aggressive Haltung jenes „Beschützers", der die sich „auffallend" Verhaltenden einfach zu „verletzlich-schwachen Wesen" erklärt und ihnen Hilfe anbietet. Kurz: Es ist eben doch eine „Personperspektivierung" zwischenmenschlicher Konflikte, wenn Verhalten aus dem Prozeß zwischenmenschlichen Verhaltens herausgelöst und dann einseitig für einen Schutz seiner Selbst durch den „Vulnerablen" gehalten wird. Genau genommen ist es auch noch in sich sinnwidrig, anzunehmen, der „Vulnerable" schütze seine Vulnerabilität. Was sollte er davon haben? Wenn, dann schützt er doch wohl eher seine Integrität, die er bedroht sieht! Und diese Bedrohung kommt für ihn stets von außen, auch von pathologisierenden Therapeuten. Anzunehmen, er schütze die eigene Vulnerabilität, ignoriert die Bedrohung von außen, die Geschichte sozialer Interaktionen und macht so – wieder einmal – ihn zum „Problemkind". Dies ist eben keine interaktionelle Sichtweise! Aus interaktioneller Sicht ist es einfach nicht erlaubt, einen der Interaktionspartner für vulnerabler, verletzlicher, schwächer oder hilfsbedürftiger zu erklären als den anderen und darin dann die Ursache sozialer Konflikte zu sehen! Vielleicht ist gerade dies die „Nagelprobe" für Therapeuten, die für sich eine interaktionelle Sicht in Anspruch nehmen: Auf das Vulnerabilitätsdenken zu verzichten, das unter der Hand wieder Einzelne zur „schwachen Person" erklärt. Es gibt sicher

Situationen in der Therapie, wo jene tiefen Verletzungen offenbar werden, die ein Patient erlitten hat: Körperliche Gewalt, Isolation, sexuelle Eingriffe. In diesem Moment mit dem „Kind" im Patienten mitzufühlen und es zu beschützen ist noch keine Stigmatisierung. Den Patienten aber heute noch als besonders vulnerablen Menschen zu sehen, weil er damals verletzt wurde, ist der Beginn der Stigmatisierung – ist der Anfang, ihm die Kraft als Person zu rauben. Wie will man das aber vermeiden, wenn man über diese Person aufgrund des schmerzhaften Teiles ihrer Biographie denkt, sie sei „gestört"? Es wäre nicht das erstemal, daß „Mitleid" mit dem Schwachen nur die sanfte Kehrseite der offenen Gewalt darstellt, auch wenn sie sich im Mantel des Beschützenwollens zeigt (vgl. z.B. Dörner, 1988 und 1991 über den sozialpolitischen Gehalt von Mitleid im „Wohlfahrtsstaat").

Erst bei genauem Hinsehen wird die erneute Pathologisierung von Menschen im Vulnerabilitätskonzept offenbar: „Die Persönlichkeitsstörungen selbst entstehen in ihrer Sicht (gemeint ist hier die Sicht kognitionstheoretischer Erklärungsversuche; H. L.) jedoch durch die Art, wie Menschen ihre Vulnerabilität in zwischenmenschliche Erfahrungen einbeziehen und wie sie die dabei möglichen Erfahrungen kognitiv strukturieren und verarbeiten. Viele prädisponiert vulnerable Menschen neigen im Laufe ihrer Entwicklung vermehrt dazu, zwischenmenschliche Gefahrensituationen und Krisen als bedrohlich und gefahrvoll zu konzeptualisieren und sie scheuen – zum Schutz ihrer Vulnerabilität – zunehmend, Risiken einzugehen oder sich überhaupt auf neue Erfahrungen einzulassen. Dies führt – im Sinne eines circulus vitiosus – dazu, daß die sich wandelnden, sozial und gesellschaftlich angemessenen Umgangsformen nicht oder nur mehr sehr verzögert mitgelernt werden. „Persönlichkeitsstörungen" sind in diesem Sinne immer auch Ausdruck eines persönlichen Entwicklungsrückstandes im Umgang mit sozial-gesellschaftlichen Anforderungen." (Fiedler 1994b, S. 244f.). Dieses Denken ist eine Individualisierung von zwischenmenschlichen Problemen. Es ist eben eine der größten Herausforderungen in der Psychotherapie, die interaktionelle Perspektive so konsequent durchzuhalten, daß auch der, der sich im Lichte der allgemeinen Werturteile „daneben" benimmt, der in hohem Maße an sich oder anderen leidet oder mit dem, einen befriedigenden Kontakt herzustellen, außerordentlich schwer ist, weder offen noch subtil abgewertet wird. Fiedler gelingt es hier nicht, diese Perspektive durchzuhalten, auch wenn er die Entstigmatisierung zu seinem Anliegen gemacht hat.

Dabei gäbe es, würde man auf den Begriff der Störung verzichten und alle anderen Formen subtiler Abwertung unterlassen, ausgesprochen hilfreiche Ansätze zu einer konsequenteren ressourcenorientierten Sicht dessen, was „persönlichkeitsgestört" bezeichnete Personen tun. Ein schönes Beispiel schildert Fiedler bei seinen Überlegungen zu „dissozialen Persönlichkeitsstörungen": Unter dem Aspekt der Kompetenz sieht er bei ihnen einen eigentümlichen „Mangel an Angst" (man könnte auch sagen: Mut und Risikofreude) und stellt fest, daß diese „Gestörten" hier in einer Reihe stehen mit „erfolgreichen Sportlern, Entdeckern, Abenteurern und Hasardeuren". Bei „selbstunsicher-schizotypischen Persönlichkeitstypen" gelingt es z.B. Millon, sie ressourcenorientiert in den interaktionellen Kontext ihrer bisherigen Beziehungen zu stellen: Er nimmt an, dieser „Typ" sei früh gezwungen worden, sich auf seine Weise gegenüber herabsetzenden und ihn geringschätzenden Eltern durchzusetzen oder sich vor deren Herabsetzung zu schützen. Man müßte wohl, interaktionell zu Ende gedacht, hinzufügen: Dieser „Typ" vermag es vielleicht am besten, einem System innerlich die Treue zu halten, in dem Nähe Gefahr oder Abwertung bedeutet. Es ist dann einfach kein Problem, sondern eine Kompetenz, schizotypisch distanziert zu bleiben. Die Bezeichnung eines Mitgliedes eines solchen Systems als „gestört" hat dann eine soziale Funktion – meistens eine doppelbödige. Einerseits soll nämlich die Diagnose helfen, den Einzelnen vor einem sozialen Ausschluß oder vor Verachtung zu beschützen, denn die Diagnose ist stets mit einem Hilfsangebot verbunden. Auf der anderen Seite wird der so Diagnostizierte eben durch die Diagnose doch als „Kranker" herausgehoben und so auch aus dem Kreise der „Gesunden" ausgeschlossen. Fiedler beschreibt diesen Vorgang: „In dem Perspektivenwechsel von den Persönlichkeits*eigenschaften* in Richtung ‚Persönlichkeits*störung*' drückt sich nun einerseits eine *zunehmende Beunruhigung des sozialen Systems* aus. Die Personenhandlungen haben wiederholt ein tolerierbares Maß überschritten und die Bezugspersonen antizipieren einen möglichen Verlust kollektiver Kontrolle über das erreichte Ausmaß sozialer Devianz. Andererseits findet diese soziale Verunsicherung durch eben diesen Perspektivenwechsel zugleich wieder Ruhe und Stabilität – insbesondere dann, wenn diese Urteilsbildung durch eine professionelle (psychologisch-psychiatrische) Diagnostik gestützt wird. Professionelle Diagnostik beinhaltet Kenntnisse über psychische Gestörtheit und eröffnet Perspektiven ihrer Behandlung. Die *Beruhigung des sozialen Systems* nimmt also in dem Maße zu, wie diese Störungszuschreibung wissenschaftlich begründbare bis juristisch vertretbare Maßnahmen einer zugleich professionell einsetzbaren Hilfestellung bis Fremdbehandlung rechtfertigen könnte.” (S. 1994a, S.6). Wer dies ernst nimmt, müßte konsequent auf den Störungsbegriff verzichten. Fiedler geht diesen Weg nicht und stellt sich schon wenige Seiten später wieder auf die Seite der Stigmatisierung, indem er sagt, daß „die Frage also [ist], ob der Kritisierte zu einem Diskurs über den Stigmacharakter seines Verhaltens bereit oder fähig ist, d.h., ob er bereit ist, seine Verhaltensbesonderheiten als kritisierenswerte (also ich-dysthone, möglicherweise selbst störende) Personeneigenschaft wenigstens prinzipiell als veränderungsnotwendig zu betrachten. Ist das Interaktionsmuster nicht auf die Ebene der Ich-Dysthonie transferierbar, liegt die Schlußfolgerung der Ich-synthonen ‚Persönlichkeitsstörung’ nahe – mit vielfältigen Implikationen für Betroffene, die von ihrer Uneinsichtigkeit bis zur möglichen Irreversibilität der ‚Persönlichkeitsstörungen’ (! H.L.) reichen können”. (ebd. S.8). Also auch stigmatisierungssensible Autoren wie Fiedler stellen sich mit oder trotz ihrer Warnung vor Stigmatisierungen wieder auf die Seite derer, die soziale Prozesse am Ende individualisieren.

So wird offenbar, wer bei einem zu Ende gedachten interaktionellen Ansatz der **wichtigste Interaktionspartner bei der Konstruktion „persönlichkeitsgestörter Menschen”** ist: Es ist der die „Persönlichkeitsstörungen” **diagnostizierende Therapeut selbst.** Wie die moderne Erkenntnistheorie zeigt, darf der Beobachter oder der die Realität Beschreibende sich selbst aus seinen Theorien eben nicht mehr weglassen. Therapeuten, die diese Begriffe in die Welt setzen, gehören zum System, das die „Persönlichkeits<u>störung</u>” erzeugt. Therapeuten können sich hier nicht nicht verhalten: Entweder sprechen sie von „Persönlichkeitsstörungen” oder sie tun es nicht.

Diese Selbstbeteiligung des Diagnostizierers am von ihm diagnostizierten Prozeß beschreibt folgender Auszug aus einer „Interaktionsanalyse” einer Therapeut-Patient-Beziehung. Der Patient war hier interaktionell für die Therapeutin deshalb eine Herausforderung, weil er sie kaum zu Wort kommen ließ. Nach der Analyse dieser therapeutischen Beziehung kommt die Therapeutin zu folgendem Schluß: „Den Patienten in Zukunft weit und abschweifend reden zu lassen, könnte dem Patienten zunächst Sympathie,

Loyalität und bedingungslose Annahme beweisen, was ihn sich gut fühlen ließe. Es würde aber sein Problem im Interaktionsverhalten kurzfristig positiv verstärken und langfristig hier keine Veränderung bewirken. Auf seiten der Therapeutin würde es bald zu ‚Unaufmerksamkeit' und ‚Ärger' führen und dann schließlich zu der Interpretation: Herr M. ist **schwer gestört**!" (aus einer Interaktionsanalyse von H. Schmidt, IFKV Bad Dürkheim). Hier spürt eine Therapeutin schon im Vorgriff ihre eigene Verantwortung für die Entwicklung der therapeutischen Beziehung und wie sie durch Vermeiden einer notwendigen Konfrontation den Boden bereiten würde, den Patienten später als „gestört" abzuqualifizieren.

Auch die Weigerung, den Störungsbegriff zu verwenden, hat Konsequenzen, denn in einem therapeutischen System eine Person zu würdigen und zu achten, die die Mehrheit der Professionellen zu pathologisieren und dadurch auszuschließend dabei ist, erfordert Mut und Standhaftigkeit. Es erfordert allerdings auch, der Versuchung zu widerstehen, sich auf die Seite des „Opfers" zu stellen und nun die „anderen" zu pathologisieren. So finden wir oft im Bemühen um Entstigmatisierung die nicht minder stigmatisierende Aussage, die „eigentlich persönlichkeitsgestörte Person" sei nicht der Patient, sondern jemand anderes in seiner Umgebung. Die schwierigste Herausforderung scheint offenbar zu sein, ganz ohne pathologisierende Begriffe zu arbeiten.

Auf den Begriff zu verzichten ist vor allem dann schwer, wenn einem die Abwertung oder Ausgrenzung einer Person durch die Situation anscheinend nahegelegt wird. Eine Redewendung, die diesen Ausschluß objektiv zu rechtfertigen scheint, ist die von der „**Extremisierung**" von Verhalten oder Eigenschaften: Die Diagnose „Persönlichkeitsstörung kann und sollte – mit Ausnahmen – vernünftigerweise ... also erst dann erwogen und gestellt werden, wenn zwischenmenschliche Beziehungskonflikte in einer Weise soweit *extremisieren*, daß die private und berufliche Leistungsfähigkeit und/oder die Lebensqualität der Betroffenen erheblich beeinträchtigt ist und/oder wenn diese Beeinträchtigung bei den Beteiligten zu erheblichen subjektiven Beschwernissen führen" (Fiedler, 1994a, S.135). Extremisierung ist nun aber selbst ein seltsamer Begriff. Was als extrem empfunden wird, hängt immer vom Standpunkt dessen ab, der etwas als extrem bezeichnet. Paranoide Gedanken sind für Friedfertige in einer friedlichen Zeit „extrem"; für Verfolgte oder die sich verfolgt Wähnenden gehören sie zum Normalzustand. Daß oft alles „fremdartige" Verhalten in einer Gesellschaft akzeptiert wird, solange die „private und berufliche Leistungsfähigkeit" erhalten bleibt und daß sogar die „Fremdartigkeit des Verhaltens gefördert wird – siehe Künstler, Politiker ...", darauf weist Fiedler wiederholt hin. Die Funktion der „Persönlichkeitsstörungsdiagnose" für die Aufrechterhaltung der „gesellschaftlichen Leistungsfähigkeit" wird in Kapitel 5 eingehender behandelt. Maßgeblich dafür, ab wann das sonderliche oder fremdartige Verhalten einer Person nicht mehr tolerabel ist und dann als Pathologie diagnostiziert wird, ist stets die gesellschaftliche Norm: „... das Festsetzen von Grenzen und eine klare Einigung über die Eigenarten dessen, was in legitimer Weise als ‚abnorme Persönlichkeit' bezeichnet werden könnte, (kann) *immer nur* in Abhängigkeit von den interpersonellen, sozialen, kulturellen und gesellschaftlichen Kontexten, in denen der Betroffene lebt, getroffen werden." (ebd. S. 135; H.i.O.)

Wie bereits angedeutet, bleiben alle Warnungen vor der Stigmatisierung Makulatur, wenn Personen weiter mit dem Begriff der Störung belegt werden. Die Warnungen bleiben dann nämlich ohne Konsequenz. Zu glauben, man könne den Begriff der gestörten Person ohne Stigmatisierung verwenden, ist so, als würde man jemandem sagen: „Du bist ein Lügner – aber ich meine das nicht negativ!"

Betrachten wir hier abschließend noch einmal den Versuch, der Stigmatisierung dadurch zu entgehen, daß man „Persönlichkeitsstörungen" als zwischenmenschliches, also interaktionelles Problem definiert. Dies geschieht ja auch in Abgrenzung zu anderen Problemen, die als Achse-I-Syndrome (Depressivität, Angst usw.) rein individuell aufgefaßt werden: „Die Psychotherapie der ‚Persönlichkeitsstörung' zielt nicht auf die Lösung individueller, sondern auf die Lösung zwischenmenschlicher Probleme." (Fiedler, 1994a, S. 421) Jede Trennung von Problemen in individuelle (auf Achse I im DSM) und zwischenmenschliche (als „Persönlichkeitsstörungen" auf Achse II) aber ist eine eigenartige. Als ob nicht <u>jedes</u> Problem eine individuelle <u>und</u> interaktionelle Seite hätte. Diesem Zitat liegt auch ein logischer Widerspruch inne, wenn gleichzeitig von der „Psychotherapie der Persönlichkeitsstörung" (individuelle Betrachtung) die Rede ist, um dann die Lösung im Bereich der Interaktion zu suchen. Wenn letzteres konsequent zu Ende geführt wird, gibt es keine gestörte Person, sondern, wie interaktionell orientierte Autoren betonen, nur gestörte Beziehungen. Man kann sich beim Lesen gelegentlich nicht des Eindrucks verwehren, daß die interaktionelle Sicht nur strategisch benutzt wird, um den aufgrund ihrer „Ich-Synthonie" hartnäckigen „Persönlichkeitsstörungen" interaktionell nun eben indirekt beizukommen. „Eine solche Fokus-bildende Therapiestrategie (gemeint ist die Konzentration auf für die jeweiligen Persönlichkeitsstrukturen ‚prototypischen Interaktionskonflikte'; H.L.) zielt *nicht* **unmittelbar** auf eine Veränderung der ‚Persönlichkeitsstörungen'. Gegenstand der Behandlung sind konkrete Interaktionsprobleme und der Interaktionsdynamik." (Fiedler 1994a, S.377, Hervorhebungen: kursiv im Original, fett vom Verf.). Wie ist dies anders zu verstehen, als daß diese Strategie **mittelbar** doch auf die Veränderung der „Persönlichkeitsstörung" des so Bezeichneten zielt? Die Logik dieser Strategie scheint diese zu sein: „Weil diese ‚gestörten Personen' noch nicht dazu in der Lage sind, die Störung bei sich selbst zu sehen, wohl aber dazu, Konflikte mit anderen Menschen zuzugeben, greifen wir diese Sicht auf. Eigentlich glauben wir aber, die Interaktionsstörung ist Folge des Verhaltens der ‚pathologischen Person'. Wir behandeln letztere also indirekt, indem wir mit ihr deren Beziehungen bearbeiten." Das mag zweifelsohne seinen therapeutischen Nutzen haben, weil es den Widerspruch umgeht, den der Patient wohl hätte, wenn er direkt und unmittelbar als „Persönlichkeitsstörung" angesprochen würde. Vielleicht spielt der dabei mittelbar zugestandene Glaube an die tatsächliche Existenz individueller „Persönlichkeitsstörungen" für die therapeutische Arbeit gar keine Rolle. Vielleicht ist es aber doch anders und der Patient spürt die hintergründige Abwertung. Vielleicht schützt sich der Therapeut mit diesem widersprüchlichen Denken auch vor Konflikten, in die er geraten würde, wenn er den Patienten direkt (und nicht seine „Pathologie") verantwortlich machen würde für dessen Beziehungsgestaltung. Ein interaktioneller Standpunkt schließt ja die individuelle Verantwortung für Interaktionsmuster nicht aus. Wer in personenorientierten pathologischen Begriffen denkt, kann eine interaktionelle Sicht nicht durchhalten – er hat eben doch wieder das „kranke Individuum" vor Augen: „Eher wird nur mehr *zusätzlich* (mittelbar) erwartbar, daß sich mit veränderten Interaktionsmustern möglicherweise auch die Persönlichkeitseigenarten der Betroffenen ändern könnten." (ebd. S.377).

Vielleicht ist es Psychotherapeuten gar nicht möglich, nicht hin- und herzuschwanken zwischen einer interaktionellen und einer individuellen, manchmal eben auch individuell-pathologisierenden Sicht, wenn sie im

Rahmen der klassischen Psychotherapie Individuen und nicht Beziehungen behandeln. Man kann sich dieses Problems – wie Peter Fiedler – bewußt sein. Man kann es aber auch ganz übergehen wie Beck und Freeman. Es ist erstaunlich, wie unverfroren letztere Personen pathologisch darstellen und trotz anderslautender Aussagen die Beziehungsperspektive doch immer wieder völlig ignorieren. Sätze wie dieser sind dafür prototypisch: „Aufgrund der Chronizität und des Wesens der Störung neigt der Achse II-Patient eher als der Achse I-Patient dazu, nicht mitzuarbeiten oder sich zu verweigern." (Beck & Freeman 1993, S. 58) Hier haben wir alles in einem Satz: Pathologisierung – Chronifizierung – Self-fulfilling Prophecy. Denn welche Auswirkung auf die Beziehung mag es wohl haben, wenn man so denkt: „Die Therapiesitzungen mit Patienten mit ‚Persönlichkeitsstörungen' sind für den Therapeuten anstrengender als andere Sitzungen. Insgesamt ist eine längere Therapiedauer erforderlich und es muß mehr Energie aufgewandt werden als bei anderen Patienten. Denn die Probleme von Patienten mit ‚Persönlichkeitsstörungen' sind oft langfristig. Diese Patienten neigen dazu, Psychotherapie zu meiden. Sie kommen häufig nur auf Druck seitens der Familie bzw. unter Androhung rechtlicher Sanktionen in Therapie; außerdem zeigen sie Widerstreben bzw. Unvermögen, sich zu verändern. Der Mehraufwand des Therapeuten steht in keiner Relation zum Erfolg der Therapie bzw. der Möglichkeit, Veränderungen zu bewirken wie dies bei Patienten mit anderen Erkrankungen der Fall ist." (Freeman, 1994, S. 220) Es darf angenommen werden, daß diese Aussage genau das bewirkt, was sie nur zu beschreiben glaubt.

Zu den Pathologisierungsschritten gehört stets die Unterscheidung von **gesund** und **krank**, wenn sich diese nicht im engeren medizinischen Sinne auf körperliche Phänomene bezieht. Einerseits tut man sich mit dieser Unterscheidung immer schwer, denn wer vermag schon im Verhalten definitiv gesunde von kranken Menschen zu unterscheiden – wo dies doch schon im medizinisch-organischen Bereich schwierig genug ist. Hier geht es aber nicht um die Antwort darauf, *wie* diese Unterscheidung vorzunehmen sei, wenn sie getroffen werden soll. Es geht vielmehr darum, daß schon die Unterscheidungs*absicht* notgedrungen defizitorientiert, ausgrenzend und abwertend ist, wenn sie sich auf soziales Verhalten bezieht. Ein Beispiel aus dem Bereich der „Ängste" ist der Versuch, „soziale Phobie" und „selbstunsichere Persönlichkeiten" von gesunden Ängsten zu unterscheiden und dann auch noch untereinander zu differenzieren. Die „Kriterienüberlappung von selbstunsicherer Persönlichkeitsstörung" und „sozialer Phobie" (Fiedler, 1994a, S. 232) sei „eines der Hauptprobleme". Was früher einmal eine der Haupterrungenschaften der kritischen Verhaltenstherapie war, wird hier schon im Ansatz wieder aufgegeben: Die Verhaltenstherapie hatte ursprünglich nämlich die Trennung in Verhalten und Persönlichkeitsdispositionen sowie die Trennung von gesundem und krankem Verhalten bewußt aufgegeben. Man kann also auch umgekehrt sagen: Nur das Bemühen, Menschen diagnostisch in gesunde und kranke und dann auch noch in solche mit Phobien (ich-dysthon) und solche mit ängstlichen „Persönlichkeiten" (ich-synthon) einzuteilen, schafft das von Fiedler benannte Problem. Für die Therapie müßte es keines sein. Therapeuten können ängstlichen Menschen vermittels ihrer Theorien und ihrer Strategien helfen, ohne sie pathologischen Kategorien zu unterwerfen und zwischen „Phobien" und „unsicheren Persönlichkeitsstörungen" unterscheiden zu müssen.

4.2.3 Die sanfte Abwertung: Pathologisierung im Mantel des Verstehens

Viele Interaktionsbesonderheiten persönlichkeitsgestörter Menschen lassen sich nämlich zumeist sinnvoller als Überlebensstrategien verstehen, die ... dem Betroffenen zugleich erhebliche Anstrengungen um den Behalt einer Selbstsicherheit abverlangen. (Fiedler, 1994a, S. 375)

Vielleicht gelingt es auf diese Weise sogar, etwas *mit dem Patienten zusammen gegen seine persönlichen Unzulänglichkeiten* zu unternehmen. (Fiedler, 1994a, S. 375; H.i.O.)

Unter einer solchen Perspektivenänderung könnte sich herausstellen, daß das, was wie eine ‚Persönlichkeitsstörung' aussieht, möglicherweise eine *hohe Überlebenskompetenz* darstellt. Denn nur eine konsequente *Kontext- oder Interaktionsanalyse* kann die hier gemeinte Fehlein-

Das volle Personsein ist gebunden an das unmittelbare Verstehen. Eine Person kann nicht erklärt werden. (Tellenbach, 1988, S. 152)

Ich behauptete zu Anfang, es sei nicht zu bezweifeln, daß Sie und ich Personen sind! (Dennet, 1983, S. 23)

> schätzung verhindern helfen, es handele sich solitär um ein persönlichkeitsbedingtes Problem ... der mehr oder weniger *zufällig* – im Blickfeld stehenden Person. (Fiedler, 1994a, S. 451, H.i.O.)

Kritische Autoren, wie z.B. Dörner (1988, 1991) haben darauf hingewiesen, daß auf sozialpolitischem Gebiet die Abwertung von Personen oder Gruppen nur selten offen oder gar im Gewande verbaler Gewalt daherkommt. Man begegnet ihr eher im Mantel der Hilfe. Im deutschen Faschismus wurde sogar aus Wohlwollen getötet. Mitleid kann tödlich sein, wenn mit dem Leben des Leidenden dessen Leid und das eigene Mit-Leid gleich zusammen getilgt werden. Es stellt sich dann immer auch die Frage, welches eigene Leid der „Helfer" gelöst haben will, wenn er anderen „hilft". Sozialpolitisch schlägt diese Form der Hilfe meistens dann in offenere verbale oder auch physische Gewalt um, wenn der (anscheinend) Hilflose sich nicht in der vom Helfer gedachten Weise helfen läßt. Das ist im Umgang mit „Persönlichkeitsgestörten" auf verbalem Gebiet prinzipiell nicht anders. Natürlich kann hier physische Gewalt ausgeschlossen werden.

Zum einen werden nämlich – v.a. im Rahmen der erwähnten interaktionellen oder ressourcenorientierten Therapieansätze – die damit Bezeichneten verstanden, indem ihr Verhalten als sinnvolles und kompetentes aufgefaßt und ihnen auf dieser Verstehensbasis Hilfe zur Veränderung angeboten wird. Im Konzept der „personorientierten Verantwortungszuweisung" (Fiedler 1994a, S.434f.) wird der Patient dementsprechend auch für sein Verhalten verantwortlich gemacht und ihm auch die Entscheidung darüber überlassen, ob er dieses beibehalten oder ändern möchte. Was aber geschieht, wenn sich der Patient diesem Ansatz folgend für die Beibehaltung seines Verhaltens entscheidet? Antwort: Er wird pathologisiert, indem eben diese Entscheidung als Zeichen seiner „Persönlichkeitsstörung" gedeutet wird: „Es kann und sollte nicht erwartet werden, daß aus dem hier vorgeschlagenen, einmaligen ... Gesprächsbeitrag (der ‚personzentrierten Verantwortungszuweisung'; H.L.) grundsätzlich eine Kontinuität der Mitverantwortung der Patienten für ihre Therapie erwächst, auch wenn dies gelegentlich beobachtbar ist. *Gerade bei persönlichkeitsgestörten Menschen dürfte eher zu erwarten sein, daß sie über kurz oder lang erneut in ihre interaktionellen Stile und*

Gewohnheiten zurückfallen. Es bietet sich also an, den therapeutischen Dreisatz (eine spezifische Dialogkonstellation in der personzentrierten Verantwortungszuweisung; H.L.) wiederholt als eine Möglichkeit der Auflösung therapeutischer Krisen in Betracht zu ziehen." (Fiedler 1994a, S.436; Hervorhebung v. Verf.). Die Diagnose „Persönlichkeitsstörung" – wenn der Patient bleibt, wie er ist oder trotz Therapie wieder wird, wie er war – bedeutet nicht den Verzicht auf Pathologisierung, sondern die situationsbedingte Rückkehr zu ihr, wenn der gewünschte „Erfolg" nicht eintritt.

Eine weitere Form der sanften Pathologisierung besteht in der *Mahnung zur Vorsicht* beim Umgang mit dieser Klientel. Ohne hier den Nachweis zu führen, wie oft zu dieser Vorsicht gemahnt wird, dürfte doch dies unbestritten sein: Daß in der Literatur und in Supervisionen immer wieder zum vorsichtigen, nichtverletzenden, nicht zu stark (und schon gar nicht mit der Diagnose „Persönlichkeitsstörung") konfrontierenden Umgang mit dieser Klientel geraten wird. Begründet wird dies etwa damit, die „ich-synthonen" Personen seien leicht kränkbar, da sie ja die Kritik aufgrund ihrer Ich-Synthonie nicht annehmen könnten. Ist Vorsicht schon allein deshalb oft eine Form der Abwertung, weil man in ihr dem anderen unterstellt, Kritik oder Konfrontation nicht gewachsen zu sein, so gilt dies um so mehr, wenn die der Vorsicht zugrundeliegende eigene Angst mit dem Vorliegen einer Störung beim anderen begründet wird. Wenn damit gemeint wäre, sensibel mit anderen Menschen umzugehen, dann würde dies doch wohl für den Umgang mit allen Menschen oder Patienten gelten und nicht speziell für „persönlichkeitsgestörte". Das hat dann aber mit der grundsätzlichen Verantwortung aller Psychotherapeuten dafür zu tun, ihre Klientel gleichermaßen ernstzunehmen, wie sich umsichtig um sie zu kümmern. Ausgewogenheit zwischen Empathie und Konfrontation ist kein Vorrecht „persönlichkeitsgestört" Bezeichneter! Wenn mir – aus der Sicht der Patienten gesprochen – Nachsicht aber zuteil wird, weil ich von meinem (therapeutischen) Gegenüber als besonders „gestört" betrachtet werde, *ist* dies eine Abwertung. Fast schon automatisch verbindet sich der Appell zur Vorsicht mit dem Bild einer besonderen „Vulnerabilität" (vgl. oben 4.2.2), die als „Erklärung" für das Verhalten dieser Klientel benutzt wird. Vorsichtig mit einem Menschen umzugehen, der Schlimmes erlebt hat oder in Not ist, ist etwas völlig anderes, als jemanden zu schonen, weil er „vulnerabel" ist.

Das eine Mal liegt eine Achtung vor der Geschichte einer Person, das andere Mal deren Geringschätzung vor. Um was es sich im Einzelfall in einer Therapie handelt, läßt sich leicht testen: Kann der Therapeut seinem Patienten erklären, warum er vorsichtig ist, ohne dabei dessen Person abzuwerten, handelt es sich wohl eher um eine Form umsichtiger Fürsorge. Kann er es nicht offenlegen, ohne den Patienten erneut zu kränken, spricht alles für eine Pathologisierung. Dies wäre natürlich der Fall, wenn ich jemandem sage: „Ich bin vorsichtig mit Dir, weil Du gestört bist." Vorsicht aufgrund von „Vulnerabilität" oder „Störung" ist auch nicht damit zu vereinbaren, die Person für ihr Verhalten verantwortlich zu machen. Im Gegenteil – man raubt ihnen diese Selbstverantwortung und damit die Kraft zu echter Veränderung. „Auf der anderen Seite hängt das Ausmaß der Störung auch davon ab, ob und wie die Betroffenen bei den Angehörigen und Mitmenschen auf Akzeptanz stossen und sozialen Rückhalt finden." (Fiedler, 1994b, S.789). Dieser Satz ist schlicht falsch. Das **Verhalten** von Personen hängt natürlich davon ab, wie andere sich ihnen gegenüber zeigen – z.B. ob sie Verständnis und wahre Unterstützung haben oder nicht. Wenn die „Störung" einer Person aber vom Verhalten anderer abhängt, wird sie ihrer Selbstverantwortung gänzlich beraubt. Wenn Helfen und Vorsicht damit begründet wird, daß der andere „gestört" ist, liegt eine Abwertung im Mantel des Verstehens vor. Diese Art von „Helfen" oder „Verstehen" ist eine Form von Pathologisierung.

4.2.4 Wer „Persönlichkeitsstörung" sagt, meint es so: Die Sprache der Pathologisierung

> Ich glaube an dies: Daß der freie, forschende Geist des menschlichen Einzelwesens das wertvollste ist, was es auf der Welt gibt. Ich muß kämpfen für dies: Für die Freiheit des Geistes, sich ohne Zwang nach jeder von ihm gewünschten Richtung bewegen zu dürfen. Und ich muß kämpfen gegen dies: Gegen jede Idee, Religion oder Regierung, die das Individuum einschränkt oder vernichtet. So bin ich, und darum geht es mir. (J. Steinbeck, 1979: Jenseits von Eden, Kap. 13)

Was weiß man also vom Du? Nur alles. Denn man weiß von ihm nichts einzelnes mehr. (M. Buber, zitiert nach Theunissen, 1977, S. 307)

„Wenn Ihr wissen wollt, was die Leute wirklich glauben, dann achtet darauf, was sie *sagen* und nicht darauf, was sie *meinen...*": Etwa mit diesen Worten begründet der Psychotherapeut Tom Anderson (1990), warum er in der Therapie sehr auf die tatsächlich verwendeten Worte und Redewendungen seiner Klienten oder Kollegen achtet und weniger darauf, was sie darumherum erklären. Auch bei den Beschreibungen von „Persönlichkeitsstörungen" können wir mehr darauf achten, was hier *gesagt* und weniger darauf, was darumherum *gemeint* wird. „Sprachgewohnheiten bieten häufig wichtige Hinweise auf zugrundeliegende Gefühle", sagt Umberto Eco in einem Artikel über Merkmale „faschistischen Denkens" (Die Zeit, Nr.28, 7.7.1995, S.48). Die folgende Liste führt Sprachgewohnheiten an (was die Leute wirklich sagen...), die ich in ganz verschiedenen Beiträgen zum Thema „Persönlichkeitsstörung" gefunden habe. Sie sprechen, wie Anderson und Eco sagen, für sich und müssen nicht noch einmal interpretiert und „gemeint" werden:

„Persönlichkeitsgestörte Person"

„Dysfunktionale Eigenarten"

„Persönlichkeitsgestörte Menschen"

„„... nicht adaptive Strategien, die sich in Persönlichkeitsstörungen manifestieren..."

und immer wieder: „Persönlichkeitsgestörte Person"

„Psychische Gestörtheit"

„Ein beträchtlicher Anteil jener Personen, die z.B. als ‚Stadtstreicher' am Rande der Gesellschaft ihr Leben fristen, dürfte unter diese Rubrik (schizoide Persönlichkeitsstörung; H.L.) fallen"

„Geschlechtstypische Persönlichkeitsstörungen"

„Narzißtisch gestörte Menschen"

„beginnende Persönlichkeitsstörung" (bei einem Kind!)

Fortsetzung auf der nächsten Seite

„Menschen mit histrionischen Persönlichkeitsstörungen"

„Komorbidität ist von ... Bedeutung für ... den Verlauf der psychischen Gestörtheit eines Menschen"

und immer wieder: „Persönlichkeitsgestörte Menschen"

„Psychosoziales Funktionsniveau des Patienten"

„Die psychisch gestörte Person"

4.3 „Persönlichkeitsstörung" als Ontologisierung

„Persönlichkeitsstörungen" werden als problematische Persönlichkeitsstrukturen, welche wiederum genetisch determinierte „Spielarten der Natur" darstellen, gesehen. Sie sind per se Defizite oder philogenetische Anpassungsstörungen. (Juli, 1992b, S. 92)

Das Menschenwesen ist keine Frage der Definition, sondern eine Tatsache der Wahrnehmung. (Ärzte-Initiative gegen aktive Euthanasie, Anzeige in der „Zeit" 1995)

Es scheint aber auch „Persönlichkeitsstörungen" zu geben, die ohne neurotische und/oder psychosomatische Manifestation bleiben. (Juli, 1992b, S. 93)

Beim Erklären wird aus der Person ein „Stück Natur". (Tellenbach, 1988, S. 152)

Bei sehr auffällig vorhandenen „Persönlichkeitsstörungen" kann es schließlich sinnvoll sein, zusätzlich oder ergänzend zur Behandlung der spezifischen Störung *die* „Persönlichkeitsstörungen" selbst mehr und mehr zum Thema zu machen. (Fiedler, 1994a, H.i.O., S. 372)

Person ist ... die unmittelbar miterlebte Einheit des Er-Lebens – nicht ein nur gedachtes Ding hinter und außer dem unmittelbar Erlebten. (Scheler, 1954, S. 482)

Ontologisieren heißt, etwas zu verdinglichen. Es bedeutet, mit einem Begriff, der eigentlich eine Eigenschaft oder einen Prozeß benennt, so umzugehen, als bezeichne er ein reales „Ding". „Die Angst" ist bereits eine Verdinglichung, wenn man meint, sie sei „da" wie ein Stuhl oder ein Baum. So kann man mit allen Diagnosen umgehen – Essensverweigerung ist dann „die Anorexie", sich selbst bemitleiden ist „die Depression". Verhaltensweisen, selbst Teil eines Lebensprozesses und sozialer

Beziehungen, werden dabei isoliert betrachtet und aus dem Fluß des Wandels von Personen oder Beziehungen herausgenommen. Denken und Verhalten ist ja immer im Fluß und Teil sich verändernder Beziehungen. Wohin dieser Prozeß führt, ist nie vorhersagbar. Bei der Verdinglichung oder Ontologisierung wird ein Teil oder Ausschnitt aus diesem Prozeß zu einer festen Tatsache gemacht, für die dann isoliert eine eigene Ursache gesucht werden kann. Am liebsten lokalisiert man diese „Tatsache" materiell – z.B. als „organische Erkrankung". Das Auffinden irgendwelcher organischer Korrelate eines Verhaltensprozesses wird dann oft und aus erkenntnistheoretischer Sicht irrtümlich für eine Ursache von Verhalten gehalten. Wo diese organische Lokalisation nicht gelingt oder nicht sinnvoll erscheint, kann man sich auch mit einer Art „psychischer Materialisierung" begnügen. Der Begriff der „psychischen Struktur" ist beispielsweise eine solche „geistige Ontologisierung" von Prozessen. (Der Begriff der Struktur ist ja selbst ein aus der Materie entstammender Begriff!). Werden die in 4.2.1 aufgezeigten Vorgänge der Pathologisierung mit der im folgenden behandelten Ontologisierung verbunden, ergibt sich ein fast schon physikalisches „Dingfestmachen" von Krankheiten. „Es" gibt sie dann einfach – die Krankheiten. Kranksein heißt dann nicht mehr, sich so oder so zu verhalten und dafür krank genannt zu werden, sondern Symptome der Krankheit oder diese selbst irgendwie zu „haben". Individuelle Krankheiten können dann auch viel leichter als Ursache interaktioneller Probleme angesehen werden. Diese individuellen Ursachen unterliegen denn auch nicht mehr dem Willen oder dem Verantwortungsbereich sich für dieses oder jenes Verhalten entscheidender Individuen. Für die Entstehung von Krankheiten gelten vielmehr allgemeingültige Gesetze, wie man sie eben für die Entstehung oder Veränderung von Dingen im traditionellen Wissenschaftsbetrieb zu finden wünscht (vgl. Kap. 5.7: „Nomothetische Wissenschaft als Stütze der Diagnose Persönlichkeitsstörung"). Die „Persönlichkeitsstörung" ist ein solches „Etwas". Man kann sie „haben" und „behandeln". Sie wird als solche, wie in 4.1.3 gezeigt wurde, nun ihrerseits „Ursache" von Verhalten. Kritiker haben auf die hier vorliegende Tautologie hingewiesen: Konstrukte wie „Persönlichkeitsstörung" werden ja immer erst aus solchen Verhaltensweisen erschlossen, als dessen Folge diese dann angesehen werden. Aus behavioraler Sicht hat diese Kritik Skinner (z.B. 1963) formuliert. Es ist erstaunlich, wie unbedarft Autoren im verhaltenstherapeutischen Bereich, die ja „ihren Skinner" studiert haben müßten, diese Tautologie übersehen und glauben, daß es ein „Etwas", wie die „Persönlichkeitsstörung" geben muß, nur weil darüber *geredet* wird. Erkenntnistheoretisch handelt es sich um die Proklamation einer Entität, von der schließlich geglaubt wird, sie existiere, weil sie einen Namen hat. Aus der Beschreibung bestimmten Verhaltens als „gestört" wird auf die Existenz von Störungen geschlossen. Wie in Kap. 3 eingangs zitiert, unterstellen beispielsweise Beck und Freeman schon in der ersten Zeile ihres Buches, daß es „Persönlichkeitsstörungen" einfach „gebe"! Als könnte der, der sich auskennt, zu keiner anderen Schlußfolgerung als der gelangen, daß hier Experten eine „harte Realität" entdeckt hätten. Dem folgt schließlich und folgerichtig die Annahme der Existenz solcher Entitäten auch dann, wenn man sie noch gar nicht sehen kann: „Es scheint aber auch ‚Persönlichkeitsstörungen' zu geben, die ohne neurotische und/oder psychosomatische Manifestation bleiben." (Juli, 1992b, S. 93)

Glaubt man einmal an diese „ontologisierte Realität", wird man überall nach ihr suchen und sie auch finden. Was für andere erfolgreiche Psychotherapeuten irrelevant ist, wird dann zu einer entscheidenden Frage für die Therapie: Liegt bei diesem oder jenem Patienten eine „Persönlichkeitsstörung" vor: Ja oder Nein? Der dazugehörige differentialdiagnostische Entscheidungsbaum – etwa bei Fiedler 1994a, S. 367 – sieht solche Identifizierungsstrategien bei der Suche nach „Persönlichkeitsstörungen" denn auch vor (vgl. Abbildung 3).

Abbildung 3: *Differentialdiagnostik und selektive Indikationsentscheidungen bei „Persönlichkeitsstörungen" (aus Fiedler 1994a, S. 367)*

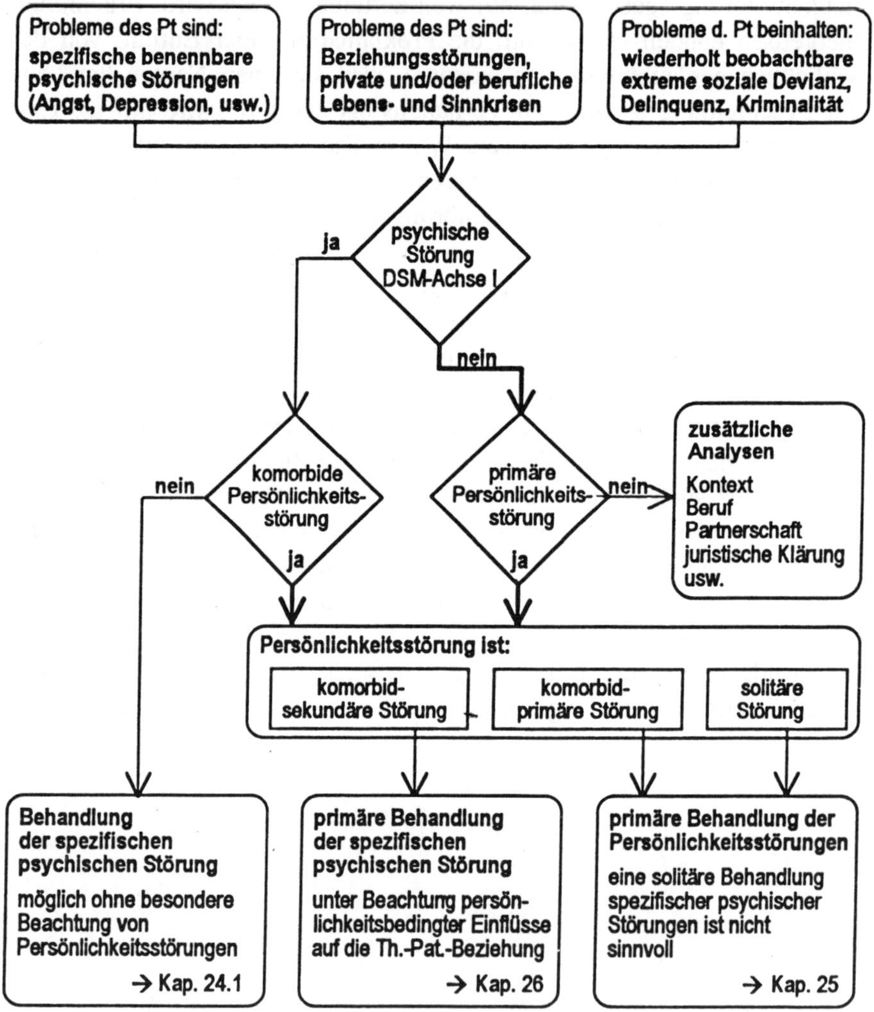

Wir haben demnach zwei Möglichkeiten: Achse I mit „komorbider Persönlichkeitsstörung" oder eine „Persönlichkeitsstörung" ohne Achse I-Symptomatik. Letzteres wird dann „primäre Persönlichkeitsstörung" genannt. Wie die Struktur der Materie, können diese „Störungen" auch hierarchisch angeordnet werden: „Komorbid-sekundär" – „Komorbidprimär" – „Solitär" – d.h. „Persönlichkeitsstörung" mit und ohne andere weitere Krankheiten. Unter dem Blickwinkel der Ontologisierung ist besonders der Gedanke einer „primären Behandlung der Persönlichkeitsstörung" (in Abbildung 3 Kasten rechts unten) interessant. Wie soll man sich das eigentlich vorstellen: Die Behandlung einer „Persönlichkeitsstörung" ohne irgendwelche Begleitproblematik/Begleitsymptomatik? Heißt das, daß der Therapeut einen Menschen behandelt, von dem er denkt, daß er eine „Persönlichkeitsstörung" hat, der aber von sich aus kein Problem angibt, an dem er arbeiten will? (Andernfalls könnte man doch, wie immer in der Therapie, das Problem in seinem Bedingungsgefüge analysieren und bearbeiten, das der Patient zu haben angibt.) Der Patient wird der Diagnose „primäre Persönlichkeitsstörung" wohl kaum zustimmen. Also würde der Therapeut nun etwas behandeln, wovon der Patient gar nichts weiß. Würde dieser davon wissen, würde die Situation noch viel grotesker: Man müßte sich dann einen Patienten vorstellen, der seinem Therapeuten sagt, er habe eine „Persönlichkeitsstörung" – ansonsten aber keine „spezifische Störung"! Oder ist mit der Therapie einer „primären Störung" gar gemeint, ein „zwischenmenschliches Problem" ohne übliche Achse I-Symptomatik sei für Psychotherapeuten nur als „Persönlichkeitsstörung" ein Behandlungsgrund? Dann hieße das, daß die Diagnose „primäre Persönlichkeitsstörung" nur dazu da ist, interaktionelle Probleme so individuell zu pathologisieren, daß sie in das Konzept der kassenzugelassenen Psychotherapeuten passen. Wäre das dann der tiefere Sinn der Rede von der „primären Persönlichkeitsstörung"?

Was mag es praktisch bedeuten, die „Persönlichkeitsstörung selbst" in Abgrenzung zu einer Achse I-Symptomatik zum „Behandlungsfokus" in der Therapie werden zu lassen? „Bei sehr auffällig vorhandenen ‚Persönlichkeitsstörungen' kann es schließlich sinnvoll sein, zusätzlich oder ergänzend zur Behandlung der spezifischen Störungen *die ‚Persönlichkeitsstörungen' selbst* mehr und mehr zum Thema zu machen." (Fiedler 1994a, S. 372; H.i.O.) Wie soll das vonstatten gehen? Es wird doch immer an personellen oder interpersonellen Verhaltens- und Denkweisen gearbeitet. Und man tut das doch immer zusammen mit dem Patienten und gänzlich ohne Bezug auf eine „Persönlichkeitsstörung". Wie – noch einmal – soll nun diese „selbst" zum Thema gemacht werden? Sagt der Therapeut: „Wir reden jetzt nicht mehr über Ihr Verhalten oder Ihr Denken oder Ihre Beziehungen ..., sondern über Ihre Gestörtheit selbst!?"

Würden wir diese Fragen und diese Analyse fortsetzen, dürfte das Ergebnis wohl dieses sein: Es ist einfach **unmöglich**, das „Etwas" einer „Persönlichkeitsstörung" in der Beziehung zu einem Patienten zum Thema zu machen, ohne diesen Begriff wieder zu prozessualisieren oder zu operationalisieren. Dann reden wir aber wieder über Verhalten und Denken und der Begriff der Störung stört nur. **Die in diesem Begriff ausgedrückte Verdinglichung hat keinerlei Funktion für die Psychotherapie. Sie ist hier ausschließlich kräfteraubend und hinderlich.** Ihre Funktion liegt auf ganz anderem Gebiet, wie in Abschnitt 5 gezeigt werden wird. Gesundheitspolitisch hat diese Ontologisierung allerdings eine herausragende Funktion. Und diese beeinflußt die therapeutische Beziehung in hohem Maße: Zum Beispiel im Glauben des Therapeuten, der Patient *könnte* bei sich selbst dieses „Etwas" erkennen. Das Phänomen, daß „Persönlichkeitsstörungen aus der Eigenperspektive nicht unmittelbar als störend, abweichend oder normverletzend erlebt werden und als solche bei sich selbst schwer diagnostizierbar sind", wird dann nicht dem Unsinn dieses Begriffs zugeschrieben, sondern selbst wiederum als Beweis dafür verwendet, daß diese Störung vorliegt: Dieses Phänomen, so endet das angeführte Zitat nämlich, „bezeichnet man als *Ich-Synthonie* der Persönlichkeitsstörung." (Fiedler, 1994c, S.222). Diese „Ich-Synthonie", so wird erneut deutlich, ist das Kernmerkmal für die Vergabe der Diagnose „Persönlichkeitsstörung". Ich-synthone Identifikation mit dem eigenen Denken und Handeln ist ja wohl kein Problem „an sich". Im Gegenteil: Mit sich selbst im Einklang zu stehen ist ein in Therapien oft angestrebter Zustand. Um darin ein Problem zu sehen, bedarf es einer Differenz zwischen dem Selbstbild einer Person und dem, das andere über sie haben. Diese Differenz und vor allem die damit zusammenhängende Disharmonie im Dialog über diese Differenz ist es nun aber, das die „Ich-Synthonie" zum Problem macht: Der Patient will sich selber einfach nicht so sehen, wie andere denken, daß er sich sehen sollte. Das allein ist die eigentliche soziale Basis der Diagnose „Persönlichkeitsstörung" und daher ihr Kerngehalt! „Gestört" ist demnach eine Beziehung und die Diagnose erweist sich als schuldzuschreibende Reaktion des Diagnostizierers auf dieses Beziehungsproblem. Diese Diagnose „löst" das Beziehungsproblem dadurch, daß sich mit ihr ein Element dieser Beziehung (hier der Therapeut, der dazu die soziale Macht hat) urteilend über den anderen erhebt. Nun kann man sich allerdings fragen, wann und wem eine solche Lösung dient bzw. wann und wem sie mehr schadet als nützt.

Zu einer solchermaßen vorgenommenen Personalisierung sozialer Konflikte gehören die Verdinglichung und Individualisierung der „Krankheit" und dann dem dazugehörigen medizinischen Krankheitsverständnis entsprechend einige typische Fragestellungen. Zu nennen ist zuerst die nach der „Epidemiologie" der „Krankheit", die Frage also, wie oft dieses „Etwas" bei einer bestimmten Population vorkommt. Eine andere ist die nach der „Nosologie", d.h. nach dem „typischen Verlauf" dieser (materialisierten) Krankheit und schließlich – heute noch selten, aber man darf getrost auf den Zuwachs dieser Fragestellung warten – die nach der medikamentösen Therapie der „Krankheit Persönlichkeitsstörung". Auch die Diskussion um die „Komorbidität" ist nur auf der Grundlage der Verdinglichung dieses Konstruktes möglich. Denn nur verdinglichte Krankheiten (Morbus = lat. = Krankheit) können zusammen auftreten.(Ko = lat. = zusammen). Die sogenannten Komorbiditätsstudien sind also gleichzeitig Ausdruck und Bestätigung der Verdinglichung psychischer Vorgänge. Nur unter dieser Annahme kann man sagen, die bisherige Forschung zeige „zum Vorhandensein mehrerer ‚Persönlichkeitsstörungen' bei einer Person" (Fiedler 1994a, S. 330), daß es kaum jemanden gebe, der, wenn er die Kriterien einer „Persönlichkeitsstörung" erfülle, nicht auch zugleich mindestens eine andere „habe".

Wenn Prozesse zu Krankheiten verdinglicht werden, taucht mit Sicherheit irgendwann auch die Frage nach der genetischen Ursache dieses „Etwas" auf. Es ist nur folgerichtig, wenn Beck und Freeman (1993) schon jetzt nach dieser genetischen Ursache von „Persönlichkeitsstörungen" fragen und hierfür auch Hypothesen entwickeln. „Vermutlich resultieren diese dysfunktionalen Überzeugungen („persönlichkeitsgestörter Personen"; H.L.) aus der Wechselwirkung **genetischer Veranlagungen** des einzelnen sowie unerwünschter Einflußnahmen durch andere Personen und bestimmter traumatischer Ereignisse." (S. 20; Hervorhebung v. Verf.) „Persönlichkeitsstörungen" werden dann als Ausformungen genetisch veranlagter biologischer Programme verstanden, wobei der Betroffene irgendwie nicht dazu in der Lage ist, sein Programm der neuen Umwelt anzupassen: „Durch die natürliche Selektion kam es vermutlich zu einer gewissen Passung zwischen dem programmierten Verhalten und den Anforderungen der Umwelt. Unsere Umwelt hat sich jedoch schneller verändert, als unsere automatischen Anpassungsstrategien. Dies resultiert größtenteils aus der Veränderung der sozialen Umgebung durch den Menschen selbst. Folglich passen Raub-, Konkurrenz- und Soziabilitätsstrategien, die in einer primitiveren Umgebung sinnvoll waren, nicht immer in die heutige Nische einer hochindividualisierten und -technologisierten Gesellschaft mit spezialisiertem kulturellen und sozialen Aufbau. Eine schlechte Passung könnte somit der Faktor in der Verhaltensentwicklung sein, den wir als ‚Persönlichkeitsstörung' diagnostizieren." (ebd. S.21). „Zum Beispiel kann das theatralische Verhalten der histrionischen Persönlichkeit auf das Imponiergehabe bei Tieren zurückgeführt werden, die antisoziale Störung auf das Raubverhalten und die dependente Persönlichkeitsstörung auf die im ganzen Tierreich vorhandenen Bindungen ..." (ebd. S.23). „Bei (manchen) Menschen scheinen ‚Persönlichkeitsstörungen' aus einer starken Veranlagung hervorzugehen ... Eine angeborene Veranlagung zur Schüchternheit kann durch spätere Erfahrungen möglicherweise derart verstärkt werden, daß jemand anstelle mangelnder Selbstbehauptung eine selbstunsichere Persönlichkeit entwickelt." (ebd. S.37). Auch im deutschen Sprachraum finden wir diese genetische Sicht: „Persönlichkeitsstörungen werden als problematische Persönlichkeitsstrukturen, welche wiederum genetisch determinierte ‚Spielarten der Natur' darstellen, gesehen. Sie sind per se Defizite oder philogenetische Anpassungsstörungen." (Juli, 1992b, S.92)

5. Ausgrenzung des Fremden: Zur sozialen Funktion der Diagnose „Persönlichkeitsstörung"

Alle Menschen sind frei und gleich an Würde und Rechten geboren. Sie sind mit Vernunft und Gewissen begabt und sollen einander im Geiste der Brüderlichkeit begegnen. (Allgemeine Erklärung der Menschenrechte; verkündet von der Generalversammlung der Vereinten Nationen am 10.12.1948)

Die Schülerin gab zu keinen Klagen Anlaß, doch suchte sie damit ihren wahren Charakter zu verbergen. Fortpflanzung ist unerwünscht. (Lehrerurteil über ein behindertes Kind im Dritten Reich, zitiert von Ernst Klee, in „Die Zeit", Nr. 50, 8.12.95, S. 58).

Das Formular (zur Beurteilung der Schüler) enthält eine Rubrik, die über Leben und Tod der Hilfsschüler entschied: „Soziale Brauchbarkeit". (Bericht über die Lage blinder Schüler im Dritten Reich, Ernst Klee, „Die Zeit", Nr. 50, 8.12.95, S. 58)

Im Team einer psychosomatischen Klinik wird beraten, ob man einer „minderbegabten Frau", die ein Kind möchte, zum Schutze des noch nicht geborenen Kindes von einer Schwangerschaft abraten sollte. Viele sind dafür. Das Team besteht aus erfahrenen Therapeuten.

5.1 Zur sozialen Funktion psychologischer Diagnosen

Die bisherige Festlegung von Mindestkriterien ist schlicht das Resultat pragmatischer Setzungen in den unzweifelhaft langwierigen Diskussionen jener Psychiater und Psychologen, die den Diagnose- und Nomenklatur-Ausschüssen der American Psychiatric Association oder der WHO angehören." (Fiedler, 1994a, S. 452 H.i.O)

Nur was das Du nicht ist, nicht, was es ist, bleibt gewiß. (Theunissen, 1977, S. 307)

Das Rechtsgebot ist daher: Sei eine Person und respektiere die anderen als Personen. (F. Hegel, 1970, Band VII, S. 95)

Auch der Begriff Person ist durch normative Erwartungen einer historischen Gesellschaftsform geprägt, die bewußtes und kontinuierliches Handeln von Individuen zum Überleben bzw. zur Stabilisierung ihrer Werte benötigt. (Siep, 1983, S. 17)

Die dargelegte Kritik legt nahe, den Begriff der „Persönlichkeitsstörung" konsequent fallen zu lassen. Dies geschieht aber nicht – ganz im Gegenteil: Diese Diagnose erfreut sich – gerade im verhaltenstherapeutischen Bereich – zunehmender Beliebtheit. Und sogar jene Autoren, die in der Einleitung ihrer Bücher oder Artikel den Begriff ablehnen, benutzen ihn dann ungeniert und sprechen – ohne Apostrophierung – von „persönlichkeitsgestörten Personen". Also stellt sich die Frage, welche Funktion die Verwendung dieses Konzeptes hat, wenn nicht einmal deren Kritiker darauf verzichten. Zur Klärung dieser Frage müssen wir auch die gesellschaftliche Funktion der Psychotherapie generell ins Auge fassen. Therapeuten verwenden Diagnosen ja nicht nur und gar nicht in erster Linie für die Therapie, sondern auch, und noch viel mehr, in ihrer gesellschaftlichen Funktion als Experten für die professionelle Nomenklatur psychischer oder sozialer Probleme. Die Vergabe einer Diagnose ist nicht nur ein Vorgang innerhalb der Therapie; sie hat in viel höherem Maße auch eine sozialpolitische Funktion. Die Verhaltenstherapie hatte ursprünglich aus sozialkritischen Überlegungen heraus die Verwendung psychischer Diagnosen ganz abgelehnt (vgl. z.B. das hierzu klassische Werk von Keupp, 1972). Sie ist heute dabei, von dieser Ablehnung ganz und gar abzurücken. Das muß auch politische Gründe haben. Es wäre naiv zu glauben, die diagnosevergebenden Therapeuten wären nicht gerade damit Teil der Gesellschaft, in der sie leben. Sie leben aber nicht nur in ihr, **sie gestalten sie auch mit**. Halten wir uns die Entwicklung der Verhaltenstherapie diesbezüglich noch einmal vor Augen: Sie hatte ursprünglich aus sozialkritischen und wissenschaftlichen Gründen die Verwendung solcher Begriffe wie „Person", „Wille" usw. abgelehnt. Verhalten sollte nicht durch solche personalen Konstrukte, sondern nur als Funktion von Umweltreizen und Konsequenzen erklärt werden. Dann hatte sie in der kognitiven Wende „Gedanken" als wichtiges Element in ihre Theorien aufgenommen. Und nun taucht der Begriff der Persönlichkeit oder der Person wieder auf, allerdings im Gewande der „gestörten" Person. Warum? Warum erscheint in der Verhaltenstherapie die Person wieder und warum nur in dieser abgewerteten Form?

Daß dem so ist, kann anhand einer kleinen Publikationsgeschichte der Zeitschrift „Verhaltenstherapie" gezeigt werden. Hier hatte der verhaltenstherapeutische Kollege U. Köhlke 1992 einen Artikel veröffentlicht, in dem er vehement für individuelle Fallanalysen statt manualisierter Therapieplanungen plädiert. Er sprach sich dafür aus, die individuelle Symptomatik eines Patienten grundsätzlich in den Kontext „tieferliegender Problemstrukturen" der „Person" zu stellen. (Köhlke, 1992). Er schrieb ein entschiedenes Plädoyer dafür, daß Therapeuten sich anstrengen, „hinter der Symptomatik" Grundambivalenzen oder Grundkonflikte von Personen zu erkennen und ihre Therapien darauf abzustimmen. Im Kern ist das die gleiche Aussage wie die vieler Theoretiker der Persönlichkeits-"Störungen", daß nämlich Symptome als Teil einer umfassenderen „Persönlichkeitsstruktur" gesehen und die Therapie darauf abgestimmt werden müßte. Wurde der Beitrag Köhlkes von der VT-Öffentlichkeit begrüßt? Weit gefehlt! Die Zeitschrift „Verhaltenstherapie" veröffentlichte im gleichen Heft Kommentare zum Beitrag Köhlkes von renommierten Vertretern der VT: Von den Professoren Fiegenbaum, Margraf und Schneider. Diese lehnten die Gedanken Köhlkes vehement und größtenteils zynisch ab. Mit welchen Argumenten? Die Komplexität von Störungen, so z.B. Fiegenbaum, sei doch längst in „dem von der wissenschaftlichen Öffentlichkeit seit vielen Jahren rezipierten Feld der Komorbidität" behandelt worden. Margraf und Schneider halten Köhlke für „zu emotional" und wollen „die Debatte wieder auf die sachliche Ebene zurückführen". (S.265). Sie erklären sich grundsätzlich nicht mit der Auffassung Köhlkes von einer „tieferliegenden Struktur" hinter den Symptomen einverstanden (Wovon die Persönlichkeitsstörungskonzepte ja explizit ausgehen!). Zu Recht sagen sie, diese Unterscheidung sei früher von Tiefenpsychologen geprägt worden („Symptom" versus „wahres Problem") und die Verhaltenstherapie sei davon abgerückt. Sie gehen noch weiter und behaupten, daß es für eine „tiefere Probleme" suchende Therapie keinerlei empirische Bestätigung für einen Nutzen dieser Suche gebe. Was Köhlke schreibe, sei nichts als seine persönliche Meinung ohne jede wissenschaftliche Fundierung. Die Wissenschaft, so Margraf und Schneider, diene sogar dazu, Patienten vor solchen Therapeuten wie Köhlke zu schützen. „Mit seiner Ablehnung empirischer Überprüfung gibt der Autor eines der Hauptmerkmale der Verhaltenstherapie preis und verabschiedet sich aus dem Bereich wissenschaftlich fundierter Arbeit." (S. 266) Sie finden es bedenklich, wenn bei der Suche nach „tieferliegenden Strukturen" die Patienten mit ihren Beschwerden nicht ernstgenommen würden. Auch sie verweisen auf die Komorbiditätsforschung, die doch hinreichend das Problem der „Komplexität von Störungen" erkannt und gelöst habe. Sicher sind etliche dieser Einwände bedenkenswert. Vor allem der Hinweis auf die problematische Unterscheidung zwischen Verhalten und „dahinterliegenden Problemen". Diese Kritik ist angemessen und paßt im übrigen zur Geschichte der Verhaltenstherapie. Oben wurde die gleiche Argumentation gegen das Konzept der „Persönlichkeitsstörung" ins Felde geführt. Die Argumentation von Fiegenbaum, Margraf und Schneider müßte also nicht nur gegen Köhlke, sondern auch gegen das Persönlichkeitsstörungskonzept geführt werden. Warum geschieht dies aber nicht? Vermutlich deshalb, weil im Persönlichkeitsstörungskonzept, anders als bei Köhlke, der Gedanke an die Person oder deren „tieferliegende Struktur" im pathologie-orientierten Mantel einer „diagnostizierten Krankheit" auftritt. Mit anderen Worten: *Wird die „tieferliegende Problematik" als etwas Alltägliches dargestellt, wird sie von der VT-Öffentlichkeit als unwissenschaftlich abgelehnt. Wird sie als Krankheit bezeichnet und per Diagnosesystem ermittelt, wird sie akzeptiert.* Man muß sich hier dessen bewußt sein, daß es trotz DS-M-III-Kriterien weitgehend dem subjektiven Urteil eines Diagnostikers überlassen bleibt, ob diese Kriterien der „Persönlichkeitsstörungen" für einen *bestimmten* Menschen zutreffen oder nicht (vgl. hierzu Kap. 5.6). Daran ändert auch die Interraterreliabilität bzw. die Übereinstimmung der Diagnostiker nichts, denn das drückt nur ihre gemeinsame Verankerung in bestimmten sozialen Normen aus. Wie in 5.6 gezeigt wird, enthalten alle DSM-III-Kriterien für „Persönlichkeitsstörungen" in hohem Maße soziale Werturteile. Warum also, noch einmal, ist der Gedanke der Persönlichkeit und der personorientierten Betrachtung von Problemen leichter in die VT-Debatte einzubringen, wenn er als Pathologiekonzept auftritt?

Gesellschaftlich geht es bei der Verwendung des Persönlichkeitsstörungskonzeptes um die Kombination von zwei Vorgängen: Um ein Ausschlußverfahren und um die Verknüpfung dieses Vorganges mit einem Hilfsangebot zur Reintegration unter bestimmten Bedingungen.

Erstens handelt es sich um den **Ausschluß** derer, die „anders" sind in Bezug auf wichtige gesellschaftliche Normen und Werte. Das Konzept der „passiv-aggressiven Persönlichkeitsstörung" ist bezeichnenderweise entstanden, als man das „passiv-aggressive" Verhalten vieler amerikanischer Soldaten im 2. Weltkrieg zu ergründen trachtete. Diese hatten sich inflexibel und passiv gegenüber „militärischem Streß" verhalten. Es war wohl eine geschickte schweyksche Form des passiven Widerstandes, der hier von Medizinern als „Persönlichkeitsstörung" identifiziert worden war. Schon die angebliche Existenz „geschlechtstypischer Persönlichkeitsstörungen" (Fiedler, 1994c, S. 233) etwa derart, daß die Diagnose der „dependenten" Persönlichkeitsstörung vor allem bei Frauen festgestellt werde, spiegelt ganz offensichtlich gesellschaftliche Normen wider. Heute wird von einer Frau eben erwartet, nicht mehr anhänglich-dependent zu sein und sie erwartet es dieser Norm entsprechend auch von sich selbst. In einem gesellschaftlichen Umfeld wie dem Islam dürfte es doch wohl weniger dependente „Störungen" bei Frauen geben, weil das „Dependente" gewollt ist. Die Vergabe personenorientierter Diagnosen spricht nun aber gerade nicht diese gesellschaftlichen Normen bzw. die Probleme der Gesellschaft mit von dieser Norm Abweichenden an, sondern tut so, als liege das Problem im Individuum. Hierzu ist von kritischen Autoren andernorts wichtiges geschrieben worden, z.B. von Dörner (1991) zur Aufgabe der Psychiatrie als diagnostizierender Instanz und von Sonnenfeld (1992) zur Rolle der „Psychologisierung" gesellschaftlicher Probleme. Für uns hier ist wichtig, daß das nun diagnostisch bezeichnete Individuum eben durch diese Bezeichnung auf der Basis einer Unterscheidung zwischen gesund und krank von der Gemeinschaft der Gesunden oder „Funktionierenden" erst einmal ausgeschlossen wird. Ohne diesen durch den Störungsbegriff ja fundamentaleren Ausschluß wäre die Person allenfalls „anders" als die Mehrheit und darin gerade ein Teil von ihr.

Zweitens verbindet man diesen Ausschluß nun mit einem **Hilfsangebot** zur „Korrektur" der Störung und damit mit der Chance zur Wiedereingliederung. Anders gesagt: Man bietet dem Andersartigen an, durch Therapie wieder „normal" zu werden. Dieser Vorgang ist ganz unabhängig davon, wie der „andere" leidet und ihn als durch die Diagnose stigmatisierten zu charakterisieren bedeutet nicht, sein Leiden zu ignorieren. Im Gegenteil – es öffnet den Blick für einen weiteren Bestandteil dieses Leidens in seinem Beziehungsgefüge. Es geht um die *Art der Definition dieses Leides*. Man kann nämlich, je nach Blickwinkel, ganz verschiedenes an individuellem Leiden herausarbeiten: z.B. das Leid an seiner „Krankheit" (bei „Persönlichkeitsstörungen": Das Leid des Betroffenen an seiner eigenen „Störung") – oder das Leid am Ausgeschlossensein. Das sind zwei grundverschiedene Perspektiven! Sensible Interviews erbringen diesen Aspekt wohl **immer** mit zutage: daß der Betroffene im Kern ebenso am subtilen Ausschluß (nicht nur, aber eben auch anhand der Diagnose „Persönlichkeitsstörung") leidet wie a) an den Verhaltensweisen, die andere zu diesem Ausschluß veranlassen oder b) an den durch die „Störungsdiagnose" angeblich erklärten Symptomen (Depression usw.). Wenn ihm Menschen begegnen, die ihn und sein Leid ohne Pathologisierung sehen und achten, wird ihm vermutlich mehr geholfen.

Der Ausschluß kann eigentlich nur durch folgende Grundaussage verhindert werden: „Du bist ein Teil von mir und ich bin ein Teil von Dir". Oder, wie es Marx und Schüttauf in einem Plädoyer zur Beibehaltung eines echten Asylrechtes formulieren: „Jeder Mensch, wenn er seiner selbst inne wird, hat sich als Glied der Menschheit zu erkennen und zu bestimmen. In jeder Person begegnet uns die Menschheit, haben wir uns selbst zu gewahren" (Marx & Schüttauf, „Die Zeit", 15, 04.04.96). Das kann man aber kaum sagen, wenn man mit Bezug auf die Person zwischen sich als gesundem und dem anderen als krankem bzw. gestörtem differenziert!

S. Grubitzsch hat auf einem Kongreß klinischer Psychologen in Berlin 1996 **zehn Thesen zur gesellschaftlichen Funktion der Diagnose „Persönlichkeitsstörung**" vorgetragen. Darin ging er unter anderem davon aus, daß 1) die Diagnose der „Persönlichkeitsstörung" ein Akt sei, mit dem sich die abrechenbare Psychotherapie selbst legitimiere; 2) das Anwachsen von Persönlichkeitsstörungsdiagnosen eine Folge der Veränderung sozialer, politischer und ökonomischer Verhältnisse in Richtung einer Zunahme von „Egoismen" in einer Gesellschaft sei, die Randgruppen erzeuge; 3) sich Langzeittherapien mit solchen Diagnosen besser legitimieren und Mißerfolge rechtfertigen ließen (wenngleich etwa in der forensischen Psychiatrie die Diagnose Patienten dazu verhilft, von ansonsten negativen Konsequenzen ihres Verhaltens verschont zu bleiben); 4) politische Gegner mit Bezug auf „Persönlichkeitsstörungs"-Kategorien deformiert werden können, was er mit einigen ebenso ernsthaften wie humoristischen Auszügen aus richterlichen Urteilsbegründungen etwa über „querulante Personen" belegen konnte. Er kommt in Bezug auf den Titel seines Vortrages, ob diese Diagnose ein Segen oder ein Fluch sei, zum Schluß, daß sie für Therapeuten eher ein Segen, für Patienten aber eher ein Fluch sei. Ich glaube allerdings, daß dieses Konzept auch für Therapeuten mehr Fluch als Segen bedeutet.

5.2 Ich-Synthonie, Ich-Dysthonie und der gesellschaftliche Ausschluß

Die meisten Menschen würden nicht bereitwillig zugeben, daß sie viele der negativen Traits einer HPS („Histrionische Persönlichkeitsstörung") aufweisen. (Beck & Freeman, 1993, S. 188)

Die Rückmeldung sollte unbedingt ehrlich gemeint sein, da unrealistisches positives Feedback nur die Glaubwürdigkeit des Therapeuten mindert und es dadurch so aussieht, als versuche er, den Klienten „aufzuheitern". (Beck & Freeman, 1993, S. 180, zum Umgang mit Borderline-Patienten)

Die Frage ist also, ob der Kritisierte zu einem Diskurs über den Stigmacharakter seines Verhaltens bereit oder fähig ist, d.h., ob er bereit ist, seine Verhaltensbe-

Nur zwischen echten Personen [gibt es] echte Beziehung. (M. Buber, zitiert nach Theunissen, 1977, S. 272).

Eine Person muß in der Lage sein, sich mit bestimmten Wünschen und Handlungen ihrer selbst zu identifizieren. (Siep, 1983, S. 9)

Den anderen für ein wirkliches Selbst und nicht für eine Simulation zu halten, enthält ein Moment der Freiheit. Der fundamentale Akt der Freiheit besteht in dem

sonderheiten als kritisierenswerte (also ich-dysthone, möglicherweise selbst störende) Personeneigenschaft wenigstens prinzipiell als veränderungsnotwendig zu betrachten. Ist das Interaktionsmuster nicht auf die Ebene der Ich-Dysthonie transferierbar, liegt die Schlußfolgerung der Ich-synthonen „Persönlichkeitsstörung" nahe – mit vielfältigen Implikationen für Betroffene, die von ihrer Uneinsichtigkeit bis zur möglichen Irreversibilität der „Persönlichkeitsstörungen" reichen können. (Fiedler, 1994a, S. 8)

Verzicht auf die Bemächtigung, die in der Tendenz alles Lebendigen liegt. Positiv heißt dieser Verzicht: Seinlassen. Seinlassen ist der Akt der Transzendenz, der das eigentliche Signum der Personalität ist. (Spaemann, 1996, S. 87)

Wenn wir den Prozeß des „Ausschlußverfahrens" genauer untersuchen, dann stoßen wir im Kern auf die Unterscheidung zwischen Ich-Synthonie und Ich-Dysthonie. Diese Begriffe bezeichnen das Ausmaß, in dem sich ein Mensch von seinem eigenen Verhalten distanziert oder distanzieren kann (Ich-Dysthonie) bzw. sich damit identifiziert (Ich-Synthonie). Verhaltensweisen seien, so die Annahme, therapeutisch schwerer zu verändern, wenn sie von der Person ich-synthon vertreten werden, weil sich der Patient nicht davon distanziert. Achse I-Symptome im DSM-III werden in der Regel ich-dysthon, Achse II-Phänome ich-synthon erlebt. Im ersten Fall „hat" der Patient ein Symptom, im zweiten Falle „ist" er so.

Dagegen ist zunächst nichts einzuwenden: Natürlich ist ein Verhalten leichter veränderbar, wenn sich die Person über dieses Verhalten bewußt ist, sich davon distanziert und „es" zum Gegenstand von Veränderungsbemühungen macht. Schwieriger wird es, wenn wir den Begriff der **Verantwortung** hinzuziehen. Dann erscheint es oft umgekehrt so, daß „Symptome" gerade deshalb schwer veränderbar erscheinen, weil sie ich-dysthon erfahren werden, d.h. Fremdkörper in der eigenen Person zu sein scheinen. Der Patient fühlt sich dann für sein Verhalten gar nicht verantwortlich – es ist dann (wie bei einer organischen Krankheit) „die Angst" oder „die Depression", die ihn fühlen, handeln und denken läßt. Ich-Synthonie erscheint in diesem Licht dann als Fähigkeit: Als die Bereitschaft, Verantwortung für das eigene Verhalten zu übernehmen und Ich-Dysthonie als Verantwortungsverlust oder Verantwortungsdelegation. Viele lähmend verlaufende und ineffektive Therapieprozesse resultieren daher, daß weder Patient noch Therapeut einen Weg dahin finden, daß ersterer sich (wieder) für sein Verhalten verantwortlich fühlt. „Der Zwang" kommt dann einfach wieder oder „es" hat wieder zugeschlagen. Im Konzept der „Persönlichkeitsstörung" wird nun genau diese Haltung, wonach sich jemand mit seinem Verhalten identifiziert bzw. sich dafür verantwortlich zeigt, als Zeichen einer Störung gesehen. So sieht Freeman darin explizit einen von sieben Hinweisen auf „Persönlichkeitsprobleme": „Die Persönlichkeitsprobleme erscheinen den Patienten selbstverständlich und natürlich. Zum Beispiel kann es vorkommen, daß ein depressiver Patient ohne eine Achse II-Diagnose sagt: ‚Ich will diese Depression loswerden. Ich weiß, wie es ist, sich gut zu fühlen,' während der persönlichkeitsgestörte Patient die Probleme eher als gegeben ansieht: ‚Dies ist, wie ich bin und wer ich bin'." (Freeman, 1994, S.223)

Man kann Ich-Synthonie und Ich-Dysthonie oder, neu formuliert, die Bereitschaft, Verantwortung für das eigene Verhalten zu übernehmen oder abzulehnen, als individuelle Eigenschaft sehen. Mann kann es aber auch als Teil eines interaktionellen Geschehens auffassen. Im letzteren Falle kommen wir zu ganz neuen Erkenntnissen. Bereits oben wurde auf die interaktionelle Basis hingewiesen, aufgrund derer die „Ich-Synthonie" erst zum Problem werden kann (vgl. Kap.4.3). Zu verstehen ist nun, in welcher Beziehung oder in welchem sozialen Kontext sich jemand zu seinem eigenen Verhalten bekennt oder sich davon distanziert. Wir stehen dann z.B. vor der Frage, welche sozialen oder interaktionellen (und manchmal auch rechtlichen) Konsequenzen es hat, wenn jemand sein Verhalten als ich-zugehörig bzw. ich-fremd **beschreibt.** Natürlich hängen diese v.a. von den sozialen Normen für das jeweilige Verhalten ab. Unter Männern, für die Tapferkeit und Härte hohe Werte sind, ist es akzeptabler, ich-dysthon von einer Angstkrankheit zu sprechen, als davon, daß sie selbst ängstlich sind. In manchen Partnerschaften mag es angemessener sein, wenn die Frau dem Mann sagt, sie könne ihm nicht zuhören, weil „die Zwänge" wieder in ihrem Kopf seien, als ihn damit zu konfrontieren, daß sie „seinem Gelaber nicht mehr zuhören wolle". Das hätte vielleicht einen massiven Ehekonflikt zur Folge.

So betrachtet lösen sich Ich-Synthonie und Ich-Dysthonie, die als personale Eigenschaften dargestellt werden, als Teile eines interaktionellen Geschehens auf. Ich-dysthone Distanzierung vom eigenen Verhalten („nicht ich reagiere, sondern ‚es' in mir" oder „ich tue etwas, was ich eigentlich nicht tun will...") ist dann vielleicht Ausdruck einer Angst davor, für das eigene Verhalten bestraft oder gar dafür ausgeschlossen zu werden. Und diese Angst hätte ebenso wie das Ich-Synthone „Ich bin es!" immer mit der tatsächlichen oder vermuteten Reaktion des anderen auf solche Äußerungen zu tun. Kurz: Alle Probleme sind Interaktionsprobleme, unabhängig davon, ob sie ich-synthon oder ich-dysthon dargestellt werden. Die ich-dysthone Darstellung läßt aus dieser Sicht nur auf eine größere Angst vor Sanktionierung oder vor der Übernahme von Verantwortung und den daraus folgenden Konsequenzen schließen, die man befürchtet, wenn man sich für sein eigenes Verhalten, Denken und Fühlen (also auch für seine Symptome) verantwortlich erklärt.

Ich-Synthonie kann also auch als Ressource angesehen werden, zu seinem Verhalten zu stehen, auch wenn dies mit Konflikten verbunden ist. Dann aber ist es ein Ausdruck der **Interessen anderer**, wenn die Ich-Synthonie als Problem oder gar als Defizit beschrieben wird. Genau diese Perspektive drückt die Bezeichnung „Ich-Synthonie" im Rahmen der „Persönlichkeitsstörung" aus. Hier wird der Begriff so verstanden, daß die „ich-synthon gestörten Persönlichkeiten" nicht in der Lage oder nicht willens seien, zuzugeben, daß sie „gestört" sind. Hier wird es ausschließlich als Defizit und dann sogar als Beleg für die Störung selbst verstanden.

Dieser Vorgang bringt nun das oben erwähnte Doppelgesicht von Ausschluß und Hilfsangebot zum Ausdruck. Einerseits wird damit nämlich der Unwille einer Gruppe, einer Person oder einer Gesellschaft über das Verhalten einer Person zum Ausdruck gebracht. Andererseits wird diese aber ihres Verhaltens wegen nicht beschuldigt und ihr die Verantwortung dafür gegeben, sondern ein „Hilfsangebot" zur Korrektur desselben gemacht. Manchmal offen („Du bist gestört – wir wollen das ändern!"), manchmal versteckt („Du bist schon in Ordnung, aber das ... wollen wir doch besser ändern!").

Interaktionell bedeutet dies, daß der die Ich-Synthonie als Problem Diagnostizierende damit einen *direkten* Konflikt mit dem Diagnostizierten vermeidet und sich statt dessen auf seine Diagnose zurückzieht. Würde er offener *in* die Beziehung eintreten, hätte er hierin einen Konflikt mit dem Diagnostizierten und müßte ihn austragen. Er müßte den Patienten z.B. mit einer direkten Forderung nach einer Verhaltensänderung konfrontieren, weil er mit seinem Verhalten nicht einverstanden ist (mit der dissozial-aggressiven Art, mit der dependenten Unterwürfigkeit, mit der histrionischen Emotionalität, mit dem borderlineschen Hin und Her zwischen Auf- und Abwertung bzw. Drohung und Lobhudelei usw.). Würde er aber diesen Konflikt zugeben, wären er und der Patient in diesem *gleichberechtigte Interaktionspartner* und nicht der eine ein sich über den anderen erhebender Diagnostizierer. Natürlich würde hier gesellschaftlich nur eine **Konfliktverlagerung** vorliegen, wenn der Diagnostizierer ein Psychotherapeut ist. In diesem Fall übernimmt der Psychotherapeut mit seiner Diagnose nämlich *immer* einen Part, den eigentlich andere im Leben mit diesem Patienten haben. Mit anderen Worten: Hier ist der Therapeut mit seiner Diagnose und seinem Hilfsangebot unbewußt mit denen identifiziert, die ansonsten im sozialen Leben, in der Familie, im Arbeitsteam usw. einen Konflikt mit diesem Patienten haben. Die Diagnose führt hier also dazu, daß die eigentlichen sozialen Konflikte vernebelt werden. Der Begriff der Ich-Synthonie drückt somit auch aus, in welche „Triangulation" der Therapeut geraten ist: Mit diesem Begriff stimmt er auf der einen Seite denen zu, die mit dem Verhalten des „Patienten" nicht einverstanden sind und erklärt den Patienten für gestört. Auf der anderen Seite versucht er sich nicht mit der Weigerung des Patienten, sein Verhalten zu ändern, zu konfrontieren (womit er ja seine Parteilichkeit offenlegen würde), sondern stellt sich ihm gegenüber als Helfer dar. Kurz gesagt: Die Psychotherapie wird so Teil einer gesellschaftlichen Konfliktvermeidungsstrategie zu Lasten der „gestört" genannten.

Nach Fiedler gibt es bei Experten „Uneinigkeit" darüber, ob einige „Persönlichkeitsstörungen" „wegen ihrer teilweisen ich-dysthonen Symptomatik nicht besser als spezifische psychische Störungen einer der übrigen Syndromgruppen außerhalb der ‚Persönlichkeitsstörungen' zugeordnet werden sollten". (1994a, S. 134) Dies ist eine sehr interessante Uneinigkeit. **Zu Ende gedacht bedeutet sie, daß die Ich-Synthonie offenbar das Kernmerkmal für die Diagnose „Persönlichkeitsstörung" ist.** Wer, so müßte man diesen Expertendisput wohl interpretieren, sich den Werten und Normen eines Systems nicht anpaßt und sich vom eigenen Verhalten in ichsynthoner Weise <u>nicht</u> distanziert, erhält eine „Störungsdiagnose"; wer sich davon distanziert und/oder sich nicht dafür für verantwortlich hält, erhält eine Achse I-Diagnose. Dann hätten wir es bei der Diagnose „Persönlichkeitsstörung" also offenbar mit einem Versuch zu tun, über die Person-Pathologisierung einen therapeutischen (Veränderungs-)Zugriff auf Personen zu bekommen, die sich den sozialen Normen oder bestimmten Erwartungen relevanter anderer (oder auch ihrer selbst) zu unterwerfen (noch) nicht bereit sind. Dies zu denken bedeutet nicht, Patienten nun in dic Rollc von „gesellschaftlichen Revolutionären" oder von Opfern zu drängen. Es bedeutet vielmehr, zu verstehen, daß ich-synthon auffällige Personen damit eine wichtige Rolle in einem System (z.B. einer Familie) haben. Sie zeigen in ihrem Verhalten ja oft solches, das andere abspalten, abwerten oder sich einfach nicht getrauen. So gesehen wird mit der individuellen Pathologisierung der „Gestörten" auch immer das Gesamtsystem ignoriert, das eigentlich dazugehört wie das Schloß zum Schlüssel. Ein Beispiel: Wenn ein Therapeutensystem einen sehr unsicheren oder sich „dissozial" verhaltenden Patienten mit dieser Diagnose belegt, braucht es sich nicht mehr zu fragen, wo dieser Patient auch ein Spiegel ihrer eigenen Interaktionsmuster darstellt – wo ihre eigenen Ängste sind, ihre eigenen Aggressionen oder ihre eigene Lust, „über die Strenge zu hauen" und wie diese Seiten bei ihnen zum Ausdruck kommen. Der Begriff der Synthonie/Dysthonie erweist sich auch aus dieser Sicht als Kunstgriff in den Händen professioneller Helfer, zwischenmenschliche Konflikte zu individualisieren. Diese Betrachtung lenkt ab vom eigentlichen Konflikt in einer Familie oder in einem Team. Eine interessante Frage schließt sich hier an: Wie ginge es in diesem Prozeß weiter, wenn der diagnostisch Bezeichnete die ihm zur Behandlung seiner „Störung" angebotene Hilfe nicht annimmt, sich also keine „therapeutische Veränderung" einstellt? Wenn wir bei der Suche nach einer Antwort nicht mehr das „kranke Individuum" in den Mittelpunkt der Aufmerksamkeit stellen, dann drängt sich hier die Frage auf, welche Unterschiede, Gegensätze oder Machtgefälle im jeweiligen System (z.B. Familie oder Team) vorliegen, zu dem der „Gestörte" gehört und die offenbar würden, würde auf die Pathologisierung eines einzelnen verzichten. Meistens geht es dann um Macht, Geld oder Liebe.

Eine interaktionelle Betrachtung der Differenz Ich-Synthonie/Ich-Dysthonie ist auf seiten der Therapeuten mit einem hohen Anspruch an seine therapeutische Autonomie und seine Verantwortung verbunden. Warum? Weil es ihn zwingt, seinem Patienten gegenüber seinen eigenen Standpunkt zu finden und zu vertreten. Ich kann ja nicht nicht Stellung beziehen, wenn ein „Borderline-Patient" mich einmal auf- und dann wieder abwertet, wenn ein dependenter Patient alle Hausaufgaben macht und doch keinerlei Fortschritte zeigt oder wenn eine „histrionische" Person jede Emotion in meinem Therapieraum „theatralisch auslebt". Wenn wir hier auf Diagnosen verzichten <u>und</u> die Weigerung des Patienten, sich von seinem Verhalten zu distanzieren, als Ressource in seiner Art von Selbstverantwortlichkeit sehen, dann müssen wir ihm gegenüber ebenso verantwortlich und „ich-synthon" Stellung nehmen. Wir sind dann mit unserer ganzen Person gefordert und können uns nicht (strategisch) hinter Diagnosen verstecken: Wir sind gleichermaßen aufgefordert zu werten, Grenzen zu setzen, uns darin die Achtung vor der Person zu bewahren und doch nicht einfach zuzulassen, was uns oder anderen schadet oder mißfällt! Deshalb bin ich davon überzeugt, daß der konsequente Verzicht auf den Begriff der „Persönlichkeitsstörung" (und auch auf die Unterscheidung in Ich-Dysthonie/Ich-Synthonie als differentialdiagnostischem Kriterium für diese Diagnose) Therapeuten viel mehr dazu erziehen würde, Autonomie und Kompetenz in ihren Therapien zu entwickeln.

5.3 Zur Differenz zwischen „Gesund" und „Krank"

Wenn persönlichkeitsgestörte Patienten aufgefordert werden, ausgerechnet das Wesen ihrer Person in Frage zu stellen und die eigene Identität zu ändern, so hat dies wahrscheinlich negative Emotionen zur Folge. (Beck & Freeman, 1993, S. 316)

Ein solches Behandlungsverständnis der „Persönlichkeitsstörungen" setzt problemanalytisch voraus, genau zwischen *sinnvollen persönlichen Grundmotiven* versus den *konkreten dysfunktionalen und/oder störenden Interaktionseigenarten und Interaktionsmustern* der Betroffenen zu unterscheiden. (Fiedler, 1994a, S. 376; H.i.O.)

Aus dem Gesagten ergibt sich zwingend die Notwendigkeit, über die Einzelperson hinauszublicken. Es könnte nämlich durchaus

Die dritte These ist, daß das Gelten von etwas als eine Person irgendwie von unserer Einstellung zu ihm (ihr) oder der ihm (ihr) gegenüber eingenommenen Haltung abhängt. (Dennet, 1983, S. 24)

Die vierte These ist, daß das Objekt, dem gegenüber man diese Haltung einnimmt, diese Haltung irgendwie muß erwidern können. (Dennet, 1983, S. 24)

Können wir denn bestreiten, daß all das, was den Nationalsozialismus und alles andere, das die Würde der Menschenwelt verkehrte, nur deswegen möglich wurde, weil wir uns alle an die falsche Lehre gewöhnt hatten, der Mensch sei nicht an und für sich ein Wert, sondern nur inso-

sein, daß es die Betroffenen im Privatleben oder im Beruf mit Menschen zu tun haben, die ihrerseits extrem persönlichkeitsgestört sind. (Fiedler, 1994a, S. 378)

Die Frage der möglichen Grenzziehung zwischen „Normalität" *Persönlichkeitseigenarten*) und „Abweichung" („*Persönlichkeits**störungen***") ist nach der erstmaligen Kriterienausdifferenzierung seit dem DSM-III ... kaum substantiell untersucht worden. (Fiedler, 1994a, S. 453; H.i.O)

weit, als er für bestimmte ... Zwecke tauglich sei. (Carlo Schmid, 1945 in der „Stuttgarter Zeitung", neu abgedruckt in „Die Zeit", 12/1995, Nr. 52, S. 8)

Die Beziehung als Begegnung [bringt] allererst die sich Begegnenden als Personen hervor. (Theunissen, 1977, S. 272)

Nicht die Beschreibung von übergeordneten Verhaltensmustern von Persönlichkeiten – wenn man so will von „Persönlichkeits**strukturen**" – ist der Akt des Ausschlusses, sondern deren Absonderung als „Gestörte/Kranke" aus der Gruppe der „Nichtgestörten/Gesunden". Die Alternative hierzu heißt, Personen so zu beschreiben, daß sie nur eine andere oder stärkere Ausprägung von Eigenschaften haben, *die prinzipiell allen zugehören.* Ein Beispiel für den Ausschluß von Personen ist folgender Untertitel des Buches: „Der sensible Mensch" von Klages (1991): „Psychologie – Psychopathologie – Therapie". Mit diesem Untertitel wird offensichtlich etwas Universelles und Gutes, daß nämlich Menschen sensibel sind, zur Eigenschaft einer besonderen Menschengruppe erklärt, die, so der Untertitel, „pathologisch" sei. In seiner Publikationswerbung sagt der Verlag hierzu: „Der sensibel, besonders fein empfindende Mensch gewinnt für Mediziner, Psychologen und Soziologen in der heutigen Zeit immer mehr an Bedeutung. Seine hohe Verletzbarkeit, gerade im Rahmen einer Zunahme technischer Entwicklungen, bringt ihn leicht an die Grenze der Überforderung." Hier werden nicht nur Kompetenzen pathologisiert, sondern auch Menschen stigmatisiert und ausgeschlossen. Es ist der mehrfach angesprochene Vorgang, Menschen, die irgendwie anders als die Mehrheit sind, als besonders „vulnerabel" zu bezeichnen, um sie dann darin nicht zu achten und so zu belassen, sondern therapeutisch zu verändern. Es ist obendrein eine unglaubliche Anmaßung zu glauben, im sozialen Rahmen irgendwie auffällig gewordene Menschen seien „sensibler" als andere. Man muß sich nur einmal der gekränkten Reaktionen vieler Männer und Frauen auf Kritik erinnern, die Machtpositionen in Firmen, Teams, Familien, Parteien oder Institutionen innehaben, um zu wissen, wie „sensibel” diese werden können, wenn sie sich in ihrer Macht oder ihrer Rolle bedroht fühlen.

Es ist auch ein Akt des Ausschlusses, wenn zwischenmenschliches Verhalten, das universal und für jeden hilfreich ist, als *Behandlungsstrategie für „Gestörte*” dargestellt wird. So wird z.B. bei „Schizoiden” empfohlen, ihnen eine besondere Form der „Intimität auf Distanz” zu ermöglichen. Man solle dabei auf emotionale und gelegentlich auch räumliche Distanz zu ihnen gehen. Aber gilt das nicht für alle Menschen, bei denen wir merken, daß ihnen zu viel Nähe unangenehm ist? Beanspruchen nicht alle Menschen für sich, daß ihre Intimität emotional und räumlich gewahrt wird und haben wir hier nicht sehr verschiedene Toleranzschwellen, die andere bemerken und beachten? Was würden wir dazu sagen, wenn dieses Eingehen auf uns als „Behandlung” von uns bezeichnet würde? Sicherlich gibt es Personen, die sich durch emotionale Nähe viel mehr bedroht fühlen als andere. Das zu würdigen, ist eine Sache. Darauf „therapeutisch” einzugehen, weil man es für eine „Störung” hält, ist eine völlig andere Angelegenheit, auch wenn beide Haltungen von außen zunächst gleich aussehen. Die Leugnung der Tatsache, daß es sich hier eigentlich um universale Eigenschaften von Menschen handelt, aufeinander einzugehen, und dies für die Behandlung einer Krankheit zu halten, ist eben ein Akt sozialer Abwertung. Die Proklamation von Krankheiten geschieht hier oft ganz nebenbei oder sie wird als „Evidenz” einfach behauptet. „Die Dimension gesund-krank wird somit explizit im Sinne einer klinischen Bewertung eingeführt”, sagt Juli (1992b, S.93) und Hautzinger stellt fest, daß „die Veränderungen (bei ‚Persönlichkeitsstörungen’; H.L.) im Denken, Wahrnehmen, Fühlen und in den Beziehungen zu anderen ... auffallend und von der Mehrheit der Bevölkerung deutlich zu unterscheiden sind.” (Vorwort zu Beck & Freeman, 1993, S.XI). Man kann dem auch widersprechen: Es ist nicht eine Gruppe „gestörter” Menschen, die auffallend verschieden von anderen ist; es gibt – Gott-sei-Dank – immer „auffällige” Personen und es ist eine Frage der gesellschaftlichen Bewertung und des jeweiligen sozialen Kontextes, welche Untergruppen voneinander geschieden und dann für gesund oder krank erklärt werden. Wir wissen doch, daß das gleiche „auffallend theatralische Verhalten” bei der einen Person in Talk-Shows geachtet und bei der anderen in einem rational disputierenden Wissenschaftsgremium pathologisiert wird.

An dieser Stelle muß auf eine Unterscheidung eingegangen werden, die Peter Fiedler vornimmt: Er hält es für wichtig, „genau zwischen *sinnvollen persönlichen Grundmotiven* versus den *konkreten dysfunktionalen und/ oder störenden Interaktionseigenarten und Interaktionsmustern* der Betroffenen zu unterscheiden" (Fiedler, 1994a, S.376; H.i.O.). Demnach bezieht sich die Trennung in „gesund-krank" nicht auf die dem Verhalten zugrundeliegenden Motive „Persönlichkeitsgestörter", die als „sinnvoll" zu den „gesunden" Anteilen gerechnet werden. Die Kategorie „krank/gestört" soll vielmehr nur auf das Interaktionsverhalten der so Bezeichneten bezogen werden. Wir hätten es also mit einem „gesunden" Motiv bei „gestörtem" Verhalten zu tun. Die Trennung in eine „gute Absicht" bei problematischer Realisation derselben ist in der Psychotherapie bekannt und erscheint unproblematisch bzw. zum Verständnis eigenen und anderen Verhaltens hilfreich. Aber gerade hier ergibt die Kategorie der Störung nun keinen Sinn. *Individuell* betrachtet könnte man allenfalls sagen, daß eine gewählte „interaktionelle Strategie" nicht nutzt, um das dazugehörige Motiv zu befriedigen: Man erreicht einfach nicht, was man anstrebt. Es liegt dann sozusagen eine ungünstige Mittel-Zweck-Relation vor, wenn Verhalten als Mittel verstanden wird, motivational angestrebte Ziele zu erreichen. Das ist kein Ausdruck einer „personalen Störung", sondern Zeichen einer falschen Strategie. Das geschieht Menschen immer wieder und es gibt keinen Grund, dieses verbreitete Problem bei manchen als Zeichen einer „Störung" zu deuten, nur weil es sich um zwischenmenschliche und nicht um andere Bedürfnisse handelt. Auf *interaktioneller* Ebene verbietet sich der Störungsbegriff, wie hier wiederholt wurde, ohnehin. Gestört wäre, wie ausgeführt, die Beziehung, weil der eine die interaktionelle Strategie des anderen zu schwierig, zu aggressiv, zu dependent oder wie auch immer findet.

Wie sehr die mit der Diagnose einer „Persönlichkeitsstörung" Bezeichneten als Gruppe nicht nur stigmatisiert, sondern aus der „Gemeinschaft der gesunden Persönlichkeiten" ausgeschlossen werden, merkt man, wenn man dem von Groeben geforderten Prinzip der „Selbstanwendung psychologischer Theorien" folgt. Nach Groeben ist es eine der wichtigsten moralischen Forderungen an psychologische Theorien, daß der Theoretiker oder Forscher dem von ihm untersuchten Erkenntnisobjekt die gleichen Eigenschaften und Merkmale zuspricht wie sich selbst. Mit anderen Worten: Erkenntnissubjekt und Erkenntnisobjekt müssen von gleicher „Art" sein.

Ob er diesem Prinzip folgt, merkt er, wenn er die Theorie über sein Objekt auf sich selbst anwendet und prüft, ob er sich darin angemessen „abgebildet" und bewertet sieht. Wenn z.B. ein Forscher für sich selbst Willensfreiheit und Erkenntnisfähigkeit reklamiert, das er aber in seinem Menschenbildkonzept der von ihm untersuchten Klientel abspricht (indem er sie als reine Reiz-Reaktions-Maschinen konzipiert), verletzt er dieses Prinzip und macht einen kategorialen Unterschied zwischen sich und den von ihm beforschten Personen. In der klinischen Psychologie bezieht sich ein solcher prinzipieller Unterschied zwischen Therapeut und Patient nicht auf das Vorliegen oder Nichtvorliegen eines Symptomes, sondern auf das Zuordnen oder Absprechen grundsätzlicher persönlichkeitskonstituierender Merkmale. „Die Merkmale, die sich das Erkenntnissubjekt im Selbstbild zuschreibt, sollten also soweit wie möglich gerechterweise – auch dem Erkenntnisobjekt zugeschrieben werden." (Groeben, 1986, S.68) Dieses Prinzip dürfe nach Groeben nur verletzt werden, wenn ausdrücklich begründet wird, warum Erkenntnissubjekt und Erkenntnisobjekt (hier Forscher und Beforschter oder Therapeut und Klient) grundsätzlich zu verschiedenen Populationen gehören. Auf dem Gebiet der „Persönlichkeitsstörung" müßte also prinzipiell argumentiert werden, warum „gesunde Therapeuten" und „persönlichkeitsgestörte Patienten" zu verschiedenen Kategorien von Menschen gehören. Es wurde in diesem Buch zu zeigen versucht, daß diese Beweisführung nirgends geschieht und auch nicht gelingen kann, weil den beschriebenen Personen einerseits immer nur Eigenschaften und nie „Störungen" nachgewiesen werden können und weil die Unterstellung einer „Störung" zu Widersprüchen und unhaltbaren moralischen und juristischen Konsequenzen führt.

Was wäre denn auch die postulierte (wenngleich nicht nachweisbare) grundsätzliche Differenz zwischen Diagnostiker und Diagnostiziertem, wenn es um „Persönlichkeitsstörungen" geht? Es verbleibt als wesentlicher Unterschied die Fähigkeit oder das Recht, eben diese Störung zu diagnostizieren! Dies obliegt nur der „gesunden" Person, nicht aber der „gestörten". Das ist aus meiner Sicht zusammen mit der Weigerung des Bezeichneten, der Beurteilung seines Verhaltens durch andere zuzustimmen (vgl. Kap. 5.2), das, was definitiv übrig bleibt als konstituierendes Element für die Diagnose der „Persönlichkeitsstörung": **Daß die „persönlichkeitsgestörte Person" selbst nicht feststellen könne, daß sie „persönlichkeitsgestört" sei.** Sie wäre ja in einer „ich-dystonen" Beziehung zu ihrer eigenen

Störung und schon allein deshalb würde ein konstitutives Element für die Vergabe dieser Diagnose – die „ich-synthone" Identifikation mit dem eigenen Verhalten – fehlen. Das ist das immer wiederkehrende zentrale Merkmal, vermittels dessen diese Gruppe auch von den „Neurosen" unterschieden werden soll. „Neurotiker" sind sich mit den sie diagnostizierenden Therapeuten darin einig, daß sie „depressiv", „ängstlich" usw. sind. Zur Angst, Depression usw. stehen sie in einem distanzierten bzw. diese zu ihnen in einem „ich-dystonen" Verhältnis. Die „Persönlichkeitsstörung" dagegen kann nur von außen, aus der „Außenperspektive", wie Peter Fiedler sagt, diagnostiziert werden. Diese Bezeichnung erfolgt immer durch andere! Würde sie durch sich selbst erfolgen, läge jene klassische Paradoxie vor, auf die hier schon oft verwiesen wurde. Mit Bezug auf „Ich-Synthonie" und „Ich Dystonie": Einerseits würde die „Störung" bei sich sich selbst „ich-dyston" erfahren, weil sie an sich selbst sonst gar nicht „festgestellt" werden könnte. Andererseits wird diese Diagnose ich-synthon formuliert. Man wäre sich dann mit anderen (Außenperspektive) einig, daß man innen (Innenperspektive) gestört ist. Diese Übereinstimmung in der sozialen Interaktion, die ja nun nicht mehr gestört erscheint, widerspräche aber dem Verständnis von „Persönlichkeitsstörungen" als einer im Kern interaktionellen Problematik.

Die von Groeben geforderte Selbstanwendung einer Theorie würde hier bedeuten, daß eine Person sich selbst die Diagnose „Persönlichkeitsstörung" gibt und zur Vergabe dieser Diagnose in gleicher Weise fähig ist wie der Therapeut oder der Forscher. Die Unfähigkeit zur Vergabe dieser Diagnose dürfte lediglich auf unterschiedliche Kenntnis- und Wissensstände, nicht aber auf eine prinzipielle Unfähigkeit dazu oder auf einen prinzipiellen Unterschied zwischen Diagnostizierer und Diagnostiziertem zurückzuführen sein. **Wenn aber eine Person prinzipiell fähig ist, bei sich eine „Persönlichkeitsstörung" zu erkennen, kann sie nicht persönlichkeitsgestört sein!** Das Selbstanwendungsprinzip führt demnach zu zwei Möglichkeiten: *Entweder* es ist von einer Gruppe von Menschen (den „Persönlichkeitsgestörten") nicht durchzuführen. Dann wäre bewiesen, daß dieses Konzept Menschen in zwei grundsätzlich verschiedene Klassen einteilt: Gesunde und kranke Persönlichkeiten. *Oder* es kann auch auf diesem Gebiet befolgt werden und Personen können sich selbst Persönlichkeitsstörungsdiagnosen geben. Dann beweist dieser Vorgang aber, daß die Diagnose selbst Unsinn ist, denn die Vergabe der

Diagnose widerspricht nun dieser selbst. Die Selbsterkenntnis einer „gestörten Persönlichkeit" bestätigt ja das Vorhandensein einer gesunden Persönlichkeit. Entweder zeigt die Selbstanwendung also den gesellschaftlichen Ausschlußcharakter dieser Diagnose oder sie führt zu Widersprüchen. Wer daher diese Diagnosen verwendet, nimmt entweder an einem gesellschaftlichen Ausschlußprozeß aktiv teil oder er verwendet ein in sich selbst widersprüchliches Konzept.

Wenn jemand darauf besteht, aufgrund von bestimmten Eigenschaften oder Prädikaten einzelner Personen auf deren Ausschluß aus der Gemeinschaft der „eigentlichen" oder gesunden Persönlichkeiten schließen zu können, schließt er nicht nur diese aus, sondern macht **alle Personen zu „Dingen" mit Eigenschaften oder Prädikaten.** Manche Prädikate verhelfen dann zur Kategorie der Personen, andere zu der von Un- oder gestörten Personen. Er verwendet einen Personbegriff, der, dem Philosophen Spaemann folgend, dieser das wesentlichste raubt – nämlich ihre Existenz *als* Person. Warum ist das so? Weil die Person dann nicht Eigenschaften *hat*, als personales Wesen aber unabhängig davon ist, *welche* sie hat und lebt. Die Anerkennung von jemandem als Person würde zu einer Definitionsfrage derer, die darüber befinden zu dürfen glauben. Sie machte aus der Anerkennung von Personen *als* Personen eben keinen Akt der Anerkennung, sondern eine willkürliche Setzung. Denn „wer anerkennt, versteht Anerkennung nicht als willkürliche Setzung, sondern als angemessene Antwort" (Spaemann, 1996, S. 252). Es sei hier ähnlich wie mit der Anerkennung eines Argumentes: Man anerkenne es nicht, weil man sich dafür entscheidet, sondern weil man vor dem Argument „kapituliert", es „einsieht" – sich also dem Anspruch „beugt", der vom Argument selbst ausgeht. „Man gibt jemandem freiwillig recht, weil er Recht *hat*." (ebd. S. 253)

Nicht anders verhalte es sich mit der Anerkennung von Personen: „Sie ist Anerkennung des Anspruches auf einen Platz in der bereits existierenden Personengemeinschaft, nicht Kooptation nach Kriterien, die von den bereits Anerkannten definiert werden. Wer kann diesen Anspruch geltend machen und für wen kann er geltend gemacht werden? Welche Eigenschaften muß jemand besitzen, um das Recht auf Anerkennung als Person zu haben? Die Frage ist falsch gestellt, weil sie das Wort ‚jemand' verwendet. Wenn ‚etwas' ‚jemand' ist, ist er Person. Die Frage ist: Wann ist etwas ‚jemand'? Aber das ist wieder falsch formuliert. Jemand ist nie ‚etwas'.

‚Jemand sein' ist nicht eine Eigenschaft eines Dinges oder Lebewesens, die wir von etwas prädizieren, das wir zuvor schon identifiziert hätten. Sondern wir identifizieren von vornherein entweder ‚jemanden' oder ‚etwas'." (ebd. S. 253) Mit anderen Worten heißt das für die klinische Praxis: Wer aufgrund bestimmter Eigenschaften „gestörte Persönlichkeiten" identifiziert, stellt damit die Personalität *aller* Menschen zur Disposition. Kriterien können sich ändern. Im therapeutischen Geschehen definiert schließlich der Therapeut, aufgrund seiner Eindrücke bzw. der von ihm verwendeten diagnostischen Kriterien, welches „Etwas" zu einer Person und welches zu einer „Unperson" erklärt wird. Damit stellt der Therapeut aber auch sein eigenes Personsein zur Disposition.

5.4 Einkommen und gesundheitspolitischer Status

Historisch war die Einführung psychiatrischer Diagnosen oft lebensrettend oder zumindestens schonend, weil sie die „Kranken" der Obhut der betreuenden Medizin unterstellte, statt sie den Fängen der Inquisition oder der sozialen Isolation auszusetzen. Angesichts der damaligen Alternativen, diese Menschen für „besessen" oder „sündig" zu halten, war dies ein großer Fortschritt.

Vielen „persönlichkeitsgestörten" Menschen wird sicherlich auch heute wertvolle therapeutische Hilfe zuteil, **weil** sie so diagnostiziert werden. Das kann und darf nicht geleugnet werden. Vermutlich ist die Vergabe dieser Diagnose für viele Therapeuten Voraussetzung dafür, sich entsprechend schützend, verstehend oder ratgebend ihrer so bezeichneten Klientel zuzuwenden (statt sich frustriert, aggressiv usw. abzuwenden). (Vgl. hierzu Kapitel 2). Es ist wohl so, daß der Versuch, das „Andersartige" und oft ja auch provozierende oder frustrierende Verhalten von Patienten zu *verstehen,* **der Diagnose** nicht vorausgeht, sondern **folgt**, obwohl es auch ohne Diagnose möglich wäre (vgl. hierzu Kapitel 6). Hinsichtlich der Funktion von Diagnosen wäre aber gerade dies die Frage: Warum bedarf es zuerst einer pathologisch orientierten Diagnose, um dann ein heilsames Hilfs- und Verstehensrepertoire zu aktivieren? Ist das wirklich nur ein verwaltungstechnischer Vorgang, um Kassen und andere Leistungsträger zur Bezahlung von Therapien zu bewegen – oder liegen da nicht doch andere Gründe vor? Haben sich die Therapeuten hier nicht auch selbst von einem diagnostischen Denken abhängig gemacht, ohne das sie nicht mehr in der Lage sind, Personen ideographisch zu verstehen? Haben sich Psychotherapeuten daran gewöhnt, therapeutische Hilfe mit einer Abwertung ihrer Klientel zu verbinden? Hat sich auch die Verhaltenstherapie so weit dem medizinischen Denken angepaßt, daß ihrem Helfen stets eine Diagnose vorausgehen muß?

Welche Rolle spielt Macht und Geld bei der Vergabe solcher Diagnosen? Denn die Diagnose „Persönlichkeitsstörungen" wird natürlich auch benutzt, um in der ambulanten Therapie Psychotherapielangzeitanträge genehmigt zu bekommen. Kliniken können sich in ihrer Kompetenzdarstellung aufwerten, wenn sie in Statistiken nachweisen, wie „schwer" die von ihnen behandelte Klientel ist, indem hier möglichst viele „Persönlichkeitsstörungen" auftauchen. Die Diagnose kann auch zur „Psychiatrisierung" einer Einrichtung verwendet werden, wenn es darum geht, zu zeigen, daß Kliniken „psychiatrische Patienten" behandeln und in ihnen deshalb die Absolvierung des „klinischen Jahres" in der Ausbildung von Psychologen möglich ist. Die Diagnose sichert also Einkommen und den gesundheitspolitischen Status.

5.5 Der Ausschluß „Kranker" als Leugnung der Zugehörigkeit

Persönlichkeitsgestörte Patienten sehen die Schwierigkeiten, denen sie in der Auseinandersetzung mit Aufgaben oder anderen Menschen begegnen, in der Regel als unabhängig von ihrer eigenen Person und ihrem Verhalten an. Sie besitzen häufig keine Krankheitseinsicht und können nicht einschätzen, wie sehr sie selbst zu ihrem Lebensproblemen beitragen oder wie sie etwas verändern könnten. (Freeman, 1994, S. 221)

Analyze any individual and you find in him Ralphs's tendency to adventure and to common sense, Piggy's intellectualism, Simon's religious and poetic feelings, Roger's willingness to torture, Jack's appetite for destruction, Samneric's desire to please other people. (Jackson, 1989, S. 31 über die Charaktere von Goldings ‚Lord of the Flies')

Personen sind Wesen, die die Fähigkeit besitzen, ihrer eigenen Existenz einen Wert beizumessen. Man kann etwas nicht gering schätzen, ohne die Fähigkeit zu besitzen, es für wertvoll zu halten. (Harris, 1995, S. 57)

> Mein Ur-Ich konstituiert, genauer gesagt, erstens die transzendentale Monadengemeinschaft, zweitens alle anderen als deren Mit-Glieder und drittens mich selbst als einen unter diesen anderen. (Theunissen, 1977, S. 98)

Man muß Patient und Therapeut, Kranke und Gesunde, also das Ganze sehen, um zu entdecken, daß die von den einen als gestört Beschriebenen zu denen, die sie so bezeichnen, *dazugehören*. Man kann dann verstehen, warum der eine – auch wenn er noch so pathologisiert wird – darin immer auch ein Teil vom anderen ist. Das klingt provozierend und fremd für alle, die glauben, Diagnostizieren sei ein rein objektiver, eben einfach eine wahre Erkenntnis ausdrückender Vorgang. Wie aber der Naturwissenschaftler mit seiner Erkenntnis selbst zur Natur gehört, in gewisser Weise also im Naturwissenschaftler die Natur sich selbst erkennt, so gehören auch Diagnostizierer und Diagnostizierter zu einem gemeinsamen System. Das zu erkennen schmerzt gewöhnlich und entzieht dem Diagnostizierer den Boden seiner vermeintlichen Objektivität. Es wurde bereits darauf hingewiesen, daß schon der Versuch des Therapeuten, den Patienten in seiner Persönlichkeit zu verstehen, eine gemeinsame Basis voraussetzt, denn Verstehen ist immer nur auf der Basis eines gemeinsamen Sinnentwurfes und potentiell gemeinsamer Erfahrungen möglich. Aus dieser Perspektive ist offenbar, daß das „Besondere" an den „Gestörten" – ihr Süchtigsein, ihre Aggressivität, ihre Dissozialität, ihre Abhängigkeit, ihre Theatralik usw. – immer Teil aller ist. Es müßte doch ohnehin erstaunen, daß diese „Störungen" auf der ganzen Welt in ähnlichen Mustern gefunden werden: Warum gibt es die passiv-aggressive Persönlichkeit in Deutschland, in USA, im asiatischen Raum und in Rußland? Weil sie offenbar zur Gesellschaft gehört, weil die Gesellschaft sie schafft – weil sie auch in uns lebt. Vielleicht brauchen wir es, sie bei anderen zu diagnostizieren, damit wir diese Eigenarten nicht in uns selbst entdecken müssen. Dieser projektive Vorgang ist psychodynamisch bekannt: Daß wir die Wahrnehmung vieler unserer Eigenschaften dadurch vermeiden, daß wir sie bei anderen entdecken. Dann geht es aber primär wieder um diese viel wichtigere Frage: Welchen Sinn hat es für uns (alle), daß es a) diese „Personengruppen" gibt und b) daß sie pathologieorientiert diagnostiziert werden?

Es ist an dieser Stelle interessant, daß manche Autoren der „Persönlichkeitsstörung" die entsprechenden Kategorien durchaus auf sich selbst anwenden Peter Fiedler (1994a) beispielsweise in humorvoll-ironischer Weise. Auffallend ist aber, daß er, wenn er an sich selbst Persönlichkeitsdiagnosen vergibt, nie von „Störungen", sondern immer nur von einer „Persönlichkeitsstruktur" spricht. Es wurde bereits oben darauf hingewiesen, daß die aus dem interpersonellen Therapieansatz stammende „bedürfnistheoretische Analyse" des Verhaltens persönlichkeits-„gestörter" Personen beinhaltet, diese in ihren Konflikten zwischen Streben nach Autonomie und nach sozialer Anbindung zu verstehen. Diese konfliktträchtige Dimension gibt es für uns alle und gerade das Gelingen des Verstehensversuches auf der Basis dieser Konfliktdimension bestätigt ja, daß – weil wir „sie" verstehen – die beschriebene Klientel und „wir anderen" grundsätzlich von gleicher Natur sind. Wer die Kriterien des DSM-III für „Persönlichkeitsstörungen" genau studiert, wird feststellen, daß in der Beschreibung der jeweiligen Persönlichkeiten diese gar nicht so sehr von der „Normalpopulation" unterschieden sind. Die Kennzeichnung der jeweiligen Persönlichkeitseigenarten im DSM-III-R drückt in hohem Maße die **soziale Bewertung** des Verhaltens der Personen aus. Sie ist eben nicht objektiv, sondern immer verbunden mit wertenden Begriffen. Damit wird die soziale Bewertung aber auch zum Ursprung der Vergabe der Diagnosen (vgl. Kap. 5.6). Der Begriff „übermäßig" oder „übertrieben" taucht in der Kennzeichnung der histrionischen „Persönlichkeitsstörung" z.B. sieben mal auf! Diese soziale Bewertung ist also essentiell für die Diagnosestellung. Wo solche Begriffe der Bewertung fehlen, finden wir in den DSM-III-Kriterien eine Art der Personbeschreibung, die eher für alle denn für irgendeine isolierte „gestörte" Gruppe gilt. Beispiel: Die „dependente" Persönlichkeit sei unfähig, alltägliche Entscheidungen zu treffen oder lasse diese von anderen fällen, habe Probleme mit „jeglicher Eigeninitiative", habe Angst davor, verlassen zu werden und sei bei Kritik oder Ablehnung leicht zu verletzen. Für wen gilt das in bestimmten Graden nicht? Oft wird, wenn dieses Argument angeführt wird, behauptet, eine Störung liege nur bei „Extremisierung" solcher Verhaltensweisen bzw. von sozialen Beziehungskonflikten vor. Aber gerade für dieses Wort gilt ja wieder, daß es eine Frage der Bewertung ist, was als „extrem" und was als normal gilt.

Auch bei Beck und Freeman finden wir Beschreibungen von „Persönlichkeitsstörungen", die nicht diese, sondern menschliches Verhalten schlechthin charakterisieren. Das Denken und Verhalten von „Persönlichkeitsgestörten" sei ihnen zufolge z.B. eine Strategie des „Überlebens" (1993, S.20f.). Gilt nicht für alle Menschen, daß sie ideographisch ihre eigenen und manchmal eigenwilligen Überlebensmuster entwickelt haben? Gilt nicht für alle, daß basale Annahmen nur selten reflektiert werden – einfach, weil es unser alltägliches Leben verlangt, gewisse Annahmen nicht zu hinterfragen und weil es auch erkenntnistheoretisch gar nicht möglich ist, jeden Gedanken zu reflektieren. Die Autoren aber sagen, als sei es typisch für „Persönlichkeitsstörungen": „Bei Depressionen oder Angststörungen akzeptieren die Patienten ihre dysfunktionalen Annahmen, ohne lange darüber nachzudenken. Daraus geht hervor, daß sie vorübergehend die Fähigkeit verloren haben, ihre dysfunktionalen Interpretationen anhand der Realität zu überprüfen" (S.32). Hier wird einfach so getan, als sei etwas, was für alle Menschen gilt, „typisch" für eine „Störung". Der unkritische Leser stimmt dieser Aussage aufgrund ihrer Uniformität zu und wird dann dazu verleitet, zu glauben, diese Selbstverständlichkeit bestätige die Existenz der damit beschriebenen „Störung".

Man prüfe diese Gedanken z.B. an folgender „Zusammenstellung diagnostisch hilfreicher Merkmale ... auf mögliche Persönlichkeitsprobleme", die hier unzweideutig auf „Persönlichkeitsstörungen" bezogen sind: „(1) Patienten oder Angehörige der Patienten berichten: ‚Er/sie hat das schon immer so gemacht, von Kindesbeinen an' oder ‚So war ich schon immer'. (2) Der Patient hält den therapeutischen Plan nicht ein. Obgleich diese mangelhafte Mitarbeit (man könnte es auch ‚Widerstand' nennen) bei vielen Patienten und aus vielerlei Gründen auftritt, sollte anhaltende Verweigerung als Signal begriffen werden, Themen der Achse II (DSM-III-R 1987) genauer zu ergründen. (3) Die Therapie scheint plötzlich aus unerklärlichem Grund steckenzubleiben. Der Kliniker kann Ängste oder Depressionen oft erst dann weiter bearbeiten und abbauen, wenn die im Weg stehenden „Persönlichkeitsstörungen" bearbeitet worden sind. (4) Patienten scheinen sich der Wirkung ihres Verhaltens auf andere überhaupt nicht bewußt zu sein. Sie berichten über die Reaktionen der anderen, sprechen aber etwaiges eigenes provozierendes oder dysfunktionales Verhalten nicht an. (5) Es gibt Zweifel bezüglich der Motivation der Patienten, sich zu ändern. Dieses Problem trifft besonders auf jene Patienten zu, die zur Therapie ‚geschickt' wurden. (6) Patienten geben Lippenbekenntnisse für die Therapie und die Wichtigkeit der Veränderung ab, schaffen es aber erfolgreich, Veränderungen zu vermeiden." (Freeman, 1994, S. 222) Wie viele Menschen könnten wir bei entsprechender Auslegung damit zu „gestörten Personen" erklären?

Würden wir diesen Phänomenen nicht bei allen Patienten oder hilfesuchenden Personen begegnen können? Natürlich ist die Antwort ja. Wenn wir sie aber bei „gestört" Bezeichneten finden, glauben wir nach der Lektüre solcher „Hinweise" plötzlich, sie seien Zeichen der Störung. Am Ende schließen wir dann von ihnen auf die „Störung".

Den gleichen Vorgang – Zuschreibung von Eigenschaften an „Gestörte", die eigentlich für alle gelten – finden wir auch bei der expliziten oder impliziten Beschreibung der **Ziele** der Psychotherapie für diese Klientel. Hier zeigt sich beispielsweise im übergeordneten Therapieziel einer „sozialbezogenen Autonomie" bei Peter Fiedler (1994a, S. 418f.), daß dieser angestrebte Zustand als Utopie hilfreich ist und daß „persönlichkeitsgestörte" Personen hier offensichtlich viel zu lernen haben. Nur: Es ist ebenso offensichtlich, daß dieses Ziel der sozialbezogenen Autonomie von vielen, vielleicht den meisten Menschen gar nicht erreicht worden ist oder erreicht werden kann. Das erfährt täglich, wer sich in Institutionen, Teams oder einfach in Familien umsieht und feststellt, wie schwierig es ist, hierin **gleichzeitig** selbständig, selbstverantwortlich und autonom zu sein **und** die Bindung an andere Menschen zu achten und deren Nöte zu beachten. Wird diese Universalität aber geleugnet bei der diesbezüglichen Beschreibung einer „gestörten Klientel", dann wird ein verdeckter Ausschluß betrieben. Denn man tut dann implizit so, als sei die Abweichung von der Utopie „typisch" für diese Klientel. Wieder bemerkt dann der unkritische Leser nicht, daß diese Kennzeichnung der ausgeschlossenen Gruppe eigentlich recht universal gilt und schließt aus der plausiblen Beschreibung der „gestört" Genannten, vermittels dieser Kennzeichnung, auf die Existenz der „Störung". Den Grund für die Differenzierung zwischen gesund und krank, nicht gestört und gestört finden wir aber gerade nicht in diesen Merkmalen. Der Grund, eine Gruppe als gestört zu bezeichnen, liegt einfach anderswo. Als letztes Beispiel dazu diene folgende Aussage, die angeblich diese Klientel beschreibt, in Wirklichkeit aber für sehr viele Menschen zutrifft: „Viele persönlichkeitsgestörte Patienten scheuen sich vor Selbstenthüllungen, da sie kein Vertrauen in den Therapeuten haben, sich selbst angesichts geringer Intimität unwohl fühlen, Angst vor Ablehnung haben." (Beck & Freeman,

1993, S.314). Für wie viele gilt, daß sie diese Angst haben bzw. in Therapien hätten und welche anderen als die genannten plausiblen Gründe dafür sollte es denn sonst geben?

Das Kernproblem der Persönlichkeitsstörungsdiagnose besteht vor diesem Hintergrund darin, daß aufgrund von bestimmten Eigenarten, wie sich Menschen verhalten, einzelne zu gestörten Personen und damit zu einer Klasse von Un-Personen erklärt werden. Dieser Schluß von Eigenarten auf die Existenz von Personen ist unzulässig. „Die Würde der Person wird durch solche Erkenntnisse (über Unterschiede in ihren Verhaltens- und Denkweisen; H.L.) gar nicht berührt, denn die Gleichheit der Menschen als Personen ist kein Gegenstand der Erkenntnis, sondern der Anerkennung ... *Was* er auch immer sein mag, ist er so, daß es nicht darüber entscheidet, *wer* er ist. Da uns anschaulich und begreiflich nur gegeben ist, was er ist, ist uns, *wer* er ist, nur zugänglich im Akt der Anerkennung dessen, was sich der Zugänglichkeit definitiv entzieht. Und es entzieht sich nicht nur, wie alles innerpsychische Geschehen, der Außenwahrnehmung. Es entzieht sich ebenso der inneren Wahrnehmung." (Spaemann, 1996, S.48) Wir können auch bei noch so großen Unterschieden im Verhalten und Denken von Personen nicht von diesen auf Unterschiede des Personseins selbst, also auch nicht auf sogenannte „Störungen des Personseins" schließen.

5.6 Ausschlußkriterium: Auffälligkeit

Andere persönlichkeitsgestörte Menschen finden das eigene Muster ganz normal und sind damit zufrieden. Bei ihnen wird jedoch eine Störung diagnostiziert, da andere Menschen ihr Verhalten als negativ ansehen, wie z.B. im Falle der narzißtischen, schizoiden oder antisozialen Persönlichkeit. (Beck & Freeman, 1993, S. 36)

Ein langwieriger Prozeß ist vonnöten, um einen Wandel in der Charakterstruktur dieser Patienten herbeizuführen. Die „Charakterphase" der Behandlung ist

„Du bist schön, meine Freundin" hat auch grammatikalisch eine ganz andere Bedeutung, als das von Fremden über meine Freundin geäußerte Urteil: „Sie ist schön!" (Theunissen, 1977, S. 306)

Kinder, Schwachsinnige und senile Individuen stellen definitorische Problemfälle dar. Sie werden zuweilen nicht als Person aufgefaßt ..., sondern als quasi-Personen ..., d.h. Individuen, die keine Person im

meist von langer Dauer und hat nur selten dramatische Fortschritte zu verzeichnen. (Beck & Freeman, 1993, S. 52)

vollgültigen Sinn sind, aber mit einer Person so vieles gemeinsam haben, daß ihnen z.B. gewisse Rechte und/oder Pflichten zukommen, die ansonsten der Person vorbehalten bleiben. (Hügli & Lübcke, 1991, S. 444)

Warum werden Menschen als gestört bezeichnet, deren Charakterisierung eigentlich nur gewöhnliches (vielleicht in stärkerer Ausprägung) oder einfach anderes zum Vorschein bringt? Meine im bisher Gesagten dargelegte Hypothese hierzu lautet zusammengefaßt: Die Diagnose „Persönlichkeitsstörung" erfolgt im Verlauf sozialer oder familiärer Konflikte, bei denen in bezug auf bestimmte soziale Normen oder Werte auffällig werdende Personen ursächlich für diese Konflikte verantwortlich gemacht werden. In einem weiteren Schritt werden sie dann durch die Vergabe einer Diagnose von der personalen Verantwortung für ihre Auffälligkeit befreit und ihnen Hilfe zur Veränderung angeboten. Die maßgeblichen **Kriterien für die „Auffälligkeit"** entstammen dem Bereich sozialer Normen und Werte, die psychologische/psychiatrische Beschreibung dieser Population ist diesem Werturteil nachrangig. Die wichtigste der verletzten sozialen Normen ist die **Leistungsfähigkeit** oder im familiären Kontext die Einhaltung über Generationen hinweg gepflogener **familiärer Spielregeln**. Wer diese verletzt, wird pathologisiert und wer pathologisiert wird, verhält sich dann in Treue zum System auch „pathologisch".

Dieser Gedanke ist nicht neu. Alle sozialkritischen Theorien der Psychiatrie/Sozialpsychiatrie haben auf diesen Vorgang hingewiesen (vgl. Keupp, 1972; Dörner, 1991; Szasz, 1972). Diese Sicht ordnet alle Psychopathologiedefinitionen wieder in den sozialen Kontext ein, in dem solche Labelingprozesse stattfinden. Dies ist der Hintergrund dafür, warum das schwarze Schaf der Familie in die Psychiatrie und der schulversagende Junge in die Psychosomatische Klinik kommen, während die erfolgreiche Schauspielerin, das zwanghaft mathematische Genie, der dissoziale Parteiführer einer rechtsradikalen Partei, der ebenso dissoziale industrielle Waffenlieferant oder die abhängig-dienende Nonne auf die Liste sozial anerkannter Bürger und Bürgerinnen kommen: „Die Diagnose sollte erst gestellt werden, wenn sich die zwischenmenschlichen Beziehungsstörungen der Betroffenen in der Weise *extremisieren,* daß die *berufliche und private Leistungsfähigkeit* erheblich beeinträchtigt ist und wenn diese Beeinträchtigungen möglicherweise zu subjektiven Beschwernissen führen." (Fiedler, 1994a, S. 31).

Die Kriterien des DSM-III für „Persönlichkeitsstörungen"

Ein kritischer Blick auf die Kriterien des DSM-III-R oder des ICD für „Persönlichkeitsstörungen" hat die Abweichung von sozialen Werten als Kernmerkmale der jeweiligen Pathologiedefinitionen offen gelegt. Man muß sie nur zur Kenntnis nehmen. Es gibt keine diagnostischen Kriterien der „Persönlichkeitsstörungen", die *an entscheidender Stelle* nicht mindestens **ein** *soziales Werturteil enthalten.* Das zeigen die entsprechend hervorgehobenen Stellen in der folgenden (unvollständigen) Liste der diagnostischen Kriterien verschiedener „Persönlichkeitsstörungen" nach dem DSM-III-R. Die Unterstreichungen und Fettschreibungen in diesem Text stammen vom Autor und heben alle Begriffe und Redewendungen mit einer sozialen Wertung von Verhalten oder mit einer Individualisierung sozialer Konflikte hervor. Sie alle leugnen den sozialen Kontext der jeweiligen Beschreibung oder sie stellen eine individuelle Pathologisierung eigentlich universaler Eigenschaften dar.

Alle Zitate entstammen den hier nicht vollständig wiedergegebenen diagnostischen Kriterien von „Persönlichkeitsstörungen" gemäß DSM-III-R (vollständig im Anhang Seite 195ff.). Unterstreichungen drücken die soziale Wertung oder die Leugnung des sozialen Kontextes einer benannten Eigenschaft aus, **Fettschreibungen** bezeichnen **Eigenschaften** oder **Verhaltensweisen, die universell verbreitet sind**, hier aber als Zeichen einer individuellen Pathologie gedeutet werden. Keines der nachfolgend genannten und gekennzeichneten Kriterien genügt allein zur Diagnose der jeweiligen Störung; es bedarf stets einer Summation solcher Eigenschaften.

Paranoide Persönlichkeitsstörung:

Eine in den verschiedenen Situationen auftretende, durchgängige und ungerechtfertigte Neigung, die Handlung anderer Menschen als absichtlich erniedrigend oder bedrohlich zu interpretieren ...

- Der Betroffene fühlt sich ohne ausreichenden Grund von anderen ausgenutzt oder benachteiligt; stellt die Loyalität oder Glaubwürdigkeit von Freunden oder Mitarbeitern grundlos in Zweifel;

Fortsetzung auf der nächsten Seite

- **Er vertraut sich nur zögernd anderen Menschen an** aus ungerechtfertigter Angst, die Informationen könnten gegen ihn verwandt werden;
- Er bezweifelt ohne jeden Grund die Treue des Ehe- oder Sexualpartners.
- ...

Auszugsweise Kriterien für „paranoide Persönlichkeitsstörung" nach DSM-III-R (Vollständige Kriterien im Anhang Seite 195ff.). **Unterstrichen:** Soziale Bewertungen. **Fett:** Universelle Eigenschaften.

Schizoide Persönlichkeitsstörung:

Hauptmerkmal dieser Störung ist ein in den verschiedenen Situationen auftretendes durchgängiges Verhaltensmuster, das durch Gleichgültigkeit gegenüber sozialen Beziehungen und eine eingeschränkte emotionale Erlebnis- und Ausdrucksfähigkeit gekennzeichnet ist.

- ...

Auszugsweise Kriterien für „schizoide Persönlichkeitsstörung" nach DSM-III-R (Vollständige Kriterien im Anhang Seite 195ff.). **Unterstrichen:** Soziale Bewertungen. **Fett:** Universelle Eigenschaften.

Schizotypische Persönlichkeitsstörung:

Hauptmerkmal dieser Störung ist ein in den verschiedenen Situationen auftretendes durchgängiges Muster, das durch Eigentümlichkeit im Bereich der Vorstellungen, der äußeren Erscheinung, des Verhaltens sowie durch Mängel in der zwischenmenschlichen Beziehung gekennzeichnet ist ...

- Seltsame Glaubensinhalte oder magisches Denken, was mit Normen kultureller Untergruppen unvereinbar ist und das Verhalten der Betroffenen beeinflußt, wie z.B. ... Telepathie oder der „6. Sinn", „andere können meine Gefühle fühlen".
- Ungewöhnliche Wahrnehmungen, z.B. Illusionen und das Spüren einer nicht tatsächlich vorhandenen Kraft der Person.(z.B. „Ich hatte das Gefühl, meine verstorbene Mutter sei bei mir im Raum")
- Das Verhalten oder die äußere Erscheinung des Betroffenen wirken oft seltsam oder exzentrisch, er ist z.B. **oft ungepflegt, ungewöhnlich manieriert** oder führt Selbstgespräche.

Fortsetzung auf der nächsten Seite

- Eine eigenartige Sprache (ohne Lockerung von Assoziationen und Inkohärenz), die Sprache ist z.B. verarmt, **weitschweifig**, **vage** oder **übermäßig abstrakt**.
- Der Betroffene zeigt einen inadäquaten oder eingeschränkten Affekt, **macht z.B. einen spröden und unnahbaren Eindruck** und **erwidert selten Gesten oder Gesichtsausdrücke wie Lächeln oder Grüßen.**
- ...

Auszugsweise Kriterien für „schizotypische Persönlichkeitsstörung" nach DSM-III-R (Vollständige Kriterien im Anhang Seite 195ff.). **Unterstrichen:** Soziale Bewertungen. **Fett:** Universelle Eigenschaften.

Antisoziale Persönlichkeitsstörung:

...

Der Betroffene

- **hat oft die Schule geschwänzt**
- **quälte Tiere**
- **log häufig (außer zur Verhinderung körperlicher Mißhandlung oder sexuellen Mißbrauchs)**
- ...

Auszugsweise Kriterien für „antisoziale Persönlichkeitsstörung" nach DSM-III-R (Vollständige Kriterien im Anhang Seite 195ff.). **Unterstrichen:** Soziale Bewertungen. **Fett:** Universelle Eigenschaften.

Borderline-Persönlichkeitsstörung:

Ein durchgängiges Muster von Instabilität im Bereich der Stimmung, der zwischenmenschlichen Beziehung und des Selbstbildes ...

- **Instabilität im affektiven Bereich, z.B. ausgeprägte Stimmungsänderungen** von der Grundstimmung zu Depression, Reizbarkeit oder Angst, **wobei diese Zustände gewöhnlich einige Stunden oder, in selten Fällen, länger als einige Tage andauern**.
- **Übermäßige starke Wut** oder **Unfähigkeit die Wut zu kontrollieren**, z.B. häufige Wutausbrüche, andauernde Wut oder Prügeleien.
- **Chronisches Gefühl der Leere oder Langeweile.**
- ...

Auszugsweise Kriterien für „Borderline-Persönlichkeitsstörung" nach DSM-III-R (Vollständige Kriterien im Anhang Seite 195ff.). **Unterstrichen:** Soziale Bewertungen. **Fett:** Universelle Eigenschaften.

Histrionische Persönlichkeitsstörung:

Ein durchgängiges Muster **übermäßiger Emotionalität** oder eines **übermäßigen Verlangens nach Aufmerksamkeit** ...

Der Betroffene

...

- ist **übertrieben attraktiv**
- **verführerisch im Äußeren und im Gehabe**
- ist **übertrieben besorgt um sein Äußeres**
- zeigt übertrieben seine Emotionen, **umarmt z.B. flüchtige Bekannte** übertrieben bei der Begrüßung, **schluchzt unkontrolliert in einer wenig sentimentalen Situation, hat Wutausbrüche**.
- ... ist **stark egozentrisch, das Handeln auf unmittelbare Befriedigung ausgerichtet, Frustrationen durch Belohnungsaufschub wird schwer ertragen.**
- hat einen übertrieben impressionistischen Sprachstil, der keine Details kennt...

Auszugsweise Kriterien für „historische Persönlichkeitsstörung" nach DSM-III-R (Vollständige Kriterien im Anhang Seite 195ff.). **Unterstrichen:** Soziale Bewertungen. **Fett:** Universelle Eigenschaften.

Narzißtische Persönlichkeitsstörung:

Ein durchgängiges Muster von Großartigkeit (in Phantasie oder Verhalten), **Mangel an Einfühlungsvermögen**, Überempfindlichkeit gegenüber der Einschätzung durch andere. ...

- ...
- ... zeigt ein übertriebenes Selbstwertgefühl, übertreibt z.B. die eigenen Fähigkeiten und Talente ...
- **legt ein Anspruchsdenken an den Tag**: Stellt beispielsweise Ansprüche und übermäßige Erwartungen an eine bevorzugte Behandlung, meint z.B. daß er sich nicht wie alle anderen auch anstellen muß;
- verlangt nach ständiger Aufmerksamkeit und Bewunderung, **ist z.B. ständig auf Komplimente aus**;

Fortsetzung auf der nächsten Seite

- zeigt einen **Mangel an Einfühlungsvermögen: Kann z.B. nicht erkennen und nachempfinden, wie andere fühlen,** zeigt sich z.B. überrascht, wenn ein ernsthaft kranker Freund ein Treffen absagt.
- **ist innerlich sehr stark mit Neidgefühlen beschäftigt.**

Auszugsweise Kriterien für „narzißtische Persönlichkeitsstörung" nach DSM-III-R (Vollständige Kriterien im Anhang Seite 195ff.). **Unterstrichen:** Soziale Bewertungen. **Fett:** Universelle Eigenschaften.

Selbstunsichere Persönlichkeitsstörung:

...

Der Betroffene

- **ist durch Kritik oder Ablehnung leicht zu verletzen;**
- **geht keine Beziehungen ein, sofern er sich nicht sicher ist, akzeptiert zu werden;**
- **vermeidet soziale und berufliche Aktivitäten, bei denen engere zwischenmenschliche Kontakte geknüpft werden, kann z.B. eine Beförderung ablehnen, in deren Folge höhere soziale Anforderungen gestellt würden;**
- **zeigt sich in Gesellschaften zurückhaltend aus Angst, etwas Unpassendes oder Dummes zu sagen oder eine Frage nicht beantworten zu können;**
- **befürchtet, vor anderen durch Erröten, Weinen oder durch Anzeichen von Angst in Verlegenheit zu geraten;**
- **übertreibt potentielle Schwierigkeiten, körperliche Gefahren oder Risiken, die bei üblichen, für ihn jedoch ungewöhnlichen Aktivitäten auf ihn zukommen können, neigt z.B. dazu, gesellschaftliche Verpflichtungen abzusagen, weil er befürchtet, bereits im Vorfeld den Anstrengungen nicht gewachsen zu sein.**

Auszugsweise Kriterien für „selbstunsichere Persönlichkeitsstörung" nach DSM-III-R (Vollständige Kriterien im Anhang Seite 195ff.). **Unterstrichen:** Soziale Bewertungen. **Fett:** Universelle Eigenschaften.

Dependente Persönlichkeitsstörung:

Ein durchgängiges Muster von abhängigem oder unterwürfigem Verhalten ...

Der Betroffene

- **ist unfähig, alltägliche Entscheidungen zu treffen, ohne ständig den Rat anderer einzuholen oder seine Entscheidung billigen zu lassen;**
- **läßt andere die wichtigsten Entscheidungen für sich treffen, z.B. die Entscheidung über Wohnort und Art der von ihm ausgeübten Tätigkeit;**
- **pflichtet anderen stets auch dann bei, wenn er diese im Unrecht sieht, nur um nicht abgewiesen zu werden;**
- **übernimmt Tätigkeiten, die für ihn unangenehm oder erniedrigend sind, um die Zuneigung anderer zu gewinnen;**
- **hat gewöhnlich Angst davor, verlassen zu werden;**
- **ist bei Kritik oder Ablehnung leicht zu verletzen.**
- **...**

Auszugsweise Kriterien für „dependente Persönlichkeitsstörung" nach DSM-III-R (Vollständige Kriterien im Anhang Seite 195ff.). **Unterstrichen:** Soziale Bewertungen. **Fett:** Universelle Eigenschaften.

Zwanghafte Persönlichkeitsstörung:

Ein durchgängiges Muster von Perfektionismus und Starrheit ...

- ...
- **übermäßige Beschäftigung mit Details, Regeln, Listen, Ordnung, Organisation oder Plänen, so daß die Hauptsache dabei verloren geht;**
- unmäßiges Beharren darauf, daß die eigenen Arbeits- und Vorgehensweisen übernommen werden oder **unvernünftiger Widerwille dahingehend, anderen Tätigkeiten zu überlassen, aus Überzeugung, daß diese nicht korrekt ausgeführt werden;**
- übermäßige Gewissenhaftigkeit, Besorgtheit oder Starrheit gegenüber allem, was Moral, Ethik oder Wertvorstellungen betrifft...
- **eingeschränkter Ausdruck von Gefühlen;**

Fortsetzung auf der nächsten Seite

- mangelnde Großzügigkeit hinsichtlich Zeit, Geld oder Geschenken, sofern kein persönlicher Vorteil zu erwarten ist ...
- ...

Auszugsweise Kriterien für „zwanghafte Persönlichkeitsstörung" nach DSM-III-R (Vollständige Kriterien im Anhang Seite 195ff.). **Unterstrichen:** Soziale Bewertungen. **Fett:** Universelle Eigenschaften.

Passiv-aggressive Persönlichkeitsstörung:

Ein durchgängiges Muster **passiven Widerstands** gegenüber Forderungen nach angemessenen Leistungen im sozialen und beruflichen Bereich ...

Der Betroffene

- **startet Verzögerungsmanöver, d.h. Sachen werden so lange aufgeschoben, daß Fristen nicht mehr eingehalten werden können;**
- **wird mürrisch, reizbar oder streitsüchtig, wenn von ihm etwas verlangt wird, was er nicht tun möchte;**
- **beschwert sich** ohne Grund, **daß andere unsinnige Forderungen an ihn stellen;**
- **vermeidet die Erfüllung von Pflichten mit der Behauptung, sie vergessen zu haben;**
- **nimmt anderen nützliche Vorschläge zur Steigerung seiner Produktivität übel;**
- **behindert Bemühungen anderer, indem er einen Arbeitsbeitrag nicht leistet;**
- **reagiert mit** unmäßiger **Kritik oder Verachtung auf Autoritätspersonen.**

Auszugsweise Kriterien für „passiv-aggressive Persönlichkeitsstörung" nach DSM-III-R (Vollständige Kriterien im Anhang Seite 195ff.). **Unterstrichen:** Soziale Bewertungen. **Fett:** Universelle Eigenschaften.

Auch die Überlegungen zur Einführung einer weiteren Persönlichkeitsstörung, der sogenannten „selbstschädigenden Persönlichkeitsstörung" enthält solche Elemente:

Selbstschädigende Persönlichkeitsstörung:

Ein beständiges Muster selbstschädigenden Verhaltens, das in der frühen Adoleszenz begann und in einer Vielzahl von Situationen zum Tragen kommt...

Der Betroffene

- **wählt sich Personen und Situationen aus, die zu Enttäuschung, Versagen oder schlechter Behandlung führen, sogar wenn bessere Alternativen klar verfügbar wären;**
- **erweckt ärgerliche und zurückweisende Reaktionen bei anderen und fühlt sich dann verletzt, unterjocht oder erniedrigt (macht sich z.B. in der Öffentlichkeit über den Partner lustig, provoziert einen ärgerlichen Gegenangriff, fühlt sich sodann wie vernichtet);**
- **weist Gelegenheiten zu angenehmen Aktivitäten zurück** oder ist nicht willens, anzuerkennen, daß er/sie an etwas Freude gehabt hat ...;
- **versagt trotz grundsätzlicher Fähigkeit bei der Bewältigung von Aufgaben, die zur Erreichung seiner/ihrer persönlichen Ziele essentiell wichtig sind, hilft z.B. anderen Studenten bei ihren Veröffentlichungen, ist jedoch unfähig, die eigenen zu schreiben;**
- **zeigt Desinteresse oder Zurückweisung gegenüber Personen, die ihn/sie stets gut behandeln**, ist z.B. nicht angezogen von sich fürsorglich verhaltenden Sexualpartnern.
- ...

Auszugsweise Kriterien für „selbstschädigende Persönlichkeitsstörung" nach DSM-III-R (Vollständige Kriterien im Anhang Seite 195ff.). **Unterstrichen:** Soziale Bewertungen. **Fett:** Universelle Eigenschaften.

Auch im ICD (F 60: „Persönlichkeits- und Verhaltensstörungen") sind in den angeblich objektiven Diagnosekriterien deutliche soziale Wertungen von Verhaltensweisen oder Beschreibungen eigentlich weit verbreiteter Verhaltensmuster enthalten. Für die Diagnose einer „spezifischen Persönlichkeitsstörung" gelten z.B. die folgenden Kriterien (auch hier weisen die vom Autor vorgenommenen Unterstreichungen auf soziale Wertungen hin):

Spezifische Persönlichkeitsstörung

„G1 Die charakteristischen und dauerhaften inneren Erfahrungs- und Verhaltensmuster der Betroffenen weichen insgesamt deutlich von kulturell erwarteten und akzeptierten Vorgaben (‚Normen') ab. Diese Abweichung äußert sich in mehr als einem der folgenden Bereiche:

1. Kognitionen (d.h. Wahrnehmung und Interpretation von Dingen, Menschen und Ereignissen, Einstellungen und Vorstellungen von sich und anderen)

2. Affektivität (Variationsbreite, Intensität und Angemessenheit der emotionalen Ansprechbarkeit und Reaktion)

3. Impulskontrolle und Bedürfnisbefriedigung

4. Zwischenmenschliche Beziehungen und die Art des Umganges mit ihnen.

G2 Die Abweichung ist so ausgeprägt, daß das daraus resultierende Verhalten in vielen persönlichen und sozialen Situation unflexibel, unangepaßt oder auch auf andere Weise unzweckmäßig ist (nicht begrenzt auf einen speziellen auslösenden Stimulus oder eine bestimmte Situation).

G3 Persönlicher Leidensdruck, nachteiliger Einfluß auf die soziale Umwelt oder beides, deutlich dem unter G2 beschriebenen Verhalten zuzuschreiben.

....

Wenn nötig, wird die Entwicklung von Subkriterien zur Definition von Verhaltensmustern vorgeschlagen, die spezifisch für unterschiedliche Kulturen sind und soziale Normen, Regeln und Verpflichtungen betreffen (wie Beispiele für verantwortungslose Haltung und Mißachtung sozialer Normen bei der dissozialen ‚Persönlichkeitsstörung')."

Bei all diesem „extremisierten" Verhalten, Denken oder Fühlen können wir uns selbst den Prozeß der sozialen Wertung und des Ausschlusses durch folgende Übung verdeutlichen. Für jede dieser „extremisierten Weisen" können wir versuchen, uns einen sozialen Kontext vorzustellen, in dem **wir** uns ebenso „extrem" verhalten würden: Eine konflikthafte Familiensituation, eine eskalierende Streitsituation in einem Team; eine Eskalation in einer politischen Partei, z.B. im Rahmen eines Parteiausschlußverfahrens usw. Autoren wie Peter Fiedler wissen um die Bedeutung solcher Kontexte für die Entstehung „extremisierten Verhaltens".

Sie weisen darauf hin, daß das gleiche „extremisierte" Verhalten in manchen Kontexten eben nicht abgewertet, sondern sozial aufgewertet wird: „Nicht gerade selten dürften Menschen wegen der Typik ihrer (paranoiden) ‚Persönlichkeitsstörung' und bei gleichzeitiger Akzeptanz (wenn nicht gar gelegentlich sogar bei Bewunderung oder sogar bei Ablehnung ihrer Eigenart durch ihre Gegner) in bestimmten beruflichen und politischen Funktionen ausgesprochen erfolgreich sein." (1994a, S. 148).

Außer der Kritik, wonach die Kriterien für einzelne „Persönlichkeitsstörungen" von einer sozialen Bewertung abhängen oder nur allgemein verbreitete Eigenschaften beschreiben, wird in der Literatur auch andere Kritik an den DSM-III-Kriterien geäußert. Hier ist insbesondere die **mangelnde Klarheit oder mangelnde Operationalisierung** einzelner Kriterien zu benennen. Trotz der berichteten hohen Interrater-Relabilität scheint es auch Hinweise dafür zu geben, daß die jeweiligen Kriterien sehr verschieden ausgelegt werden können. Reinecker hat in seinem Nachwort bei Turkat (1996) auf deren Vagheit hingewiesen, woraus sich die Abhängigkeit der Diagnose von persönlichen Wertungen der Beurteiler ergibt. Das führt nach Reinecker dazu, daß je nach Ansicht des Diagnostizierenden bis zu 60% aller Patienten eine „Persönlichkeitsstörungsdiagnose" erhalten und einzelnen Patienten in Komorbiditätsstudien bis zu sechs verschiedene „Persönlichkeitsstörungen" zugeschrieben wurden! Turkat selbst berichtet in diesem Zusammenhang von einer Studie von Blashfield und Breen (1989), wonach Therapeutinnen und Therapeuten lediglich 66% der Kriterien „richtig" einzelnen „Persönlichkeitsstörungen" zuordnen konnten und zogen daraus den Schluß, daß „entweder die Bedeutung, die den Kriterien für die Bestimmung von ‚Persönlichkeitsstörungen' nach dem DSM-III-R beigemessen wird, nicht mit dem übereinstimmt, was unsere Therapeutinnen und Therapeuten von deren Bedeutung halten, oder daß die Formulierung vieler Kriterien unklar ist" (Blashfiled & Breen, 1989, S. 1579, zitiert in Turkat, 1996, S. 101). Reinecker lehnt die personbezogene Zuschreibung von „Störungsdiagnosen" gerade aus verhaltenstherapeutischen Gründen ab: Spätestens seit Banduras Reziprozitätsmodell könne man allenfalls von einer Störung der Person-Umwelt-Relation sprechen. Sowohl aus logischen wie aus therapeutischen Gründen dürfe man allenfalls von einer „Beziehungsstörung" sprechen, weshalb der Begriff Komorbidität bezogen auf Achse II, so Reinecker vorsichtig, „zumindest irreführend" sei (Reinecker in Turkat 1996, S. 110). Er äußert klar, daß die Rede von „gestörten Persönlichkeiten" eine „andere Qualität" habe als die Rede von „Störungen des Verhaltens". Ohne dies weiter auszuführen sei hier doch darauf verwiesen, daß es für dic Beschreibung „gestörter Beziehungen" anstelle „gestörter Personen" innerhalb und außerhalb der Verhaltenstherapie längst praktikable und erforschte Modelle gibt. Erwähnt seien z.B. aus der VT-Partnertherapie das negative Reziprozitätsmuster in Beziehungen mit einem gegenseitigen Austausch von C– statt C+ (vgl. z.B. bei Bornstein & Bornstein, 1993 oder Hahlweg, 1991). Die wissenschaftliche Literatur zur Beschreibung gestörter Beziehungen ist voller weiterer Angebote – etwa mit Satirs Kommunikationsstilen (Satir, 1988), Watzlawicks Analyse interpersonaler Kommunikation und deren Eskalationen (Watzlawick et al., 1969) oder in neuerer Zeit Benjamins Beschreibung sozialer Interaktionen (Benjamin, 1993). Sie alle ermöglichen, „gestörte Interaktionen" ohne individuelle Pathologisierung zu beschreiben.

5.7 Nomothetische Wissenschaft als Stütze der Diagnose „Persönlichkeitsstörung"

> Das Selbst aber ist das unaussprechlich Individuelle, nicht das Individuum als Fall des allgemeinen, sondern das persönliche, das den allgemeinen Kategorien widersteht. Wer also am anderen Eigenschaften erfährt – die Farbe seiner Haare oder die Farbe seiner Rede oder die Farbe seiner Güte – der geht insofern am Du vorbei, als er die Einzigkeit des Gegenübers verdeckt. (Theunissen, 1977, S. 306)

Das **nomothetisch-positivistische** Wissenschaftsverständnis geht davon aus, daß der Wissenschaftler Gesetze entdeckt, die allgemeingültig sind. Er versucht demnach, das einzelne unter allgemeine Gesetze zu subsumieren und im Idealfall die Entwicklung des einzelnen durch die Kenntnis der allgemeingültigen Gesetze vorherzusagen. Dem hatte Windelband (1907) für den Bereich der Sozial- und Geisteswissenschaften ein **ideographisches Wissenschaftsverständnis** gegenübergestellt, wonach der Wissenschaftler nicht nach Gesetzen sucht, sondern das Individuelle in seiner Eigengesetzlichkeit, also den persönlichen Prozeß zu finden und darzustellen bestrebt ist. Die Diagnose einer „Persönlichkeitsstörung" kann nur auf dem Boden einer nomothetisch orientierten Wissenschaft gestellt werden (wenngleich sie nicht zwingend daraus hervorgeht). Das von Fiedler oft angeführte Jaspers-Zitat, wonach die diagnostische Einordnung einer Person eigentlich eine Beleidigung sei, drückt eine strikte Ablehnung nomothetischer Betrachtungen von Personen aus. Die Definition von „Persönlichkeitsstörungen", bei der einzelne Personen dann Sonderfälle sind, ist der erste Schritt im nomothetischen Vorgehen. Der zweite liegt darin, für diese Gruppe eigene Gesetzmäßigkeiten herauszufinden: Für ihre Entwicklung (Ätiologie), ihre Verbreitung (Prävalenz) und ihre nach Möglichkeit immer gleiche Behandlung. Es wurde gelegentlich darauf hingewiesen, daß auf dem Gebiet der Psychotherapie in der Forschung ein nomothetisches, in der Praxis ein ideographisches Vorgehen vorherrsche (vgl. Persons, 1991). Auch die kognitive Therapie der „Persönlichkeitsstörung" ist in ihrer Praxis ja notgedrungen individuell-ideographisch – auch bei Beck und Freeman: „Interventionen sind am effektivsten, wenn sie auf einem individualisierten Konzept über die Probleme eines Patienten basieren." (Beck & Freeman, 1993, S.311) Eine solche *ideographische Sicht* bedürfte aber im Grunde keinerlei Diagnosen, denn um das Individuelle zu verstehen und gut damit umzugehen, bedarf es keiner Subsumierung unter allgemeingültige Diagnosesysteme. Es ist aber der Wunsch der nomothetisch oder positivistisch orientierten Mainstream-Psychologie, auch auf ihrem (hier klinischem) Gebiet das eigene Handeln durch allgemeine Gesetze abzusichern, von denen jede einzelne Therapie dann nur einen Sonderfall darstelle. Hier sollen nicht Pro und Contra einer möglichst allgemeingültigen „empirischen Absicherung" von Therapien erörtert werden. Wohl aber kann gesagt werden, daß die Ableitung therapeutischer Interventionen aus der Diagnose allein notgedrungen einem nomothetischen Therapieverständnis entspringt, ein Verstehensprozeß ohne Diagnose hingegen einem ideographischen.

6. Person ja – „Störung" nein: Ein Fazit

Was ist nun das Fazit dieser kritischen Analyse? Es gibt ein deutliches Contra gegen den Begriff der „Persönlichkeitsstörung" und aller damit zusammenhängender Annahmen. Das heißt aber nicht, daß nicht auch wertvolle Ansätze in diesem Konzept enthalten wären, wie schon in Kapitel 2 gezeigt worden war. Zu viel ist gut, um alles zu ignorieren – zu viel ist unnütz oder schadet, um alles kritiklos beizubehalten.

6.1 Zusammenfassung: Der Nutzen

Die positiven und nützlichen Aspekte der Rede von „Persönlichkeitsstörungen" sollen hier noch einmal kurz zusammengefaßt werden:

- Der Fokus auf die Persönlichkeit des Patienten rückt ihn als einmalige, bewußtseinsfähige und für sein Handeln verantwortliche Person in den Mittelpunkt der Therapie. Der Therapeut ist gehalten, nicht mehr nur Techniken gegen Störungen anzuwenden, sondern eine Person in ihrer Eigendynamik zu verstehen, die jeweilige Symptomatik auf diese Dynamik zu beziehen und darauf die Therapie aufzubauen.
- Die Beschreibung prototypischer Persönlichkeiten hilft, diesen Verstehensprozeß zu fördern, weil sie übergeordnete Muster hinter den sonst oft chaotisch-widersprüchlichen Verhaltensweisen von Patienten leichter erkennen läßt.
- Die interaktionelle Sicht von „Persönlichkeitsstörungen" bereitet den Boden, das als „gestört" bezeichnete Verhalten als sinnvolles Handeln in Beziehungen verstehen zu lernen.
- Krisen in der therapeutischen Beziehung werden für Therapeuten als Muster verstehbar, das sich oft bei einem bestimmten „Typ" von Patienten einstellt und das sie nicht vorschnell als Resultat eigenen „Fehlverhaltens" werten müssen.
- Die Kenntnis interaktioneller Eigenarten bestimmter Typen hat prognostischen Wert, insofern dazu passende Schwierigkeiten oder Krisen schon erahnt werden können. So kann sich der Therapeut darauf einstellen oder durch Berücksichtigung dieser Eigenarten in der Interaktion manche Krisen auch durch rechtzeitige interaktionelle Anpassung verhindern.

- Die Darstellung „gestörter" Persönlichkeiten motiviert zur Explikation der darin implizit enthaltenen Entwürfe einer „gesunden Persönlichkeit" – beispielsweise im Konzept der „sozial bezogenen Autonomie" von Fiedler (vgl. Kapitel 2.2). Solche Idealbilder können trotz der Gefahr, sie Patienten überstülpen zu wollen, auch Leitlinien für Therapeuten und damit auch für Patienten sein.
- Die Kombination der Beschreibung „gestörter Typen" mit der dazugehörigen impliziten Vorstellung einer „gesunden Alternative" ermöglicht es, konkrete therapeutische Ziele zu definieren. Diese können dem Patienten transparent vermittelt werden und bei der Gestaltung des therapeutischen Prozesses helfen.
- Die Auseinandersetzung mit der Persönlichkeit der Patienten und ihren interaktionellen Angeboten zwingt die Therapeuten zur Reflexion ihrer eigenen interaktionellen Stile, fördert also ihre Selbstreflexion und ihre Selbstverantwortung.
- Last but not least: Der Blick auf „Achse II" (Persönlichkeitsstile) verhindert Frustrationen, die sich bei alleiniger Konzentration auf „Achse I" (Symptomatiken) einstellen, weil dabei übersehen würde, wie sehr das „symptomatische Verhalten" Teil interaktioneller Strategien von Personen und damit von Beziehungen ist.

Die Negativliste ist länger – auch sie sei im folgenden zusammengefaßt. Sie besteht aus zwei Teilen: Zum einen dem Schaden, den Therapeuten anrichten können, wenn sie den Störungsbegriff verwenden (Kapitel 6.2); zum anderen aus der Tatsache, daß alles Positive nicht aus dem Störungskonzept stammt, aber mangels entsprechender Klarstellungen als daraus resultierend angesehen wird. Das Positive wird so in einem logisch unzulässigen Schluß „ex juvantibus" als Evidenz für die tatsächliche Existenz der diagnostizierten Störung gehalten (Kapitel 6.3).

6.2 Zusammenfassung: Der Schaden

6.2.1 Offener Schaden

1. Das Konzept ist in sich widersprüchlich, weil es die gesunde Person voraussetzt, um die „gestörte" zu behandeln.
2. Es belegt Patienten mit Diagnosen, die diesen nur schaden und nie nutzen. Dies gilt, wenn Patienten von dieser Diagnose nichts wissen. Dies gilt noch mehr, wenn sie davon wissen und dies in ihr Selbstkonzept übernehmen.
3. Das Konzept pathologisiert, insofern es alltägliches Verhalten, Denken und Fühlen für die Manifestation einer „personalen Störung" hält.
4. Das Konzept raubt Patienten die Verantwortung für ihr Verhalten und damit auch Kraft. Als Ursache von Verhalten wird die „Störung" und nicht mehr die Person gesehen.
5. Das Konzept führt zu rein strategischem Denken in der Beziehungsgestaltung und damit zu einer verlogenen Therapiebeziehung. Die authentische Begegnung zweier Personen wird durch eine technologisch-strategische Beziehungsform ersetzt, weil man das eigentliche „Störungsdenken" gegenüber dem Patienten nicht offenlegen kann, ohne ihn zu diskriminieren oder ein Chaos widersprüchlicher Botschaften zu erzeugen.
6. Die Diagnosen verursachen auch einen gesundheitspolitischen Schaden und kosten Geld: Sie tragen zur Chronifizierung von Patientenkarrieren bei, weil es Therapeuten und Patienten eine heilende Kraft in der therapeutischen Begegnung entzieht. Patienten werden schließlich so, wie die pathologieorientierten Therapeuten sie beschreiben. Ambulante und stationäre Therapien werden länger und länger, <u>weil</u> die Therapeuten entsprechende Diagnosen vergeben.
7. Das störungsorientierte Denken verhindert, daß Therapeuten wichtige psychotherapeutische Kompetenzen erwerben und ausbauen:
   a) Sie lernen nicht, die Anwendung therapeutischer Techniken mit einem würde- und verantwortungsvollen Umgang mit dem Pati-

enten, also Technik mit Moral zu verbinden. Alles, was gut und hilfreich für die therapeutische Arbeit ist, kann man besser und effektiver ohne Störungsdenken anwenden. Therapeuten verlicren ihre Achtung vor „schwierigen" weil „gestörten" Patienten und vermitteln, da man nicht nicht kommunizieren kann, Miß- oder Verachtung. Wer „Persönlichkeitsstörung" sagt, meint es so.

b) Das Konzept verhindert, daß Therapeuten ihre eigene Rolle für negative Entwicklungen in therapeutischen Prozessen erkennen und anerkennen. Es wird immer zur Exkulpation von Therapeuten benutzt werden, auch wenn davor gewarnt wird. Die Verlockung ist zu groß, lieber an die „Vulnerabilität" des Patienten als an eigene Anteile in therapeutischen Krisen zu denken. Dieses Konzept bietet sich als Ausstieg vor unangenehmen Fragen nach der eigenen Kränkbarkeit, Aggressivität, Ängstlichkeit, Abhängigkeit usw. an.

6.2.2 Verdeckter Schaden

Die in Kapitel 2 beschriebenen und hier in Kapitel 6.2.1 zusammengefaßten positiven Aspekte stammen **in keinem Falle** dem Störungsdenken selbst. Die Entwicklung therapeutischer Flexibilität, das bedürfnisorientierte Verstehen sich in Beziehung schwierig verhaltender Menschen und alle anderen positiven Seiten: Nichts davon resultiert aus dem Gedanken, daß ein Patient „gestört" sei. Es hat damit nichts zu tun. Umgekehrt zeigt sich: Die Anwendung hilfreicher Therapieansätze auf Personen, die als gestört *bezeichnet* werden, ist ein von dieser Bezeichnung ganz unabhängiger Vorgang. Es ist ein Irrtum oder eine Täuschung zu sagen, die von Beck und Freeman, Fiedler, Benjamin, Linehan oder anderen dargestellten und z.T. hervorragenden Therapieansätze würden aus Diagnosen oder gar aus Störungsdiagnosen hervorgehen. Aus dem Persönlichkeitsstörungskonzept folgt nur die gesellschaftliche Macht sich gesund Nennender über die von ihnen als krank Bezeichneten.

Daß das Störungsdenken oder die Vergabe entsprechender Diagnosen keine positive Auswirkung auf die Therapie hat, läßt sich einer Studie von Schmitz und Fydrich (1996) entnehmen, die mit einer Population „persönlichkeitsgestörter Patienten" in einer verhaltenstherapeutisch-psychosomatischen Fachklinik durchgeführt worden ist. Hier hat sich gezeigt, *daß bei den durch die Forscher so diagnostizierten Patienten sehr gute therapeutische Resultate erzielt worden waren,* **ohne daß die Therapeuten diese Diagnose vergeben hatten**. Dies zeigte sich vor allem für Patienten, denen die Forscher die Diagnose „selbstunsichere Persönlichkeitsstörung" gegeben hatten. Man kann das so deuten, daß hier Therapeuten „Störungen" behandeln, ohne es zu merken. Zutreffender und hilfreicher ist wohl eine andere Deutung: Daß hier Therapeuten Personen mit Problemen behandelt haben, die in einem von der Therapie völlig unabhängigen Prozeß als „gestört" eingeschätzt worden sind. Die Therapie selbst bedurfte der Störungsdiagnosen nicht. Sie hätten hier nur gestört.

Betrachtet man sich die auf dem Gebiet der Verhaltenstherapie in der Literatur empfohlenen Methoden und Therapiestrategien für „Persönlichkeitsstörungen", so fällt eines auf: Es gibt überhaupt keine spezielle Therapie dieser so bezeichneten Klientel! Vielmehr werden bekannte und nützliche Interventionen, die in der VT immer eingesetzt werden, einfach auch auf diese Probleme angewandt. Das Inventar reicht von Angstbewältigungs- und Selbstsicherheitstrainings über kognitive Therapien bis zu interaktionellen Strategien zur Veränderung der therapeutischen Beziehung. Turkat (1996) berichtet z.B. über sein verhaltenstherapeutisches Vorgehen bei „Persönlichkeitsstörungen". Betrachtet man sein Procedere genauer, fällt auf, daß die Störungsdiagnose erstens keinerlei besondere Bedeutung für die Therapie hat (aber sicher die Beziehung zwischen Therapeut und Patient stört) und daß zweitens sein psychotherapeutisches Rationale dem der Behandlung anderer Patienten mit anderen Problemen vollkommen gleicht (seine Bausteine: Datenerhebungen – Hypothesenbildung – Absprache der Hypothesen und Therapieplanung mit Patienten – Durchführung typischer verhaltenstherapeutischer Interventionen für bestimmte [universelle] Probleme). Wir sehen: Es gibt gar keine Behandlung der Persönlichkeits-*„Störung"*, sondern nur eine solche von Problemen, die Menschen berichten, die als gestört bezeichnet werden und die von dieser Bezeichnung vollkommen unabhängig ist (vgl. z.B. die Fallbeschreibungen in Turkat, 1996, S.41f. und die allgemeinen Angaben zur Behandlung verschiedener „Persönlichkeitsstörungen" S.53).

Auch die von Linehan (1989) entwickelte „dialektische Verhaltenstherapie" stellt sich zwar in fruchtbarer und sensibler Weise auf die Klientel ein, für die sie entwickelt wurde: Auf die sogenannten Borderline-

Patienten. Im Detail ist dieses „Sich-einstellen-auf" aber nichts, was Therapeuten in verschiedenem Ausmaß nicht bei allen Patienten anwenden: Soziales Training, Umgang mit Streß und Selbstkontrolltechnik, Thematisierung der Suizidneigung und spezieller Widerstände gegen die Therapie, Konfrontation mit selbst- und fremdschädigenden Konsequenzen bei Verlust der Impulskontrolle, Bearbeitung von Suchtverhalten und, besonders wichtig, die Erarbeitung einer Strategie zum Umgang mit häufig fluktuierenden emotionalen Instabilitäten (vgl. zusammenfassend z.B. bei Fiedler, 1994c, S.255 und 1994a, S.406). Vereinfacht gesagt: Eine in sich stimmige individuelle Problemanalyse mit daraus abgeleiteten Zielen und dann dazu führenden Strategien genügt für die Therapie. Die Kenntnis ähnlicher Problemkonstellationen bei bestimmten Patientengruppen ist hierbei nützlich und wichtig. Man mag sie „Borderline" nennen, es bedarf aber sicher keiner Störungsdiagnose. Es hat nichts mit „Störungen" zu tun, wenn ein Therapeut in einem rein methodischen Sinne (vgl. Kapitel 3.1) einen einzelnen Patienten als Beispiel einer bestimmten Patientengruppe identifiziert (d.h. daß er das „Typische" an den als Borderline bezeichneten Patienten kennt und nun einen bestimmten Patienten dieser Gruppe zuordnet) und dies in seine therapeutischen Überlegungen einbezieht. Das hilft, sich vom Einzelfall nicht irritieren zu lassen, schwierige Abläufe wie z.B. das Auf- und Abwerten des Therapeuten durch den Patienten besser als Teil seiner Dynamik zu verstehen und entsprechende therapeutische Antworten darauf zu finden, die zu übersehen man sonst verführt wäre. Das hat mit der Diagnose einer „Störung" aber nichts zu tun. Noch deutlicher wird dies bei der kognitiven Therapie dieser Klientel. Die Identifikation bestimmter problematischer Denkschemata bei einer Person ist immer ein individueller Vorgang und bedarf keiner Diagnose. Wenn auch hier bestimmte Schemata schneller und leichter identifiziert werden, weil man sie von anderen ähnlichen Patienten kennt, ist dies ein in der Psychologie und Erkenntnistheorie bekannter und erforschter Vorgang der Typen- und Clusterbildung. Wir fassen ja bei jeder Beschreibung eines Menschen immer zusammen, weil schon die Entwicklung von Begriffen solcher Zusammenfassungen bedarf. Und wir nehmen wahr, was wir kennen bzw. was uns unsere Erkenntniskategorien wahrzunehmen vorgeben. Der Begriff Apfel ist die Abstraktion aller einzelnen Äpfel – so dient auch der Begriff „Borderline" der Zusammenfassung sich ähnlich verhaltender Menschen. Diese Beschreibung von Gemeinsamkeit kann für die Therapie hilfreich sein. Das soll hier nicht bestritten werden. Die Ideen Linehans, Benjamins oder Kernbergs zum Umgang mit dieser Klientel sind äußerst wertvoll. Hier geht es aber darum, daß der Störungsbegriff keine fruchtbare, wohl aber negative therapeutische Konsequenzen hat.

Liest man die Darstellung therapeutischer Strategien für bestimmte „Persönlichkeitsstörungen" also genauer, so fällt zusammenfassend auf, daß die Rede von „Störungen" nicht nötig ist, um die jeweils beschriebenen Therapiestrategien zu verstehen und anzuwenden. Oft verzichten die entsprechenden Autoren im Verlauf ihrer Texte sogar selber auf diesen Begriff. So spricht etwa Turkat (1996) oft explizit nicht von „Störungen", sondern einfach von „Persönlichkeiten", die etwa bei der „narzißtischen" auf Akzeptanz fixiert, egozentrisch oder impulsiv seien. Das bedeutet, daß zur Herstellung einer guten Arbeitsbeziehung, ebenso wie für die Auswahl therapeutischer Strategien, die Zuordnung von Eigenschaften zu Personen wichtig ist und nicht die Störungskategorie. Wichtig ist, ob eine Person mißtrauisch ist, um sich auf sie einzustellen und nicht, ob sie darin als „gestört" bezeichnet wird! Turkat verwendet in seinem Buch „Die Persönlichkeitsstörungen" oft nur in der jeweiligen Überschrift einzelner Kapitel den Terminus „Persönlichkeitsstörung". In der Darstellung der Erstgespräche oder der „Modifikationsprogramme" für Patienten mit entsprechenden Problemen spricht er dann nur noch von charakteristischen Persönlichkeiten statt von „Persönlichkeitsstörungen" (z.B von der „histrionischen Persönlichkeit" (S.79), von der „auf Eindruck fixierten Persönlichkeit" (S.82) oder von der „selbstunsicheren Persönlichkeit" (S.86)).

Wenn man nicht erkennt, daß alles, was gut und nützlich ist, nichts mit dem Störungsdenken zu tun hat oder wenn man alle hier genannten Schäden und Probleme des Störungsdenkens hinnimmt wegen dem Positiven, das (scheinbar) damit zusammenhängt, liegt ein *indirekter* Schaden für Patienten und Therapeuten vor. Denn dann zieht man nur allzu leicht aus der Anerkennung diese positiven Aspekte oder aus Erfolgen in der Therapie als gestört bezeichneter Patienten den logisch falschen Schluß, daß diese Erfolge auch das gesamte damit in Zusammenhang gebrachte Denken bestätigen oder rechtfertigen. Tatsächliche Hilfe für als gestört bezeichnete oder gedachte Personen gilt dann als Evidenz für die Existenz der Störung selbst. Den Schaden für diesen Trugschluß tragen die stigmatisierten Patienten.

6.3 Eine Unterlassung und ihre Folgen: Therapie ohne Pathologisierung

> Gefängnis und Behörden haben sich verschworen, jeden Mann seiner Würde zu berauben. Das an sich verbürgte, daß ich überleben würde. Denn jedermann oder jede Institution, die versuchen, mich meiner Würde zu berauben, werden verlieren, weil ich davon nicht zu trennen bin, um keinen Preis und um keinen Druck. (Mandela, 1994, S. 526)

> Es muß deshalb als ein wesentliches Vermögen des Psychiaters bezeichnet werden, daß er eine ausgeprägte empathische Person-Fühligkeit besitzt, die freilich nur in langem Umgang mit Kranken erworben werden kann. (Tellenbach, 1988, S. 153).

> Subjekt kann vielfältig physio- und psychotherapiert werden – Person kann vom Therapeuten in partnerschaftlicher Liebe affiziert und zum Mitvollzug bestimmt werden. (Tellenbach, 1988, S. 164)

Dieses Kapitel ist kurz, weil es gute Therapie ohne den Störungsbegriff längst gibt und nichts neu entdeckt werden muß. Wir müssen „nur" etwas weglassen. Die Lösung aller Probleme, die mit dem Störungsdenken verbunden sind, ist einfach. Es ist die schlichte Unterlassung der Rede von der Störung. Alles weitere kommt von selbst. Wie in einer Partnerschaft: Wenn der eine aufhört, den anderen abzuwerten, ändert sich vieles – durch eine einzige Unterlassung! Die aber kann einem bekanntermaßen schwer genug fallen – im Verhalten und noch mehr im Denken. Wenn wir auf Begriff und Konzept der „Persönlichkeitsstörung" ganz verzichten, stehen wir vor alten Aufgaben in einer neuen Situation. Es gibt dann ja weiterhin die „früher" so bezeichneten Patienten mit ihren Problemen, ihre Partnern und ihren Familien. Verzichten wir auf die Rede von der „Persönlichkeitsstörung", so sollte das nicht dazu führen, auch den Begriff der **Person** wieder fallen zu lassen – wie es zumindest auf dem Gebiet der Verhaltenstherapie und auf dem Gebiet der Familien- und Systemtherapie lange der Fall war oder noch der Fall ist (vgl. Lieb 1995b). Die erwähnte Unterlassung fordert dann dazu heraus, die „Anwesenheit der Person" im Patienten zu denken, ganz unabhängig davon, wie aggressiv, abhängig oder „verrückt" diese sich verhält. Dies ist die sich bei konsequenter Unterlassung automatisch einstellende Alternative: Eine Personorientierung ohne Personpathologisierung.

Peter Fiedler (1994a) hat das selbst vorgeschlagen – aber nicht ausgearbeitet. Auf ganzen zwei von 460 Seiten denkt er darüber nach, „die Persönlichkeitsstörungen" als Klassifikationsbereich **gänzlich zu streichen.** (S. 450). Das größte Problem für diese „radikale Lösung" bestehe nach ihm jedoch darin, „daß die Persönlichkeitsstörungen selbst inzwischen auch bei all jenen Forschern und Therapeuten auf größte Resonanz und größtes Interesse stoßen, die jahrelang gegenüber der psychiatrischen Klassifikation größere Distanz hergestellt hatten." (S.451). Am Ende seines 500 Seiten starken Buches kommt Fiedler zum Schluß, daß man nach „völlig neuen Wegen der Diagnostik und Beurteilung zwischenmenschlicher Beziehungskomplikationen „suchen" müsse. Sein Buch endet dann bezeichnenderweise mit folgender Aussage: „Ob und wie das jedoch gelingen kann, vermag ich nicht vorauszusehen." (S.459)

Es bleibt also gerade seine und vieler anderer Aufgabe, sich vor eben dieser Fachöffentlichkeit, die sich daran gewöhnt hat, gegen das entwürdigende Konzept der „Persönlichkeitsstörung" auszusprechen. Man beginnt am besten mit der Weigerung, diesen Begriff zu verwenden. Ich bin sicher, es würde sich vieles ändern, wenn Autoren mit „Rang und Namen" öffentlich erklären würden, daß sie diesen Begriff wegen seiner Stigmatisierung nicht mehr verwenden – weder in Schrift noch in Rede. Sie müßten sich dann aber auch daran halten. Pathologisierende Begriffe und Redewendungen, die hier in 4.2.4 exemplarisch zusammengetragen wurden, müßten konsequent vermieden werden. Denn die Veränderung beginnt im Kopf und hier mit veränderten Begriffen – also in der Sprache.

Sicherlich wäre es auch hilfreich, wenn außer über „Erfolgsgeschichten" bei der Behandlung von „Persönlichkeitsstörungen" auch einmal darüber geredet und publiziert würde, wie Menschen durch solche Diagnosen *geschadet* wurde. Eine Tagung über „Persönlichkeitsstörungen" z.B. müßte Menschen zu Wort kommen lassen, die von ihren Therapeuten so benannt worden waren. Es wäre doch das mindeste bei der Suche nach Alternativen, die Klientel, über die gesprochen wird, selbst zu Wort kommen zu lassen. Die Pfade sind angelegt, die zu beschreiten hat, wer auf den Störungsbegriff konsequent verzichtet. Er braucht sie nur betreten: Die Ressourcenorientierung bei der Betrachtung „gestörter" Personen:

- die interaktionelle Sichtweise von Problemen mit der Weigerung, Einzelpersonen die Schuld für interaktionelle Probleme zuzuschreiben
- die Einbeziehung des Therapeuten als Person in seine therapeutische Strategie
- die Anerkennung der personalen Verantwortung für Verhalten bei Patienten und Therapeuten.

Was dies im Einzelfall konkret bedeutet, ist dann allerdings nicht abstrakt und allgemein zu beschreiben. Es muß in jedem Fall, bei jeder individuellen Begegnung wieder neu gefunden werden. Es gibt kein Rezept. Hilfreich wären Fallbeispiele von Therapeuten, die diese Wege zu beschreiten suchen – Fallbeispiele, bei denen Therapeuten die Person im Auge haben und darin konsequent auf jedes Störungsdenken verzichten. Sie können dann berichten, wie sich die Therapie dadurch gestaltet hat.

Teil einer solchen „störungsfreien" Strategie wäre, daß Therapeuten mehr *ihr eigenes Problem* mit dieser Klientel beschreiben. Es wären Berichte über die eigenen Aggressionen, die eigene Angst, die eigene Verführung, zu bewerten oder zu bestrafen. Und es wären Berichte über die Auswirkungen solcher Selbstreflexionen auf die Therapien. Daraus könnten dann klarere Grenzziehungen dem Patienten gegenüber resultieren, es könnte zur Akzeptanz von Tragik führen, es könnte zu starken Konfrontationen von Patienten mit sich selber und ihrem Schicksal kommen oder auch zu sehr fürsorgendem Verhalten durch Therapeuten.

Zur sich nach der geforderten Unterlassung einstellenden Alternative wird im Einzelfall sicher auch gehören, mit einem Patienten, der bereits so bezeichnet worden war, die ihm bekannte Diagnose zu reflektieren, seine „Diagnosegeschichte" aufzuarbeiten und zu prüfen, wie er diese verarbeitet hat. Vielleicht würden manche Therapeuten mit ihren Patienten dann geneigt sein, den Begriff der „Störung" weiter beizubehalten, aber dann nicht für Personen, sondern nur mehr für **Beziehungen**. Das hatte Marianne Krüll bereits für den Bereich der Eßstörungen vorgeschlagen: „Sie können aber, wenn Sie mögen, den Begriff (hier den der

‚psychischen Krankheit'; H.L.) erweitern. Bezeichnen Sie nicht sich selbst oder eine andere Person als ‚psychisch krank', sondern, wenn Sie unbedingt den Begriff beibehalten wollen, die **Beziehung** zwischen Ihnen und diesem Menschen. Damit wäre der Lebenszusammenhang wieder hergestellt." (Vorwort in Schimpf, 1995, S. 15). Eine gute Übung hierzu besteht darin, sich jedesmal, wenn einem ein Patient als „gestört" erscheint, folgendes zu überlegen: Welches Verhalten anderer Personen paßt dazu wie ein Schlüssel zum Schloß? **Auf was** ist dieses Verhalten die dem Patienten bestmögliche Antwort?

Unterlassung der Diagnose bedeutet schließlich ganz von selbst, sich auf ein anderes **Menschenbild** einzulassen. Es ist dann eines, in dem die Beziehung wichtiger ist als davon isolierte Eigenschaften Einzelner. Es ist eine Suche nach **Sinn**, den Therapeut und Patient nur finden, wenn das Verhalten des Patienten wieder als Teil eines interaktionellen Gefüges und als Resultat seiner Geschichte gesehen wird. Das heißt aus interpersoneller Sicht: Als Verhalten in seiner Herkunftsfamilie, in seiner jetzigen Familie, oft auch in seinem Arbeitsteam und aus intrapsychischer Sicht als Bemühen, dem eigenen Leben Sinn zu geben im Spannungsfeld zwischen Autonomie und Bindung.

Ein Beispiel: Dem Autor wurde als Supervisor folgender „Fall" vorgetragen: In einer nordrhein-westfälischen Großstadt wurde dem Supervisanden ein 17jähriger Junge von einem städtischen Jugendheim zugewiesen, weil dieser klaue, fremde Autos beschädige und sich auch sonst nicht an soziale Regeln halte. Später war noch der Vorwurf hinzugekommen, er habe homosexuelle Kontakte zu Jüngeren gegen deren Willen aufgenommen. Er war früher bereits acht Jahre in einem anderen Heim gewesen, weil die alleinerziehende Mutter und eine Lehrerin mit ihm nicht zurecht gekommen seien. Der jungen Mutter hatte damals das Jugendamt nahegelegt, die Erziehung „abzugeben". Diese äußert sich heute skeptisch bis verärgert über diese Maßnahme des Jugendamtes. Das Team des Jugendheimes wollte nun, daß der Junge wegen seiner Probleme in Einzeltherapie behandelt werde. Schon beim ersten Kontakt war der Therapeut der Meinung, daß dem Jungen irgendwie unrecht getan werde, wenn er in dieser Weise individuell pathologisiert werde. Was nämlich aus einem Blickwinkel offensichtlich war, hatten alle Betreuer über Jahre hinweg nicht gesehen oder nicht sehen wollen: Der Junge war ohne Vater aufgewachsen, wußte aber von seinem Vater, daß dieser mehrere Jahre im Gefängnis gesessen habe und evtl. heute noch einsitze. Alle hatten ihm eingeredet, sein Vater sei wohl ein „schlechter Mensch" gewesen. Der Therapeut nahm hier an, daß der Junge dieser Sicht als „braves Kind" äußerlich zugestimmt habe – wie er auch jetzt zustimme, daß er nun in einer Einzeltherapie lernen müsse, sich nicht mehr so „schlecht" zu benehmen. Kein Mensch – so der Therapeut – sei auf die Idee gekommen, den Jungen dadurch zu würdigen, daß man auch über seinen Vater positiv rede. Nun lag eine Deutung auf der Hand, die wir in der Supervision gemeinsam erarbeiteten und die der Therapeut im nächsten Gespräch dem Jungen <u>und</u> dem Jugendheimvertreter mitteilte: Der Junge stimme verbal der Abwertung seines Vaters zu, um nicht in Konflikt mit seinen Heimerziehern zu geraten, „ehre" ihn aber dadurch, daß er ihm (bzw. dem Bild, das er von ihm habe) ähnlich werde: Er stehle und halte sich nicht an soziale Regeln. Der Mitarbeiter des Jugendheimes belächelte diese Sicht. Die Abwertung des Vaters und der Mutter des Jungen waren ihm deutlich anzusehen. Er und später auch seine Kollegen waren vor allem dagegen, daß der Therapeut die Therapie unter Einbeziehung der Mutter und später auch des Vaters durchzuführen beabsichtigte. Daraus ergab sich dann aber nicht, wie erhofft, eine fruchtbare Kooperation, sondern ein verdeckter Kampf mit dem Jugendheim. Denn dieses hielt nun nicht nur von Mutter und Vater nicht viel, sondern wurde auch der geplanten Therapie gegenüber immer skeptischer. Sie sprachen weiter latent abwertend über Vater und Mutter. („Diese Frau ist nicht fähig dazu...") und es begann ein regelrechtes Ringen zwischen Auf- und Abwertung der Eltern des Jungen. Dabei war ersichtlich, wie dem Jungen folgende Intervention gefallen hatte: Er strahlte, als der Therapeut positiv über seine Eltern redete. Er hörte zu klauen auf, nachdem der Therapeut folgenden Kontrakt mit ihm geschlossen hatte: Der Therapeut versprach ihm Hilfe dabei, seinen Vater zu finden (das war das einzige, was der Junge authentisch wollte) und er sollte als Gegenleistung dazu, aufhören zu klauen, weil das das Kriterium war, an denen alle anderen die Arbeit des Therapeuten mit ihm bemessen würden. Im weiteren Verlauf zeigte sich aber dann, daß nicht, wie von Supervisor und Supervisand geglaubt, der Therapeut, sondern die Mutter dem Jungen helfen und dem zustimmen mußte, daß er Kontakt zu seinem Vater herstelle (was dann durch Einschalten der Schwester des Vaters auch gelang). Der Beitrag des Therapeuten in der insgesamt nur wenige Stunden dauernden Therapie lag „nur" darin, achtsam mit und über Mutter und Vater zu sprechen – z.B. in einer „Helferkonferenz" mit Junge, Mutter und drei Mitarbeitern vom Jugendamt der Stadt und vom Heim. Der Therapeut betonte darin „lediglich", daß Mutter und Vater und nicht „die professionellen Helfer" das letzte Wort haben sollten und daß er der Mutter zutrauen würde, dazu auch fähig zu sein.

Doch manchmal ist das abwertende System stärker: Das Heim bestand im weiteren Verlauf – v.a. nach erneuten angeblichen homosexuellen Kontakten des Jungen mit anderen Heimbewohnern – darauf, der Junge bedürfe „intensiverer Therapie" und wollten ihn nunmehr in eine kinderpsychiatrische Abteilung vermitteln – offenbar in kritischer Ablehnung unseres Ansatzes, bei dem wir uns weigerten, den Jungen einseitg für „krank" zu erklären. Die Pathologisierung von Mutter, Vater und Junge durch das Heim war stärker als die Versuche des Therapeuten, die Eltern aufzuwerten und diesen die Erziehung ihres Kindes zurückzugeben. Das Heim hatte gesellschaftlich zusammen mit dem die Heimerziehung finanzierenden Jugendamt die Problemdefinitionsmacht, also auch die Pathologisierungsmacht. Geht dieser Prozeß so weiter, kann man sich unschwer vorstellen, daß der Junge ebenso wie sein Vater (von dem Junge und Therapeut mittlerweile herausgefunden hatten, daß und wo er sich in der Psychiatrie befand) eine „harte" psychiatrische Diagnose – vielleicht in Form einer „dissozialen Persönlichkeitsstörung" erhalten wird. Die Arbeit des Therapeuten wurde von seiten des Heimes dadurch beendet, daß der Junge einer kinderpsychiatrischen Abteilung zugeführt und jede Hilfe, zum Einzeltherapeuten zu kommen, eingestellt worden war. Man erwog sogar die Einweisung in eine spezielle Einrichtung zur Behandlung „sexueller Täter"! Vielleicht sind uns hier auch einige Fehler unterlaufen und das Heim fühlte sich durch unsere Strategie seinerseits abgewertet. Abwertung läßt sich natürlich schlecht durch Abwertung verändern. Dieses Beispiel soll zeigen, daß die <u>Unterlassung einer individuellen Pathologisierung stets den gesamten gesellschaftlichen und persönlichen Kontext der bisher pathologisierten Person ins Blickfeld rückt</u>.

Wenn ein als „persönlichkeitsgestört" bezeichneter Patient angibt „unter sich selbst zu leiden", wird bei Unterlassung jeglicher Pathologisierung auch diese Aussage als Teil einer Beziehung gedeutet werden müssen. Fragen hierzu wären dann:

- Unter wem leidet er noch (oder mehr?!) als unter sich selbst?
- Wer glaubt, er leide auch (oder noch mehr) wegen ihm?
- Wie drückt er sein Leid anderen gegenüber aus – wen schont er, indem er unter sich selbst zu leiden angibt oder wen macht er insgeheim dafür verantwortlich?

Der Therapeut müßte hier konsequent der Verführung durch den Patienten selbst widerstehen, der sich selbst gleich als den „Gestörten", „Schuldigen", „Kranken" usw. anbietet. Er muß ihm die Verantwortung für sein Verhalten lassen. Aber zu dieser Verantwortung gehört dann auch die Antwort auf die Frage, warum er sich so in die Rolle des „gestörten Patienten" begibt. Meistens steckt dahinter eine enge Bindung an eine andere Person.

Wer abwertendes Diagnostizieren von Patienten unterläßt, muß sich manchmal mehr mit seinen eigenen Reaktionen und den Reaktionen anderer auf seine Klientel als mit diesen selbst beschäftigen. Das erfordert Flexibilität, den es gilt dann herauszufinden, welches innere und äußere Verhalten des Therapeuten seinem Patienten gegenüber an die Stelle des bisherigen Pathologisierens treten kann und treten muß. Denn auch dieses hatte ja eine wichtige Funktion, die nun ihrerseits gewürdigt sein mag. Die Abwertung der Abwertung allein ist keine Lösung für die, denen sie bisher gute Dienste geleistet hat. „Paranoide" Personen werden beispielsweise so beschrieben, daß sie oft streitsüchtig auf ihren eigenen Rechten beharren, mißtrauisch sind, gutgemeinte freundliche Haltungen als Feindseligkeiten mißdeuten und undankbar sind. Wenn wir diese Haltung mit einer Diagnose „belegen", haben wir damit etliche Probleme gelöst, die wir sonst mit diesen Personen hätten: z.B. unsere eigene Frustration im Umgang mit dieser undankbaren Klientel. Wir haben auch eine Erklärung gefunden, derzufolge das Verhalten der Patienten nichts mit uns selbst zu tun hat und sind schon etwas beruhigter und geduldiger. Wenn wir nun auf eine Diagnose verzichten und diese nicht zwischen Therapeut und Patient stellen, müssen wir irgendwie anders auf die Patienten reagieren. Bei „Paranoiden" heißt das zunächst, sie gleichermaßen in ihrem Mißtrauen zu belassen, wie auch sie damit zu konfrontieren und sie darin verstehen zu wollen. Unsere eigenen Gefühle der Frustration oder der Aggression müssen wir dann als unsere Antwort auf sie verstehen. Diese aber haben wir nun genauso zu verantworten wie die Patienten ihr Verhalten: Denn „gestört" oder „nicht gestört", es liegt nur an uns, wie wir auf einen Patienten reagieren. Und um das zu verstehen, muß sich der Therapeut mit sich selbst beschäftigen. Das geht aber nicht, wenn wir unsere kognitiven und emotionalen Reaktionen gar nicht erst aufkommen lassen, weil wir unser Gegenüber pathologisieren und so gar nicht ernst nehmen. Unterlassen wir das Pathologisieren, dann haben wir andere Gefühle und Gedanken gegenüber der Person, als wenn wir unser Gegenüber für „krank" halten. Die Erklärung für unser Verhalten sind dann wir selbst und nicht die „Störung" des anderen, die „das" in uns auslöst. Die abwertende Diagnose erscheint aus dieser Sicht auch als Abwehr oder Abwertung unserer eigenen Gefühle und Gedanken. Um diese zu verstehen und sogar als Kraft zu nutzen, müssen Therapeuten der Verführung zum (wissenschaftlich „legitimierten") pathologisierenden Ausagieren der eigenen Wut oder Frustration widerstehen und statt dessen diese Reaktionen erst einmal mit wohlwollender Distanz sich selbst gegenüber als eigene Antwort auf den Patienten anerkennen. Wir können den Patienten auch achten und uns gleichzeitig dagegen verwehren, uns schuldig zu fühlen oder von ihm eine Veränderung seines Verhaltens zu erwarten, damit es uns besser geht. Diese Haltung des distanzierten Verstehens wird von vielen Autoren hervorragend beschrieben. Sie entfaltet sich viel klarer und heilsamer in der therapeutischen Beziehung, wenn sie nicht durch eine abwertende Diagnose von Personen gestört wird. Ich glaube sogar, daß diese Form der distanziert verstehenden Achtung vor dem Patienten erst voll gelingen kann, wenn keine Persönlichkeitsstörungsdiagnose gestellt wird.

Hat man diese verstehensorientierte Haltung gegenüber einem Patienten einmal eingenommen, weitet sie sich wie von selbst auf andere Patienten und auf den Kontext der Therapie aus. Zum Beispiel wird man verstehen wollen, wie es den Angehörigen des „paranoiden" Sohnes geht und warum diese beispielsweise nur noch die Lösung gesehen haben, ihn für verrückt zu halten und in eine Psychiatrie zu bringen. Man wird deren Reaktionen mit den eigenen (als Therapeut) vergleichen und dann im gesamten Interaktionsgefüge um den Patienten herum plötzlich **Muster** erkennen, denen alle folgen. Bei Paranoiden ist das oft das Muster des Mißtrauens und des offenen oder versteckten gegenseitigen Vorwerfens und Abwertens. Hat man solche Muster auch vermittels der Offenheit für die eigenen Reaktionen erkannt, ist man flexibler, sie nicht zu wiederholen und statt dessen Alternativen zu entwickeln:

- Sich abgrenzen, statt abwerten,
- sich distanzieren, statt verstricken,
- verstehen und würdigen, statt diagnostizieren,
- mögen, statt bemitleiden.

Es bedeutet auch, dem „gestört" erscheinenden Verhalten des Patienten, ebenso wie den Reaktionen anderer, **Sinn** zu unterstellen und diesen – für die Betroffenen selbst oft zum erstenmal – auch zu *verleihen*. Mit anderen Worten: Unsere Sinndeutung kann und muß auch *mitgeteilt* werden. Man versteht dann gemeinsam, warum die am Problemverhalten Beteiligten sich so und nicht anders verhalten. Auf dieser Basis ist es dann leichter, dem Patienten auch die **Verantwortung** für sein Verhalten (zurück)zugeben. Denn wer sich sinnvoll verhält, trägt auch die Verantwortung dafür. Man kann dann sagen, er habe sich z.B. für sein Mißtrauen *entschieden*. Mit dem Bewußtsein, eine Entscheidung getroffen zu haben, wird ja oft erst die Alternative sichtbar: Wenn ich mich bisher für mißtrauischen Rückzug entschieden habe, kann ich mich auch für etwas anderes entscheiden – vielleicht mit Hilfe eines Therapeuten. Diese Haltung aber ist eine Achtung seiner Person: Einem Patienten zu unterstellen, er habe sich sinnvoll verhalten und einzufordern, daß er dies auch vor sich und anderen verantwortet, statt zu denken, er sei aufgrund einer „Störung" zu anderem Verhalten gar nicht in der Lage. Achtung vor der Person und Zuschreibung von Verantwortung gehören zusammen.

6.4 Neue Aufgaben für die Forschung

Forschung ist nicht neutral. Sie entdeckt nicht Wahrheiten, sondern bestätigt oder widerlegt die Annahmen, auf denen ihre Fragestellungen beruhen. Das ist unter Erkenntnistheoretikern heute unumstritten. An die Entdeckung der „reinen Wahrheit" glaubt niemand mehr ernsthaft (vgl. z.B. Zitterbarth, 1991). Auch auf dem Gebiet der „Persönlichkeitsstörung" geht die Forschung von bestimmten Prämissen aus und bestätigt diese. Sie „entdeckt" die „Persönlichkeitsstörung" nicht, sondern konstruiert sie selbst als Idee mit und hilft dann mit Kräften, diese Erfindung für wahr zu halten. Die fundamentale Prämisse dieser Forschung lautet, daß es „Persönlichkeitsstörungen einfach gebe". Wer dies glaubt, „findet" sie auch vermittels eines entsprechenden Designs. Harte Daten wie Korrelationskoeffizienten zur Komorbidität trügen, wenn man die statistische Koexistenz solcher Erfindungen für die von realen Dingen hält. Wer fest an Ufos glaubt, findet sicher eines Tages einen Hinweis auf ihre Existenz! Forschung könnte auf diesem Gebiet aber auch von anderen Prämissen ausgehen und dann zu anderen Resultaten kommen. Im folgenden einige Beispiele zu dieser alternativen Forschung auf dem Gebiet der „Persönlichkeitsstörung".

Sie könnte z.B. **die Kehrseite des Diagnostizierens** untersuchen, d.h. die **Auswirkung des Diagnostizierens auf Therapeuten und Patienten.** Die Frage ist dann nicht, ob Diagnosen „richtig" sind oder wie reliabel, d.h. zuverlässig sie vergeben werden. Die Frage ist dann vielmehr, was im Therapeuten, im Patienten und zwischen beiden geschieht oder typischerweise nicht geschieht, wenn eine Persönlichkeitsstörungsdiagnose vergeben wird. Wie wirkt sich dies konkret auf Therapeuten aus – auf ihr Gefühl, auf ihr Verhalten dem Patienten gegenüber, auf ihre Prognosen? Wie geht es Patienten, wenn sie von solchen Diagnosen erfahren? Was bekommen sie von der Diagnose ihrer Therapeuten mit, wenn diese sie vor Patienten verheimlichen? Welche Phantasien haben Patienten dann darüber, was ihre Therapeuten über sie denken und wie wirkt sich das auf den therapeutischen Prozeß oder die therapeutische Beziehung aus? Gibt es Hinweise, daß sie von den Annahmen ihrer Therapeuten, daß diese sie für „gestört" halten, auch dann wissen, wenn die Diagnosen nicht offen ausgesprochen werden? Wie verhalten sich Therapeuten, wenn Ihnen der Patient als „schwer persönlichkeitsgestört" angekündigt wird im Unterschied dazu, daß Ihnen der gleiche Patient „nur" als „neurotisch" oder einfach als Person auf der Suche nach Hilfe vorgestellt wird? Welche Gefühle und Phantasien entstehen umgekehrt bei Therapeuten, wenn diese auf jegliches Stigma oder zumindest auf jede Störungsdiagnose in der Beziehung zum Patienten verzichten – v.a. dann, wenn ihnen diese vorher gute Dienste erwiesen und zur Distanz verholfen hat? Welche neuen Ängste und Verstrickungen treten eventuell auf und welche positiven Dienste genau hat <u>ihnen</u> bisher die Vergabe dieser Diagnose erwiesen?

Zu erforschen, wie sich die Diagnose einer „Persönlichkeitsstörung" auf die Beziehung zwischen Patient und Therapeut auswirkt, darf von einer philosophisch wie kommunikationstheoretisch sicheren Grundannahme ausgehen: Der nämlich, daß Menschen sich gegenseitig ihre Akte der Anerkennung als Personen, ebenso wie die der Verweigerung dieser

Anerkennung, nicht nicht kommunizieren können. Mit dem anderen so zu reden, als wäre er ein „Etwas", über den man sozusagen objektiv oder naturalistisch nachdenkt und den man klassifiziert, ohne ihn, diesen „Jemand" oder diese Person eben damit zu berühren, ist nicht möglich. „Personen sind Wesen, *mit* denen andere Personen sprechen können. Sie auf den Status von Dingen zu reduzieren, *über* die nur gesprochen werden kann, gelingt nicht ohne weiteres. Der Blick des anderen trifft mich, die Zurückweisung dieses Blickes ist nicht ohne eine den anderen erniedrigende Kälte möglich, die selbst wieder personale Qualität hat. Das Gegenteil dieser Erniedrigung ist die Anerkennung von Selbstsein" (Spaemann, 1996, S. 194). Diese Sicht Spaemanns geht Hand in Hand mit dem ersten kommunikationstheoretischen Axiom von Watzlawick, demzufolge wir nicht nicht kommunizieren können. Und auf Kommunikation reagieren Menschen mit Kommunikation: Die offen oder verdeckte Mitteilung, jemand sei als Person gestört, *ist* eine Kommunikation an diese Person, wird von dieser aufgenommen und auch beantwortet. Warum sollte dieser Prozeß nicht beobachtet, erforscht und auf seine Konsequenzen hin analysiert werden können?

Die Sammlung solcher alternativer Fragestellungen soll hier nicht fortgesetzt werden. Es ist deutlich, daß die Kritik der „Persönlichkeitsstörung" zu einer ganzen Palette neuer spannender Forschungsfragen führt. Vielleicht kann ein Team einer Universität gewonnen werden, diesen Fragen einmal nachzugehen und so die Kehrseite der Persönlichkeitsstörungsdiagnostik zu erforschen.

6.5 Verstehen ohne Diagnose

Das Fazit dieser kritischen Analyse kommt zu einem nicht unbekannten und eigentlich schlichten Schluß. Er lautet, daß psychologisch/psychiatrische Diagnosen hinderlich sind für die therapeutische Arbeit, wenn damit Personen abgewertet werden. Therapie ohne Diagnose, aufbauend auf einem individuellen (ideographischen) Verstehensprozeß bzw. auf einer individuellen Verhaltensanalyse: das waren die Anfänge der Verhaltenstherapie, ja der Psychotherapie überhaupt.

Man kann aber das Rad der Geschichte nicht zurückdrehen. An die Stelle der klassischen individuellen SRC-Verhaltensanalyse aus der Kinderzeit der Verhaltenstherapie tritt heute etwas anderes. Denn die Verhaltenstherapeuten haben sich ja zusammen mit anderen Therapieschulen weiterentwickelt – eben auch durch die Entwicklung von Diagnosen und darauf bezogener Behandlungsverfahren. Es geht heute nicht mehr um die Einordnung von Verhalten in Situationen. Das hatten die frühen Behavioristen versucht und sie mußten feststellen, daß dies nicht reicht, um Menschen mit Problemen zu helfen. Es geht, wie in Kapitel 1 gezeigt wurde, heute um ein **grundsätzlicheres Verstehen der Person:** ihrer Bestrebungen, ihrer Bedürfnisse, ihrer Widersprüche, ihrer Beziehungen, ihres Lebenskontextes und ihrer Interaktionsweisen. Verstehen schließt dann Konfrontation, Zuschreibung von Verantwortung und Beistand bei der Veränderung nicht aus, sondern bereitet den Boden dafür.

Den Abschluß dieser Arbeit soll ein Zitat von John Steinbeck bilden, der in seiner Novelle „Of mice and man" die junge Frau eines Landgutbesitzers beschreibt. Sie kleidet sich exzentrisch, macht Männer sexuell an und lebt nur als Anhang ihres Mannes. Sie würde in der Terminologie der „Persönlichkeitsstörungen" mit Sicherheit als „histrionische" beschrieben werden. Steinbeck, der sicherlich nie etwas von Persönlicheitsstörungsdiagnosen gehört hat, kann diese Person einfühlsam beschreiben und zeigt, daß dies ganz ohne Diagnosen möglich ist:

> She is a nice, kind girl and not a floozy. She ist not highly sexed particularly but knows instinctively that if she is to be noticed at all, it will be because someone finds her sexually desirable. If anyone – a man or a woman – ever treated her like a person she would be a slave to that person. Her craving for contact is immense but she, with her background, is incapable of conceiving any contact without some sexual context. With all this – if you knew her, if you ever could break down the thousand little defenses she has built up, you would find a nice person, and you would end up by loving her. But such a thing can never happen. (Steinbeck, 1937, S.85).

Dem letzten Satz brauchen wir als Therapeuten nicht zuzustimmen. Das ist unsere Chance, als Therapeuten dazu beizutragen, daß „such a thing can happen".

6.6 „Persönlichkeitsstörung" – Persönlichkeitsstruktur – Persönlichkeitsstil

Wenn wir den Begriff der Persönlichkeitsstörung nicht verwenden, wie benennen wir dann das, worauf sich dieser Begriff trotz all seiner Widersprüchlichkeiten *auch* bezieht: Das über Situationen und Beziehungen hinweg ähnliche Muster von Personen im Umgang mit anderen und auch mit sich selbst? Der Begriff der „gestörten" Persönlichkeit wäre nicht erfunden und aufgegriffen worden, gäbe es da nicht etwas, das er in Sprache zu bringen versucht. Daß es etwas Erfahrbares gibt, auf das sich diese Diagnosen beziehen, erkennen wir schon an der unhinterfragten Übereinstimmung darüber, daß Personen situationsübergreifende und über die Zeit hin stabile Denk- und Verhaltensmuster zeigen. Wir alle kennen uns selbst oder andere als „zwanghafte" Personen, die alles sehr genau nehmen – als „Pedanten" eben. Oder als selbstbezogene „Narzißten". Oder als „schizoide" Charaktere, denen man nicht zu nahe kommen darf. Oder als „Miesmacher", auf die man irgendwann sauer ist, weil sie nicht kooperieren – was immer ihnen angeboten wird und wie immer man es mit ihnen versucht – „passiv-aggressive" eben. Über die „Existenz" solcher Charaktere oder Muster müssen wir nicht lange streiten.

Daß wir daraus nicht auf gestörte Personen schließen dürfen, wurde gezeigt. Wie können wir diese Denk- und Verhaltensmuster dann aber nennen? Eine Lösung wäre der Begriff der „Persönlichkeitsstruktur".

Alle Argumente der Pathologisierung von Personen würden damit entfallen. Die Differenz zwischen gesund und krank würde hinfällig – **alle** Personen haben dann bestimmte Strukturen, die einander ähneln und sich voneinander unterscheiden können, ohne daß das Personsein selbst davon berührt wäre. In der Therapie säßen sich nicht zwei verschiedene *Kategorien* von Menschen, nämlich Personen und Nicht-Personen bzw. gestörte Personen einander gegenüber, sondern verschiedenartige Menschen in verschiedenen Rollen. Viele der für den Begriff der Störung angeführten Kritikpunkte gelten aber auch für den der Struktur, wenn er als Charakterisierung von Personen oder von Persönlichkeiten dienen soll. Der Begriff entstammt der Naturwissenschaft und dient dort der Beschreibung von Materie. Wir fragen bei Textilien, Gestein oder Holz, welche „Struktur" diese jeweils haben. Die Materie *ist* in einer bestimmten Struktur angeordnet, sie „lebt" diese nicht. Ein Holz kann sich nicht in einem therapeutischen Prozeß entscheiden, seine Struktur zu ändern: Diese Rede ist offensichtlich unsinnig. Von welchen Kräften auch immer seine Struktur gemacht ist – es *gestaltet* sie nicht selbst. Struktur ist ein Begriff für nicht lebende Natur. Er dient nicht der Beschreibung lebender Systeme. Lebende Systeme leben „von sich aus".

Wenn wir von der Struktur einer Persönlichkeit sprechen und damit ihr Verhaltensmuster meinen, verlieren wir die wichtige Differenz zwischen der Person und ihrem Verhalten, zwischen dem Personsein und der jeweiligen Art, eine Person zu sein. Diese Differenz oder Distanz zu ihrem eigenen Verhalten und zu ihren „Eigenschaften" ist aber gerade ein Definitionsmerkmal des Begriffs der Person. Die Person wird zwar auch durch ihr Verhalten geprägt, ist mit diesem aber nicht zu identifizieren. Sonst hätten wir es, wenn eine Person ihr Verhalten ändert, mit einer anderen Person zu tun als vor dieser Änderung. Wir würden dann auch die Verantwortung der Person für ihr Verhalten verkennen, denn wenn dieses ein Strukturmerkmal ihrer selbst ist, kann sie dafür nicht gleichzeitig verantwortlich sein. Und schließlich suggeriert der Begriff der Struktur die Unveränderbarkeit von Form und Struktur durch das Ding, das Persönlichkeit genannt wird, selbst. Im Grunde wäre dann auch eine Veränderung von außen unmöglich. Man kann die Struktur eines Holzes nicht verändern, ohne das Holz aufzulösen – z.B. durch Verbrennung. Der Begriff der Persönlichkeitsstruktur leugnet also die prinzipielle *Möglichkeit*, Verhalten zu ändern. Er läßt auch auf eigenartige Weise offen, *was* wir mit einer Struktur eigentlich kennzeichnen: Die Person oder deren Produkte (Gedanken, Verhalten, Gefühle). Kurz: Der Strukturbegriff leugnet Leben, Seele, Verantwortung, Person-*Sein*. Er macht aus einem lebendigen Prozeß ein „Etwas". Wir sollten ihn daher ebenfalls nicht verwenden, auch wenn er die mit dem Begriff der „Störung" verbundene unzulässige Einteilung der Menschheit in Personen und Nichtpersonen vermeidet.

Ich schlage deshalb vor, von **Persönlichkeitsstilen** zu sprechen.

Dieser Begriff ist nicht neu. In der deutschen Übersetzung des Buches von Oldham und Morris „Ihr Persönlichkeitsprofil" (1995) wird von „persönlichen Stilen" gesprochen, die als „normal" verstandene Varianten verschiedener Charaktere die Basis dessen sei, woraus dann die jeweiligen „Persönlichkeits<u>störungen</u>" hervorgingen. Die passiv-aggressive „Persönlichkeitsstörung" etwa könne aus einem „lässigen Stil", die „selbstunsichere" aus einem „sensiblen" oder die „histrionische" aus einem „dramatischen" hervorgehen. Die jeweiligen persönlichen Stile werden im genannten Buch ausgesprochen wohlwollend und ressourcenorientiert beschrieben. Über den „dramatischen" z.B. erfahren wir, die entsprechenden Personen seien „ganz Herz" und ihnen sei „die Gabe des Fühlens verliehen", mit dem sie das Leben aller Menschen in ihrer Umgebung färben könnten. Jeder Stil wird mit seinen spezifischen Charakteristikas beschrieben – ohne Verwendung pathologieorientierter oder stigmatisierender Begriffe. Widersinnig wird dieser Ansatz jedoch dann, wenn solche als Eigenschaften beschriebene Personmerkmale auf *einer Dimension* in pathologieorientierter Weise einer „Störung" der Persönlichkeit gegenübergestellt werden. Wer die Beschreibung von Stilen benutzt, um besondere Ausprägungen derselben zu „Störungen der Person" zu erklären, verwechselt nicht nur, wie in Kapitel 4.1 gezeigt, die verschiedenen logischen Kategorien (Eigenschaft versus Störung). Er betreibt darüber hinaus eine Form der Pathologisierung von Menschen, die besonders wirksam, weil subtil ist. Sie erzeugt bei Betroffenen nämlich zuerst ein Gefühl des Verstandenseins und damit auch der Zugehörigkeit zu anderen und benutzt diese Zustimmung und die darin enthaltene Bereitschaft Betroffener, „sich etwas sagen zu lassen", um sich selbst ggf. dann doch als „gestörte Person" wiederzufinden. Die Beschreibung von Stilen bei gleichzeitiger Abgrenzung von dazugehörigen „Störungen" bedeutet etwas grundsätzlich anderes als die von mir vorgeschlagene ausschließliche Verwendung des Begriffs „Persönlichkeitsstil". Die Herausforderung liegt darin, auch dann von Stilen zu sprechen, wenn die damit zusammenhängenden Probleme für die Personen selbst oder für ihre Umgebung im Vordergrund der Aufmerksamkeit stehen. Wer in diesem Sinne von Stilen sprechen und auf dieser Basis Patienten zu einer neuen Form der wohlwollenden, verstehenden und sinngebenden Selbstbeschreibung verhelfen möchte, für den ist das Buch von Oldham und Morris eine Hilfe.

Von Stilen sprechen wir vor allem in der Kunst. Sein Leben zu führen, kann auch als Kunst verstanden werden – sprechen wir doch auch von „Lebenskünstlern". Wenn es eine Kunst ist, das eigene Leben zu gestalten, dann sind alle Menschen Lebenskünstler. In der Kunst hat jeder Künstler seinen Stil, den andere gut oder schlecht finden können, von dem aber niemand zweifelt, *daß* der Künstler seinen Stil ebenso lebt, pflegt, entwickelt und auch verändern kann *wie jeder andere Künstler den seinen*. Der Begriff des persönlichen Stils oder des Persönlichkeitsstils erlaubt auch eine „diagnostische" Gliederung aller Stile in bestimmte Stile. Viele Stile gleichen sich untereinander in „Familienähnlichkeiten der Stile". Er erlaubt auch die Beurteilung von Stilen anhand bestimmter Kriterien wie zielbezogene Effektivität (wie erfolgreich ist ein Stil zur Erreichung bestimmter Ziele) oder Moral (welche Konsequenzen hat ein bestimmter Stil für andere Menschen). Er schließt nicht aus, bestimmte Stile zu kritisieren oder auch zu verurteilen, wenn Personen davon Schaden nehmen. Der Begriff führt auch nicht zur Bagatellisierung von Leid. Er beinhaltet auch, daß der Stil vom lebenden Wesen, von der Person *selbst geschaffen* ist. In der Kunst verweist der Begriff des Stiles auf den Künstler, der ihn verwirklicht. Bei Naturphänomenen sprechen wir nicht von Stilen. Der Baum hat keinen Stil, sondern ein Aussehen. Landschaften können schön sein, ohne daß wir vom „Stil" einer Landschaft sprechen würden. Warum nicht? Weil wir keinen Akteur, keinen Künstler unterstellen, der diesen Stil lebt und pflegt.

Der Begriff des Stiles ist insofern auch ein *prozeßorientierter*, als er die Möglichkeit einer Veränderung des Stiles über die Zeit hinweg beinhaltet. Ein Stil ist nie „fertig", sondern immer in Wandlung begriffen – durch die Wandlung des Künstlers selbst und durch Einflüsse von außen. Einige Lebenskünstler ändern ihren Stil, andere nicht. Ein Stil ist immer ideographisch, das heißt Resultat eines ganz individuellen Lebensprozesses. Der Stil eines Künstlers ist nie vollkommen identisch mit dem eines anderen. Er ist ideographisch immer einmalig, weshalb wir vom Stil bestimmter Bilder instinktiv auf den Künstler schließen, wenn wir seinen Stil kennen.

Alle diese Konnotationen mit dem Begriff des Stiles können wir übernehmen, wenn wir von „Persönlichkeitsstilen" sprechen und damit „narzißtische", „schizoide", „dependente" oder „passiv-aggressive" Stile meinen. Sie alle sind von „jemandem" geschaffen, ändern sich über die Zeit, verweisen auf eine Distanz zwischen dem, *der* sie gestaltet und dem, *was* er damit gestaltet. Der Begriff schließt auch nicht aus, daß sich ein bestimmter „Stil" immer nur in einem bestimmten Kontext entwickeln kann: Er entsteht nicht aus heiterem Himmel, sondern in einem dazugehörigen Lebenskontext. Passiv-aggressive Stile können sich nur entfalten, wo sie Antwort auf andere Formen der Aggression sind. Abhängige Stile können sich nur entfalten, wo auch dominante gespielt werden.

Persönliche Stile sind nur denkbar, wenn es daneben *andere* gibt. Auch in der Kunst können wir Stile nur in Abgrenzung zu anderen identifizieren. Bei Persönlichkeitsstilen können wir theatralisch-histrionische nur in Abgrenzung zu rationalen oder „vernünftigen" erkennen. Der Begriff geht also von der Gleichheit aller Personen darin aus, *daß* sie ihre Stile pflegen und pflegen müssen und von der Notwendigkeit, daß sie dies in unterschiedlichen Formen tun. Er erlaubt nur nicht, einer Gruppe von Personen aufgrund ihres Eigenstiles die Berechtigung abzusprechen, mit gleichen Rechten und gleichen Pflichten zur Gruppe aller stilbildenden Personen zu gehören. Der Begriff der Pathologie hat auf Persönlichkeitsstile bezogen keinen Platz. Schließlich verdient jeder individuelle Stil Achtung darin, *daß* er ein individueller Stil ist, unabhängig vom Inhalt und unabhängig von den Konsequenzen, die dieser für den Akteur selbst oder für andere hat. Wer einen sadistischen Stil im Umgang mit anderen pflegt, muß in seiner Entscheidung für diesen Stil prinzipiell anerkannt werden. Er muß aber auch die Verantwortung dafür tragen und die Konsequenzen akzeptieren. Das heißt, daß er für sein Verhalten zur Rechenschaft gezogen werden kann und muß, sowie daß er im Hinblick auf moralische gesellschaftliche Normen dafür kritisiert werden kann und muß. Dies geschieht im Namen der Persongemeinschaft aller Personen.

Der Stilbegriff ist auch ein Schlüssel zur dazugehörigen Biographie. Ein Stil „entwickelt“ sich. Er ist nicht gegeben, schon gar nicht von einem bestimmten Zeitpunkt an. Niemand kann den Beginn des Stils von Picassos blauer Periode auf einen bestimmten Moment festlegen. Man kann nur Entwicklungslinien nachvollziehen. Datierungen sind nachträgliche willkürliche Setzungen. Die Begegnung mit anderen, andersartigen Stilen weckt die Neugier, diesen und die dazugehörige Biographie kennenzulernen. Vor diesem Hintergrund wird dann der fremde Stil „verständlich“, weil er darin seinen Sinn erfüllt. Der „Borderline-Stil“ ist eine „kunstgerechte“ Antwort auf bestimmte Beziehungskonstellationen. Wie ineffektiv ein Stil, in bezug auf *bestimmte* Kriterien, auch eingeschätzt werden mag – wie wenig effektiv z.B. ein „schizoider“ Stil auch sein mag, wenn damit dauerhafte Kontakte sichergestellt werden sollen: Als Antwort auf das Leben des Künstlers, also der Person, die diesen Stil entwickelt hat, ist er immer passend. Es gibt keine „falschen“ Stile.

Und schließlich hilft uns der Begriff des Persönlichkeitsstils auch zu verstehen, daß nicht nur die Person ihren Stil prägt, sondern ihr Stil auch die Person. Das mag zunächst ein befremdlicher Gedanke sein. Aber er kennzeichnet die prinzipielle Freiheit der Person, die darin liegt, daß sie nicht nur darüber entscheidet, wie sie sich verhält, sondern damit auch darüber, wer sie selbst ist. Das Verhalten einer Person anderen gegenüber beeinflußt nicht nur die Art und Weise, wie andere sich zu ihr verhalten. Der Stil, wie sich ein Mann zu seiner Frau verhält, prägt auch, wie er sich mit sich selbst fühlt, wie er *ist.* Das Lebensgefühl eines Künstlers wird davon geprägt, wie er seine Kunst gestaltet. Vermutlich fühlt und sieht sich ein Fußballspieler, der einen aggressiven Stil auf dem grünen Rasen pflegt anders, als ein nach dem Prinzip der Fairneß spielender Ballkünstler. Er *ist* ein anderer und doch sind sich beide darin gleich, Fußballspieler zu *sein.* Deshalb muß sich ein Mensch, der einen schizoiden Stil spielt, anders fühlen, als ein solcher, der sich für ein „narzißtisches Solo" entscheidet.

Last but not least werden Stile durch Kontakte mit anderen Stilen beeinflußt. Das wäre dann auch eine Metapher für Therapie: Therapeutische Gespräche verlaufen nach einem anderen Stil als dem, den ein Patient bisher gespielt hat und der Stil des Therapeuten, mit dem dieser auf seinen Patienten antwortet, muß ein anderer sein als der, mit dem dessen Nächste bisher geantwortet haben – sonst würde sich nichts verändern. Die Begegnung mit Menschen anderer Stilarten beeinflußt uns immer. Stile ändern sich über die Zeit, aber es gehört per definitionem dazu, daß Stiländerungen langsam vonstatten gehen, Zeit brauchen und daß man Stile nicht wie Kleidungsstücke aus- und anziehen kann. Man ist ihnen gewissermaßen verpflichtet, man verantwortet sie und man kann sie sukzessive ändern. Man kann sich daran machen, einen neuen Stil zu entwickeln. Aber auch das ist Aufgabe einer längeren Entwicklung.

Aus diesen Gründen schlage ich vor, immer dann, wenn von einer „Persönlichkeitsstörung" gesprochen wurde oder wird, von „Persönlichkeitsstilen" zu sprechen.

Anhang

Diagnostische Kriterien der Persönlichkeitsstörungen nach DSM-III-R

(Aus: Diagnostisches und statistisches Manual psychischer Störungen. DSM-III-R. American Psychiatric Association 1987. Deutsch: 1989, S. 405f.)

Diagnostische Kriterien der Paranoiden Persönlichkeitsstörung (301.00)

A) Eine in den verschiedensten Situationen auftretende, durchgängige und ungerechtfertigte Neigung, die Handlungen anderer Menschen als absichtlich erniedrigend oder bedrohlich zu interpretieren. Der Beginn liegt im frühen Erwachsenenalter. Mindestens *vier* der folgenden Kriterien müssen erfüllt sein:

Der Betroffene

(1) fühlt sich – ohne ausreichenden Grund – von anderen ausgenutzt oder benachteiligt;

(2) stellt die Loyalität oder Glaubwürdigkeit von Freunden oder Mitarbeitern grundlos in Zweifel;

(3) mißt harmlosen Bemerkungen oder Vorkommnissen eine versteckte, für ihn abwertende oder bedrohliche Bedeutung zu, glaubt beispielsweise, daß der Nachbar seinen Müll am frühen Morgen herausstellt, nur um ihn zu ärgern;

(4) hegt lange einen Groll gegen andere oder vergibt Mißachtung, Beleidigungen oder verletzende Äußerungen nicht;

(5) vertraut sich nur zögernd anderen Menschen an, aus ungerechtfertigter Angst, die Informationen könnten gegen ihn verwandt werden;

(6) fühlt sich leicht mißachtet und reagiert schnell zornig oder startet einen Gegenangriff;

(7) bezweifelt ohne jeden Grund die Treue des Ehe- oder Sexualpartners.

B) Tritt nicht ausschließlich im Verlauf einer Schizophrenie oder einer Wahnhaften Störung auf.

Diagnostische Kriterien der Schizoiden Persönlichkeitsstörung (301.20)

A) Hauptmerkmal dieser Störung ist ein in den verschiedensten Situationen auftretendes durchgängiges Verhaltensmuster, das durch Gleichgültigkeit gegenüber sozialen Beziehungen und eine eingeschränkte emotionale Erlebnis- und Ausdrucksfähigkeit gekennzeichnet ist. Die Störung beginnt im frühen Erwachsenenalter. Mindestens *vier* der folgenden Kriterien müssen erfüllt sein:

Der Betroffene

(1) hat weder den Wunsch nach engen Beziehungen noch Freude an solchen Beziehungen einschließlich der Situation, selbst Teil einer Familie zu sein;
(2) sucht sich fast immer Unternehmungen aus, die er allein machen kann;
(3) gibt von sich an oder scheint nur selten oder gar nicht starke Emotionen wie Zorn und Freude zu empfinden;
(4) zeigt, wenn überhaupt, nur wenig Interesse an sexuellen Kontakten mit anderen Personen (unter Berücksichtigung des Alters);
(5) ist gleichgültig gegenüber Lob und Kritik von seiten anderer;
(6) hat keine engen Freunde und Vertrauten – oder höchstens eine Person – außer aus dem Kreis seiner Verwandten ersten Grades;
(7) läßt einen eingeschränkten Affekt erkennen, d.h. er macht einen kalten, unnahbaren Eindruck und erwidert selten mit Gesten oder Gesichtsausdrücken wie Lächeln oder Nicken.

B) Tritt nicht ausschließlich im Verlauf einer Schizophrenie oder einer Wahnhaften Störung auf.

Diagnostische Kriterien der Schizotypischen Persönlichkeitsstörung (301.22)

A) Hauptmerkmal dieser Störung ist ein in den verschiedensten Situationen auftretendes durchgängiges Muster, das durch Eigentümlichkeiten im Bereich der Vorstellungen, der äußeren Erscheinung, des Verhaltens sowie durch Mängel in den zwischenmenschlichen Beziehungen gekennzeichnet ist. Der Beginn liegt im frühen Erwachsenenalter. Mindestens *fünf* der folgenden Kriterien müssen erfüllt sein:

(1) Beziehungsideen (jedoch kein Beziehungswahn);

(2) Extreme soziale Ängstlichkeit, z.B. extremes Unbehagen in sozialen Situationen, in denen der Betroffene mit ihm nicht vertrauten Personen konfrontiert wird;

(3) Seltsame Glaubensinhalte oder magisches Denken, was mit Normen kultureller Untergruppen unvereinbar ist und das Verhalten des Betroffenen beeinflußt, wie z.B. Aberglaube, Glaube an Hellseherei, Telepathie oder der „sechste Sinn", „andere können meine Gefühle fühlen" (bei Kindern und Adoleszenten sind es bizarre Phantasien und Befürchtungen);

(4) Ungewöhnliche Wahrnehmungen, z.B. Illusionen und das Spüren einer nicht tatsächlich vorhandenen Kraft oder Person (z.B. „ich hatte das Gefühl, meine verstorbene Mutter sei bei mir im Raum");

(5) Das Verhalten oder die äußere Erscheinung des Betroffenen wirken oft seltsam oder exzentrisch, er ist z.B. oft ungepflegt, ungewöhnlich manieriert und führt Selbstgespräche;

(6) Keine engen Freunde oder Vertraute – oder höchstens eine Person – außer Verwandte ersten Grades;

(7) Eine eigenartige Sprache (ohne Lockerung der Assoziationen und Inkohärenz), die Sprache ist z.B. verarmt, weitschweifig, vage oder übermäßig abstrakt;

(8) Der Betroffene zeigt einen inadäquaten oder eingeschränkten Affekt, macht z.B. einen spröden und unnahbaren Eindruck und erwidert selten Gesten oder Gesichtsausdrücke wie Lächeln oder Grüßen;

(9) Argwohn und paranoide Vorstellungen.

B) Tritt nicht ausschließlich im Verlauf einer Schizophrenie oder einer Tiefgreifenden Entwicklungsstörung auf.

Diagnostische Kriterien der Antisozialen Persönlichkeitsstörung (301.70)

A) Derzeitiges Alter mindestens 18 Jahre.

B) Anzeichen einer Störung des Sozialverhaltens schon vor Vollendung des 15. Lebensjahres. Mindestens drei der folgenden Kriterien müssen erfüllt sein:

Der Betroffene

(1) hat oft die Schule geschwänzt;
(2) lief mindestens zweimal über Nacht von zu Hause fort, während er noch bei den Eltern oder Pflegeeltern wohnte (oder nur einmal ohne Rückkehr);
(3) zettelte häufig Schlägereien an;
(4) benutzte in mehr als einer Schlägerei eine Waffe;
(5) zwang eine andere Person zu sexuellem Kontakt;
(6) quälte Tiere;
(7) quälte andere Personen;
(8) zerstörte vorsätzlich fremdes Eigentum (nicht durch Brandstiftung);
(9) legte Feuer;
(10) log häufig (außer zur Verhinderung körperlicher Mißhandlung oder sexuellen Mißbrauchs);
(11) hat mehr als einmal gestohlen, ohne dem Bestohlenen gegenüberzustehen (einschließlich Fälschung);
(12) hat in Gegenwart des Bestohlenen gestohlen (z.B. Überfall, Taschendiebstahl, Erpressung, bewaffneter Überfall).

C) Ein Muster von verantwortungslosem und antisozialem Verhalten seit dem 15. Lebensjahr. Mindestens vier der folgenden Kriterien müssen hierbei erfüllt sein:

Der Betroffene

(1) ist unfähig, eine dauerhafte Tätigkeit auszuüben, angezeigt durch eines der folgenden Merkmale (mit ähnlichen Verhaltensweisen in einem akademischen Umfeld im Falle von Studenten):

Fortsetzung auf der nächsten Seite

(a) war innerhalb eines Zeitraums von fünf Jahren sechs Monate oder länger arbeitslos, obwohl er arbeitsfähig und Arbeit verfügbar war;
(b) fehlte wiederholt am Arbeitsplatz, ohne daß dies durch eigene Krankheit oder durch Krankheit in der Familie begründet war;
(c) löste mehrere Arbeitsverhältnisse auf, ohne eine neue Arbeit im Auge zu haben;

(2) kann sich nicht an rechtliche Normen der Gesellschaft anpassen, begeht wiederholt antisoziale Handlungen, die einen Grund für eine Festnahme darstellen (egal ob mit oder ohne Festnahme), z.B. Zerstörung fremden Eigentums, Belästigung anderer Personen, Diebstahl oder Ausüben einer illegalen Tätigkeit;

(3) ist reizbar und aggressiv, was sich in wiederholten Schlägereien oder Überfällen ausdrückt (nicht bedingt durch die ausgeübte Tätigkeit, Selbst-verteidigung oder die Verteidigung einer anderen Person), einschließlich Verprügeln der Ehefrau oder des Kindes;

(4) erfüllt wiederholt nicht seine finanziellen Verpflichtungen, kann z.B. seine Schulden nicht bezahlen oder Zahlungen für das Kind oder andere abhängige Personen nicht regelmäßig leisten;

(5) kann nicht vorausschauend planen oder ist impulsiv, angezeigt durch eines oder beide der folgenden Kriterien:
(a) reist planlos durch die Gegend, ohne vorherige Arbeitsplanung und ohne eine klare Vorstellung über die Dauer der Reise;
(b) hat mindestens einen Monat keine feste Adresse;

(6) hat kein Wahrheitsempfinden, was gekennzeichnet ist durch wiederholtes Lügen, Ausflüchte oder „Betrügen" anderer Personen zum persönlichen Vorteil oder Vergnügen;

(7) ist rücksichtslos gegenüber sich selbst oder anderen, was gekennzeichnet ist durch Trunkenheit am Steuer oder wiederholte Raserei;

Fortsetzung auf der nächsten Seite

(8) kann als Elternteil oder Erziehungsberechtigter nicht verantwortungsvoll handeln. Eines oder mehrere der folgenden Kriterien müssen hier erfüllt sein:
(a) Unterernährung des Kindes;
(b) Erkrankung des Kindes aufgrund unzureichender Hygiene;
(c) Unfähigkeit, bei einem ernsthaft erkrankten Kind für medizinische Hilfe zu sorgen;
(d) Abhängigkeit des Kindes von Nachbarn oder weiter entfernt wohnenden Verwandten in bezug auf Nahrung und Unterkunft;
(e) Unfähigkeit, einen Babysitter für ein Kleinkind zu finden, wenn der Elternteil nicht zu Hause ist;
(f) wiederholte Verschwendung des Haushaltsgeldes für persönliche Zwecke;

(9) hatte nie länger als ein Jahr eine monogame Beziehung;

(10) verspürt keine Gewissensbisse (Kränkungen, Mißhandlungen oder Diebstähle werden als gerechtfertigt angesehen).

D) Das Antisoziale Verhalten tritt nicht ausschließlich im Verlauf von Schizophrenie oder von Manischen Episoden auf.

Diagnostische Kriterien der Borderline-Persönlichkeitsstörung (301.83)

Ein durchgängiges Muster von Instabilität im Bereich der Stimmung, der zwischenmenschlichen Beziehungen und des Selbstbildes. Der Beginn liegt im frühen Erwachsenenalter, und die Störung manifestiert sich in den verschiedensten Lebensbereichen. Mindestens *fünf* der folgenden Kriterien müssen erfüllt sein:

(1) Ein Muster von instabilen, aber intensiven zwischenmenschlichen Beziehungen, das sich durch einen Wechsel zwischen den beiden Extremen der Überidealisierung und Abwertung auszeichnet;

Fortsetzung auf der nächsten Seite

(2) Impulsivität bei mindestens zwei potentiell selbstschädigenden Aktivitäten, z. B. Geldausgeben, Sexualität, Substanzmißbrauch, Ladendiebstahl, rücksichtsloses Fahren und Freßanfälle (außer Suizid oder Selbstverstümmelung, siehe dazu (5));
(3) Instabilität im affektiven Bereich, z.B. ausgeprägte Stimmungsänderungen von der Grundstimmung zu Depression, Reizbarkeit oder Angst, wobei diese Zustände gewöhnlich einige Stunden oder, in seltenen Fällen, länger als einige Tage andauern;
(4) Übermäßige, starke Wut oder Unfähigkeit, die Wut zu kontrollieren, z.B. häufige Wutausbrüche, andauernde Wut oder Prügeleien;
(5) Wiederholte Suiziddrohungen, -andeutungen oder -versuche oder andere selbstverstümmelnde Verhaltensweisen;
(6) Ausgeprägte und andauernde Identitätsstörung, die sich in Form von Unsicherheit in mindestens zwei der folgenden Lebensbereiche manifestiert: dem Selbstbild, der sexuellen Orientierung, den langfristigen Zielen oder Berufswünschen, in der Art der Freunde oder Partner oder in den persönlichen Wertvorstellungen;
(7) Chronisches Gefühl der Leere oder Langeweile;
(8) Verzweifeltes Bemühen, ein reales oder imaginäres Alleinsein zu verhindern (außer Suizid oder Selbstverstümmelung, siehe dazu (5)).

Diagnostische Kriterien der Histrionischen Persönlichkeitsstörung (301.50)

Ein durchgängiges Muster übermäßiger Emotionalität oder eines übermäßigen Verlangens nach Aufmerksamkeit. Der Beginn liegt im frühen Erwachsenenalter, und die Störung manifestiert sich in den verschiedensten Lebensbereichen. Mindestens *vier* der folgenden Kriterien müssen erfüllt sein:

Der Betroffene

(1) verlangt ständig von anderen Bestätigung, Anerkennung und Lob;

Fortsetzung auf der nächsten Seite

(2) ist übertrieben attraktiv und verführerisch im Äußeren und im Gehabe;
(3) ist übertrieben besorgt um sein Äußeres;
(4) zeigt übertrieben seine Emotionen, umarmt z.B. flüchtige Bekannte übertrieben bei der Begrüßung, schluchzt unkontrolliert in einer wenig sentimentalen Situation, hat Wutausbrüche;
(5) fühlt sich unwohl in Situationen, in denen er nicht im Mittelpunkt steht;
(6) zeigt rasch wechselnde und oberflächliche Emotionen;
(7) ist stark egozentrisch, das Handeln ist auf unmittelbare Befriedigung ausgerichtet, Frustration durch Belohnungsaufschub wird schwer ertragen;
(8) hat einen übertrieben impressionistischen Sprachstil, der keine Details kennt. Bei der Beschreibung der eigenen Mutter heißt es z.B. nur: „Sie war eine wunderbare Frau".

Diagnostische Kriterien der Narzißtischen Persönlichkeitsstörung (301.81)

Ein durchgängiges Muster von Großartigkeit (in Phantasie oder Verhalten), Mangel an Einfühlungsvermögen, Überempfindlichkeit gegenüber der Einschätzung durch andere. Der Beginn liegt im frühen Erwachsenenalter, und die Störung manifestiert sich in den verschiedensten Lebensbereichen. Mindestens *fünf* der folgenden Kriterien müssen erfüllt sein:

Der Betroffene

(1) reagiert auf Kritik mit Wut, Scham oder Demütigung (auch wenn dies nicht gezeigt wird);
(2) nützt zwischenmenschliche Beziehungen aus, um mit Hilfe anderer die eigenen Ziele zu erreichen;
(3) zeigt ein übertriebenes Selbstwertgefühl, übertreibt z.B. die eigenen Fähigkeiten und Talente und erwartet daher, selbst ohne besondere Leistung als „etwas Besonderes" Beachtung zu finden;

Fortsetzung auf der nächsten Seite

(4) ist häufig der Ansicht, daß seine Probleme einzigartig sind und daß er nur von besonderen Menschen verstanden werden könne;
(5) beschäftigt sich ständig mit Phantasien grenzenlosen Erfolges, Macht, Glanz, Schönheit oder idealer Liebe;
(6) legt ein Anspruchsdenken an den Tag: stellt beispielsweise Ansprüche und übermäßige Erwartungen an eine bevorzugte Behandlung, meint z.B., daß er sich nicht wie alle anderen auch anstellen muß;
(7) verlangt nach ständiger Aufmerksamkeit und Bewunderung, ist z.B. ständig auf Komplimente aus;
(8) zeigt einen Mangel an Einfühlungsvermögen: kann z.B. nicht erkennen und nachempfinden, wie andere fühlen, zeigt sich z.B. überrascht, wenn ein ernsthaft kranker Freund ein Treffen absagt;
(9) ist innerlich sehr stark mit Neidgefühlen beschäftigt.

Diagnostische Kriterien der Selbstunsicheren Persönlichkeitsstörung (301.82)

Ein durchgängiges Muster von sozialem Unbehagen, von Angst vor negativer Beurteilung durch andere und Schüchternheit. Der Beginn liegt im frühen Erwachsenenalter, und die Störung manifestiert sich in den verschiedensten Lebensbereichen. Mindestens *vier* der folgenden Kriterien müssen erfüllt sein:

Der Betroffene

(1) ist durch Kritik oder Ablehnung leicht zu verletzen;
(2) hat enge Freunde oder Vertraute häufig nur aus dem Kreis seiner Verwandten ersten Grades (mit Ausnahme höchstens einer anderen Person);
(3) geht keine Beziehungen ein, sofern er sich nicht sicher ist, akzeptiert zu werden;

Fortsetzung auf der nächsten Seite

(4) vermeidet soziale oder berufliche Aktivitäten, bei denen engere zwischenmenschliche Kontakte geknüpft werden, kann z.B. eine Beförderung ablehnen, in deren Folge höhere soziale Anforderungen gestellt würden;

(5) zeigt sich in Gesellschaft zurückhaltend, aus Angst, etwas Unpassendes oder Dummes zu sagen oder eine Frage nicht beantworten zu können;

(6) befürchtet, vor anderen durch Erröten, Weinen oder durch Anzeichen von Angst in Verlegenheit zu geraten;

(7) übertreibt potentielle Probleme, körperliche Gefahren oder Risiken, die bei üblichen, für ihn jedoch ungewöhnlichen Aktivitäten auf ihn zukommen können, neigt z.B. dazu, gesellschaftliche Verpflichtungen abzusagen, weil er befürchtet, bereits im Vorfeld den Anstrengungen nicht gewachsen zu sein.

Diagnostische Kriterien der Dependenten Persönlichkeitsstörung (301.60)

Ein durchgängiges Muster von abhängigem oder unterwürfigem Verhalten. Der Beginn liegt im frühen Erwachsenenalter, und die Störung manifestiert sich in den verschiedensten Lebensbereichen. Mindestens *fünf* der folgenden Kriterien müssen erfüllt sein:

Der Betroffene

(1) ist unfähig, alltägliche Entscheidungen zu treffen, ohne ständig den Rat anderer einzuholen oder seine Entscheidungen billigen zu lassen;

(2) läßt andere die wichtigsten Entscheidungen für sich treffen, z.B. die Entscheidung über Wohnort und Art der von ihm ausgeübten Tätigkeit;

(3) pflichtet anderen stets und auch dann bei, wenn er diese im Unrecht sieht, nur um nicht abgewiesen zu werden;

(4) jegliche Eigeninitiative oder Eigenaktivitäten sind erschwert;

Fortsetzung auf der nächsten Seite

(5) übernimmt Tätigkeiten, die für ihn unangenehm oder erniedrigend sind, um die Zuneigung anderer zu gewinnen;
(6) fühlt sich alleine meist unwohl und hilflos und vermeidet dies nach Möglichkeit;
(7) ist am Boden zerstört oder hilflos, wenn enge Beziehungen in die Brüche gehen;
(8) hat gewöhnlich Angst davor, verlassen zu werden;
(9) ist bei Kritik oder Ablehnung leicht zu verletzen.

Diagnostische Kriterien der Zwanghaften Persönlichkeitsstörung (301.04)

Ein durchgängiges Muster von Perfektionismus und Starrheit. Der Beginn liegt im frühen Erwachsenenalter, und die Störung manifestiert sich in den verschiedensten Lebensbereichen. Mindestens *fünf* der folgenden Kriterien müssen erfüllt sein:
(1) Nichterfüllung von Aufgaben durch Streben nach Perfektion, z.B. können Vorhaben aufgrund der übermäßig strengen eigenen Normen häufig nicht realisiert werden;
(2) Übermäßige Beschäftigung mit Details, Regeln, Listen, Ordnung, Organisation oder Plänen, so daß die Hauptsache dabei verlorengeht;
(3) Unmäßiges Beharren darauf, daß die eigenen Arbeit- und Vorgehensweisen übernommen werden, oder unvernünftiger Widerwille dagegen, anderen Tätigkeiten zu überlassen, aus Überzeugung, daß diese nicht korrekt ausgeführt werden;
(4) Arbeit und Produktivität werden über Vergnügen und zwischenmenschliche Beziehungen gestellt (nicht bei offensichtlicher finanzieller Notwendigkeit);
(5) Unentschlossenheit: Entscheidungen werden vermieden oder hinausgezögert, z.B. können Aufträge nicht rechtzeitig erledigt werden, weil der Betroffene sich nicht über die Prioritäten klar wird (nicht zu berücksichtigen ist die Unentschlossenheit, die von einem übermäßigen Bedürfnis nach Ratschlägen oder Bestätigung durch andere herrührt); Fortsetzung auf der nächsten Seite

(6) Übermäßige Gewissenhaftigkeit, Besorgtheit und Starrheit gegenüber allem, was Moral, Ethik oder Wertvorstellungen betrifft (nicht zu berücksichtigen sind kulturelle oder religiöse Identifikationen);
(7) Eingeschränkter Ausdruck von Gefühlen;
(8) Mangelnde Großzügigkeit hinsichtlich Zeit, Geld oder Geschenken, sofern kein persönlicher Vorteil zu erwarten ist;
(9) Unfähigkeit, sich von verschlissenen oder wertlosen Dingen zu trennen, selbst wenn diese keinen Gefühlswert besitzen.

Diagnostische Kriterien der Passiv-aggressivenPersönlichkeitsstörung (301.84)

Ein durchgängiges Muster passiven Widerstands gegenüber Forderungen nach angemessenen Leistungen im sozialen und beruflichen Bereich. Der Beginn liegt Im frühen Erwachsenenalter, und die Störung manifestiert sich in den verschiedensten Lebensbereichen. Mindestens *fünf* der folgenden Kriterien müssen erfüllt sein:

Der Betroffene

(1) startet Verzögerungsmanöver, d.h. Sachen werden so lange aufgeschoben, daß Fristen nicht mehr eingehalten werden können;
(2) wird mürrisch, reizbar oder streitsüchtig, wenn von ihm etwas verlangt wird, was er nicht tun möchte;
(3) arbeitet scheinbar vorsätzlich langsam oder macht die Arbeit schlecht, die er nicht tun möchte;
(4) beschwert sich ohne Grund, daß andere unsinnige Forderungen an ihn stellen;
(5) vermeidet die Erfüllung von Pflichten mit der Behauptung, sie „vergessen" zu haben;
(6) glaubt, seine Tätigkeit besser auszuüben, als andere es glauben;
(7) nimmt anderen nützliche Vorschläge zur Steigerung seiner Produktivität übel;
(8) behindert die Bemühungen anderer, indem er seinen Arbeitsbeitrag nicht leistet;
(9) reagiert mit unmäßiger Kritik oder Verachtung auf Autoritätspersonen.

Literatur

American Psychiatric Association (1987). Diagnostic and statistical manual of mental disorders (3rd revised ed.). Washingten, DC. (Deutsch 1989: *Diagnostisches und statistisches Manual psychischer Störungen.* DSM III-R. Weinheim: Beltz).

Anchin, J.C. & Kiesler, D.J. (1982). *Handbook of interpersonal psychotherapy.* New York: Pergamon Press.

Anderson, T. (1990). *Das reflektierende Team. Dialoge und Dialoge über Dialoge.* Dortmund: Verlag Modernes Lernen.

Baker, J.R. (1982). *The twentieth century literature.* Interview mit W. Golding, S. 130-170.

Beck, A. & Freeman, A. (1993). *Kognitive Therapie der Persönlichkeitsstörung.* Weinheim: Psychologie Verlags Union.

Benjamin, L.S. (1993). *Interpersonal Diagnosis and treatment of personal disorders.* New York: Guilford.

Blashfield, R.K. & Breen, N.J. (1989). Face validity of the DSM-III-R personality disorders. *American Journal of Psychiatry, 146*, 1575-1579.

Bornstein, P.H. & Bornstein, M.T. (1993). *Psychotherapie mit Ehepaaren. Ein integrativer Ansatz.* Bern: Hans Huber.

Christian, P. & Haas, R. (1949). *Wesen und Formen der Bipersonalität.* Stuttgart.

Colby, K.M., Faught, W.S. & Parkinson, R.C. (1979). Cognitive therapy of paranoid conditions: Heuristic suggestions based on a computer simulation model. *Cognitive therapy and reseac, 3*, 5-60.

Cramer, W. (1965). Individuum und Kategorie. In Krüber, F.S. (Hrsg.), *Einsichten* (S. 39-70). Frankfurt: Suhrkamp.

Cramer, W. (1972). Das Absolute. In *Handbuch philosophischer Grundbegriffe.* Bd. 1. Studienausgabe. München: Kösel.

Dennett, D. (1983). Bedingungen der Personalität. In Siep, L. (Hrsg.), *Identität der Person* (S. 21-45). Basel: Schwabe & Co. Verlag.

Dörner, K. (1984). *Irren ist menschlich.* Bonn: Psychiatrie-Verlag.

Dörner, K. (1987). Euthanasie gestern Sterbehilfe heute? *Deutsches Ärzteblatt, 84*, (48), 2282-2287.

Dörner, K. (1988). *Tödliches Mitleid. Zur Frage der Unverträglichkeit des Lebens oder: Die soziale Frage.* Gütersloh: Verlag J. v. Hoddis.

Dörner, K.(1991). Wissenschaftlich-wirksam-wirtschaftlich: Verhaltenstherapie und die Lösung der sozialen Frage. In Lieb, H. & R. Lutz (Hrsg.), *Verhaltenstherapie ihre Entwicklung ihr Menschenbild* (S. 165-175). Göttingen: Hogrefe.

Fiedler, P. (1994a). *Persönlichkeitsstörungen.* Weinheim: Psychologie Verlags Union.

Fiedler, P. (1994b). Persönlichkeitsstörungen: Schlüssel zum Verständnis therapeutischer Krisen. In Zielke, M. & J. Sturm (Hrsg.), *Handbuch stationäre Verhaltenstherapie* (S. 785-795). Weinheim: Psychologie Verlags Union.

Fiedler, P. (1994c). Persönlichkeitsstörungen. In Reinecker, H. (Hrsg.), *Lehrbuch der klinischen Psychologie* (S. 219-266). Göttingen: Hogrefe.

Fiedler, P. (1997). Wer verhält sich, wenn die Person gestört ist? Das Konzept der Persönlichkeitsstörung. In *Praxis klinische Verhaltensmedizin und Rehabilitation, 10,* (38), 21-25 [Themenheft: Die Rolle der Person in der Verhaltenstherapie. Herausgegeben von Peter Kosarz].

Fiegenbaum, W. (1992). Kommentar zum Beitrag Köhlke, U.: Aktuelle Verhaltenstherapeutische Standardprogramme: Moderner Rückschritt in die Symptomtherapie?! *Verhaltenstherapie, 2* (3), 263-264.

Fisseni, H.J. (1984). *Persönlichkeitspsychologie. Auf der Suche nach einer Wissenschaft.* Göttingen: Hogrefe.

Frank, R. & Friedrich-Freisewinkel, G. (1986). Entwicklung und gegenwärtiger Stand psychologischer Differentialdiagnostik. In Gottschadt, K., Lersch, P., Sader, F. & H. Thomae (Hrsg.), *Handbuch der Psychologie* (8. Band, 2. Halbband, S. 1596-1603). Göttingen: Hogrefe.

Franke, A. & Broda, M. (Hrsg.). (1993). *Psychosomatische Gesundheit. Versuch einer Abkehr vom Pathogenesekonzept.* Tübingen: dgvt-Verlag.

Frankl, V.E. (1972): 10 Thesen über die Person. In Frankl, V.E. *Der Wille zum Sinn* (108-119). Bern: Hans Huber.

Freemann, A. (1994). Kognitive Verhaltenstherapie bei Persönlichkeitsstörungen. In Hautzinger, M. (Hrsg.), *Kognitive Verhaltenstherapie bei psychischen Erkrankungen* (S. 219-241). Weinheim: Quintessenz.

Gadamer, H.G. (1990). *Wahrheit und Methode. Grundzüge einer philosophischen Hermeneutik* (1. Auflage 1960). Tübingen: Mohr.

Gebsattel, E. v. (1954). Die Person und die Grenzen des tiefenpsychologischen Verfahrens. In ders: *Prolegomena einer medizinischen Anthropologie.* Berlin.

Grawe, K. (1980). *Verhaltenstherapie in Gruppen.* München: Urban & Schwarzenberg.

Groeben, N. (1986). *Handeln, Tun, Verhalten als Einheiten einer verstehend-erklärenden Psychologie.* Tübingen: Francke-Verlag.

Groeben, N. & Erb, E. (1991). *Reduktive-implikative versus elaborativ-prospektive Menschenbildannahmen in psychologischen Forschungsprogrammen.* Problemskizze einer theoretisch-psychologischen Anthropologie. Bericht aus dem Psychologischen Institut der Universität Heidelberg.

Groffmann, K. J. & Schmidtke, A. (1986). Persönlichkeitspsychologischen Grundlagen. In Gottschadt, K., Lersch, P., Sader, F. & H. Thomae: *Handbuch der Psychologie* (8. Band, 1. Halbband, S. 664-688). Göttingen: Hogrefe.

Grubitzsch, S. (1996). *Persönlichkeitsstörung Fluch oder Segen?* Vortrag auf der wissenschaftlichen Tagung der DGVT in Berlin, Februar 1996.

Habermas, J. (1991). Vom pragmatischen, ethischen und moralischen Gebrauch der praktischen Vernunft. In ders., *Erläuterungen zur Diskurs-Ethik.* Frankfurt: Suhrkamp.

Hahlweg, K. (1991). Störung und Auflösung von Beziehungen: Determinanten der Ehequalität und -stabilität. In Amelang, M. et al. (Hrsg.), Partnerwahl und Partnerschaft. Formen und Grundlagen partnerschaftlicher Beziehungen (S. 117-152). Hogrefe: Göttingen.

Harris, J. (1995). *Der Wert des Lebens. Eine Einführung in die medizinische Ethik.* Berlin: Akademie-Verlag – Edition Philosophie.

Hegel, G.W.F. (1970). Grundlinien der Philosophie des Rechts. In *Werke in 20 Bänden* (Band VII, S. 95). Frankfurt/M.

Heidegger, M. (1993). *Sein und Zeit.* Tübingen: Niemeyer.

Hellinger, B. (1995). *Ordnungen der Liebe.* Heidelberg: Auer.

Herrmann, T. (1969). *Lehrbuch der empirischen Persönlichkeitsforschung.* Göttingen: Hogrefe.

Hügli, A. & Lübcke, P. (Hrsg.). (1991). *Rowohlt-Philosophielexikon.* Reinbeck: Hamburg. (Original 1983, Kopenhagen).

Jackson, F. (1989). *Wiliam Golding, Lord of the Flies.* Toronto: Coles Notes.

Juli, D. (Hrsg.). (1992a). (Narzißtische) Persönlichkeitsstörungen. *Praxis der Klinischen Verhaltensmedizin und Rehabilitation, 18*, 88-90.

Juli, D. (1992b). Zum Problem der Strukturdiagnose in der Verhaltenstherapie. *Praxis der klinischen Verhaltensmedizin und Rehabilitation, 5* (18), 90-98.

Jüttemann, G. (1995). *Persönlichkeitspsychologie. Perspektiven einer wirklichkeitsgerechten Grundlagenwissenschaft.* Heidelberg: Asanger.

Kant, I. (1960). *Die Religion innerhalb der Grenzen der bloßen Vernunft.* Werke in 6 Bänden, W. Weisschädel (Hrsg.), Band IV.

Kelly, G.A. (1955). *The psychology of personal constructs.* New York: Norton.

Keupp, H. (1972). *Der Krankheitsmythos in der Psychopathologie.* München: Urban & Schwarzenberg.

Klages, W. (1991). *Der sensible Mensch: Psychologie Psychopathologie Therapie.* Stuttgart: Enke.

Köhlke, U. (1992). Aktuelle Verhaltenstherapeutische Standardprogramme: Moderner Rückschritt in die Symptomtherapie?! *Verhaltenstherapie, 2* (3), 256-262.

Kraus, A. (1991). Neuere psychopathologische Konzepte zur Persönlichkeit manisch-depressiver. In Mundt, C. et al. (Hrsg.), *Depressionskonzepte heute: Psychopathologie oder Pathopsychologie?* (S. 42-54). Berlin: Springer.

Krech, P., Crutchfield, R., Livson, N., Wilson, W.A. & Parducci, A. (1992). *Grundlagen der Psychologie.* Weinheim: Psychologie Verlags Union

Lieb, H. (1995a). „Dazu kenne ich keine Daten!" Zur Geschlechterdifferenz von Sprache und Moral in der Verhaltenstherapie. In *IFKV-Info, 8,* 25-48.

Lieb, H. (1995b). *Verhaltenstherapie, Systemtheorie und die Kontrolle menschlichen Verhaltens. Ein Beitrag zur Paradigmendiskussion in der Psychotherapie.* Dissertationsschrift, Universität Bamberg. Regensburg: Roderer-Verlag.

Linehan, M. (1989). Dialektische Verhaltenstherapie bei Borderline-Störungen. *Praxis der klinischen Verhaltensmedizin und Rehabilitation, 2,* 220-227.

Linehan, M. (1994). Dialektische Verhaltenstherapie bei Borderline-Persönlichkeiten. In Zielke, M. & J. Sturm (Hrsg.), *Handbuch der stationären Verhaltenstherapie* (S. 796-804). Weinheim: Psychologie Verlags Union.

Locke, J. (1913). V*ersuch über den menschlichen Verstand.* Leipzig: Winckler.

Löw-Beer, M. (1994). Sind wir einzigartig? Zum Verhältnis von Selbstbewußtsein und Individualität. *Deutsche Zeitschrift für Philosophie, 42* (1), 121-140.

Lutz, R. & Mark, N. (1995). *Wie gesund sind Kranke?* Göttingen: Verlag für angewandte Psychologie.

Mandela, N. (1994). *Der lange Weg zur Freiheit.* Frankfurt: Fischer.

Margraf, J., Schneider, S. & Ehler, A. (Hrsg.). (1991). *Diagnostisches Interview bei psychischen Störungen (DIPS).* Berlin: Springer.

Margraf, J. & Schneider, S. (1992). Erfahrung, Wissenschaft und Praxis: Mißverständnisse über empirisch fundierte Psychotherapie. *Verhaltenstherapie, 2* (3), 265-266.

Meyer-Drawe, K. (1993). Und noch einmal: Ob Computer denken können? *Deutsche Zeitschrift für Philosophie, 4,* 681-692.

Millon, T. (1981). *Disorders of personality: DSM-III, Axis II.* New York: Wiley.

Millon, T. & Everly, G.S. (1985). *Personality and its disorders. A biosocial learning approach.* New York: Wiley.

Oldham, J.M. & Morris, L.B. (1995). *Ihr Persönlichkeitsprofil. Warum sie genau so denken, lieben und sich verhalten, wie sie es tun.* München: Kabel-Verlag.

Persons, J.B. (1991). Psychotherapy Outcome Studies do not accurately represent Current Models of Psychotherapy. A proposed Remedy. *American Psychologist 1* (46), 99-106.

Reinecker, H. (1987). *Grundlagen der Verhaltenstherapie.* München: Psychologie Verlags Union.

Reinecker, H. (1996). Nachwort in Turkat, I.D. *Die Persönlichkeitsstörungen.* Bern: Hans Huber.

Roth, E. (1974). *Persönlichkeitspsychologie.* Stuttgart: Kohlhammer.

Rothacker, E. (1958). Psychologie und Anthropologie. *Jahrbuch für Psychologie und Psychotherapie, 5,* 168-181.

Sader, M. (1982). Persönlichkeitspsychologische Grundlagen. In Bastine, R. et al. (Hrsg.), *Grundbegriffe der Psychotherapie* (S. 264-268). Weinheim: Edition Psychologie.

Satir, V. (1988). *Selbstwert und Kommunikation. Familientherapie für Betroffene und zur Selbsthilfe.* München: Pfeiffer.

Savater, F. (1993). *Tu, was Du willst. Ethik für die Erwachsenen von morgen.* Frankfurt: Campus.

Scheler, M. (1954). *Der Formalismus in der Ethik und die materiell-materiale Wertethik* (Gesammelte Werke. Bd. 2). Bern.

Schimpf, M. (1995). *Selbstheilung von Eßstörungen für langjährig Betroffene. Ein Arbeitshandbuch.* Dortmund: Borgmann.

Schmitz, B. & Fydrich, T. (1996). *Persönlichkeitsstörung Diagnostik und Psychotherapie.* Weinheim: Beltz.

Seipel, K.H. (1996). Falldarstellung einer ambulanten kognitiv-verhaltenstherapeutischen Behandlung eines Patienten mit narzißtischer Persönlichkeitsstörung. In Schmitz, B. & Fydrich, F. (Hrsg.), *Persönlichkeitsstörung. Diagnostik und Psychotherapie.* Weinheim: Beltz.

Siep, L. (Hrsg.). (1983). *Identität der Person.* Stuttgart: Schwabe & Co-KG-Verlag.

Skinner, B. F. (1963). Behaviorism at fifty. *Science, 140,* 951-958.

Sonnenfeld, C. (1992). *... aber die Verantwortung liegt doch bei dir. Präventionslogik und der Zwang zur Selbstdisziplin in der Gesundheitsselbsthilfe.* München: Profil-Verlag.

Spaemann, R. (1996). *Personen: Versuche über den Unterschied zwischen „etwas" und „jemand".* Stuttgart: Klett-Cotta.

Steinbeck, J. (1937). *Of Mice and Men.* (Deutsch: 1979. *Jenseits von Eden.* Stuttgart: Klett).

Stern, W. (1906). *Person und Sache. System der philosophischen Weltanschauung* (Band 1). Leipzig.

Sullivan, H.S. (1953). *The interpersonal theory of psychiatry.* New York: Norton. (Deutsch: 1980. *Die interpersonelle Theorie der Psychiatrie.* Frankfurt: Fischer.)

Szasz, T.S. (1972). Der Mythos von der seelischen Krankheit. In Keupp, H. (Hrsg.), *Der Krankheitsmythos in der Psychopathologie* (S. 44-56). München: Urban & Schwarzenberg.

Tellenbach, H. (1988). Subjekt und Person in der Medizin. In Buchner, R., Cramer, K. & Wihl, R. (Hrsg.) *Neue Hefte für Philosophie, 27/28,* 35-165.

Theunissen, M. (1977). *Der andere. Studien zur Sozialontologie der Gegenwart.* Berlin: De Gruyter.

Thomae, H. (1968). *Das Individuum und seine Welt. Eine Persönlichkeitstheorie.* Göttingen. Hogrefe.

Thomae, H. (1977). *Psychologie in der modernen Gesellschaft.* Hamburg: Hoffmann und Campe.

Turkat, I.D. (1996). *Die Persönlichkeitsstörungen.* Mit einem Nachwort von Hans Reinecker. Bern: Hans Huber (Englische Originalausgabe 1993: *Personality disorders. A psychological approach to clinical management.* New York: Pergamon Press).

Watzlawick, P., Beavin, J.H. & Jackson, D.D. (1974). *Menschliche Kommunikation. Formen, Störungen, Paradoxien* (4. Aufl.). Bern: Hans Huber (Original 1967 New York).

Wiggins, J.S., Renner, K.E., Clore, G.L. & Rose, R.J. (1971). *The psychology of personality.* Reading: Addison Wesley.

Windelband, W. (1907). *Geschichte und Naturwissenschaft.* Erneut in „Präludien". Tübingen: Mohr.

Wittchen, H.U., Saß, H., Zaudig, M. & Koehler, K. (1989). *Diagnostisches und statistisches Manual psychischer Störungen DSM-III-R.* Weinheim: Beltz.

Wittchen, H.U. (1996) Klassifikation und Diagnostik von Persönlichkeitsstörungen: Entwicklung und Probleme. In Schmitz, B. & T. Fydrich (Hrsg.), *Persönlichkeitsstörung Diagnostik und Psychotherapie.* Weinheim: Beltz.

Wittchen, H.U., Zaudig, M., Schramm, E., Spengler, P., Mombour, W., Klug, J. & Horn, R. (1990). *Strukturiertes klinisches Interview für DSM-III-R.* Weinheim: Beltz.

Zielke, M. & Missel, P. (1995). Vorwort zu: Missel, P. & M. Zielke (Hrsg.), Rehabilitationsziel: Wiederherstellung der Erwerbsfähigkeit Klinische und empirische Ergebnisse aus der Psychosomatischen Rehabilitation. *Praxis der klinischen Verhaltensmedizin und Rehabilitation, 30.*

Zitterbarth, W. (1991). Die Verhaltenstherapeutische Rezeption von Wittgenstein. In Lieb, H. & R. Lutz (Hrsg.), *Verhaltenstherapie Ihre Entwicklung Ihr Menschenbild* (S. 201-211). Göppingen: Hogrefe.

„Alle Pflichten gegen Personen lassen sich zurückführen auf die Pflicht, Personen als Personen wahrzunehmen."

(Spaemann, 1996, S. 194)